铁路路基施工与维护

主　编　王永霞
副主编　苏勒德　卜祥春
参　编　李　唯　刘晓丽　单　丹

华中科技大学出版社
中国·武汉

内 容 简 介

本书共有7个项目，包括路基构造及施工图认知、路基施工准备与组织设计、一般路基施工、特殊路基施工、路基附属工程施工、高速铁路路基施工、路基养护与维修。本书为高职高专铁道工程技术、高速铁路技术等专业的教学用书，也可以作为铁路职工相关专业的培训教材。

图书在版编目(CIP)数据

铁路路基施工与维护 / 王永霞主编. -- 武汉：华中科技大学出版社，2025. 1. -- ISBN 978-7-5772-1421-4

Ⅰ. U213.1；U216.42

中国国家版本馆 CIP 数据核字第 20257T3W79 号

铁路路基施工与维护 王永霞　主编
Tielu Luji Shigong yu Weihu

策划编辑：金　紫	
责任编辑：段亚萍	
封面设计：原色设计	
责任监印：朱　玢	
出版发行：华中科技大学出版社(中国·武汉)	电话：(027)81321913
武汉市东湖新技术开发区华工科技园	邮编：430223
录　　排：华中科技大学惠友文印中心	
印　　刷：武汉市洪林印务有限公司	
开　　本：787mm×1092mm　1/16	
印　　张：18	
字　　数：461千字	
版　　次：2025年1月第1版第1次印刷	
定　　价：59.80元	

本书若有印装质量问题，请向出版社营销中心调换
全国免费服务热线：400-6679-118　竭诚为您服务
版权所有　侵权必究

前言
Preface

随着交通网络的日益完善,铁路作为国民经济的大动脉,其重要性不言而喻。而铁路路基作为铁路工程的基础,其施工质量和维护水平直接关系到铁路运行的安全与效率。因此,我们编写了这本《铁路路基施工与维护》,旨在为广大从事铁路建设与维护的工程师和技术人员提供一本系统、全面、实用的参考书。

本教材结合学生特点,符合校企联合、产教融合理念,以真实生产项目、典型工作任务、案例等为载体,以学做交替的学习模式激发学生积极性;以真实案例为基础,采用任务单的形式进行教学,培养学生技术技能及职业素养,将铁路路基施工项目分解为路基构造及施工图认知、路基施工准备与组织设计、一般路基施工、特殊路基施工、路基附属工程施工、高速铁路路基施工、路基养护与维修七个项目。项目包含学习目标、任务实施、任务工单,设置了相关思政内容及课后练习题,并将知识点与技能点视频、动画二维码放入书中,供学生学习。

本教材由内蒙古交通职业技术学院王永霞担任主编,内蒙古交通职业技术学院苏勒德和内蒙古恒合技术服务有限公司卜祥春担任副主编,参加编写的有李唯(项目一任务一、任务二,项目五)、卜祥春(项目一任务三、任务四)、刘晓丽(项目二任务一、项目六)、单丹(项目二任务二、项目七)、王永霞(项目三)、苏勒德(项目四)。在本书编写过程中,参考了大量优秀的相关教材和其他文献资料,在此,对原作者表示谢意。

由于编者水平有限,书中难免存在缺点和错误,欢迎读者提出宝贵意见。

目录
Contents

项目一　路基构造及施工图认知 …………………………………………………… (1)
　　任务一　路基工程特点认知 ………………………………………………… (4)
　　任务二　路基断面形式及组成认知 ………………………………………… (12)
　　任务三　路堤的构造认知 …………………………………………………… (18)
　　任务四　路堑的构造认知 …………………………………………………… (24)

项目二　路基施工准备与组织设计 ………………………………………………… (30)
　　任务一　路基施工前的准备 ………………………………………………… (31)
　　任务二　施工组织的编制 …………………………………………………… (41)

项目三　一般路基施工 ……………………………………………………………… (50)
　　任务一　路堤填筑施工 ……………………………………………………… (52)
　　任务二　路堑开挖施工 ……………………………………………………… (68)
　　任务三　既有线改建及增建第二线施工 …………………………………… (77)
　　任务四　路基施工检测 ……………………………………………………… (84)

项目四　特殊路基施工 ……………………………………………………………… (103)
　　任务一　路基地基处理认知 ………………………………………………… (105)
　　任务二　换填施工 …………………………………………………………… (118)
　　任务三　排水固结法加固地基施工 ………………………………………… (123)
　　任务四　强夯法加固地基施工 ……………………………………………… (130)

任务五　碎石(砂)桩加固地基施工 …………………………………… (135)
　　任务六　CFG 桩加固地基施工 …………………………………………… (141)
　　任务七　高压旋喷桩加固地基施工 ………………………………………… (147)
　　任务八　灰土(水泥土)挤密桩加固地基施工 …………………………… (152)
　　任务九　土工材料加固地基施工 ………………………………………… (159)

项目五　路基附属工程施工 …………………………………………… (168)
　　任务一　路基排水设施施工 ……………………………………………… (173)
　　任务二　路基边坡防护 …………………………………………………… (188)
　　任务三　路基冲刷防护 …………………………………………………… (205)

项目六　高速铁路路基施工 …………………………………………… (215)
　　任务一　高速铁路路基构造认识 ………………………………………… (216)
　　任务二　高速铁路路基填筑施工 ………………………………………… (226)
　　任务三　高速铁路路基工后沉降监测 …………………………………… (234)

项目七　路基养护与维修 ……………………………………………… (248)
　　任务一　路基病害知识 …………………………………………………… (249)
　　任务二　路基基床病害整治 ……………………………………………… (252)
　　任务三　路基边坡病害防治 ……………………………………………… (255)
　　任务四　路基冻害防治 …………………………………………………… (260)
　　任务五　路基防洪与抢修 ………………………………………………… (265)
　　任务六　路基维修作业与管理 …………………………………………… (270)
　　任务七　路基大修作业与管理 …………………………………………… (277)

参考文献 ……………………………………………………………………… (281)

项目一　路基构造及施工图认知

学习目标

知识目标：

1. 掌握路基横断面形式及组成；
2. 掌握路基横断面图的识读；
3. 掌握路堤的构造、路堑的构造。

能力目标：

1. 能对路基填料进行正确分类；
2. 能够正确识读路基施工图。

素质目标：

1. 培养严谨的工作态度和信息收集、处理的能力；
2. 了解铁路工程特点与社会价值，进而培养公共财产保护意识。

思维导图

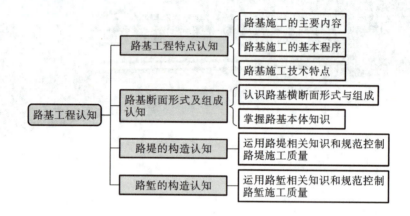

引入案例

路基施工进度计划：

1. 工期目标

某标段工程计划总工期2个月，计划开工日期为2020年4月17日，计划完工日期为2020年6月17日。

2. 阶段工期目标

1）施工准备阶段

计划用时3天，主要完成线路复测及控制测量，图纸审核，材料调查和试验，砼配合比确定，实施性施工组织设计的编制及审批，供水、供电、生产生活用房、混凝土搅拌站以及机械设备准备，人员准备，材料进场，确保施工场地完全具备施工条件。

2）路基阶段工期

以2020年4月17日为起点进行施工进度安排。

路基工程：

(1) DK0+820(3#桥涵)~DK0+848.78(21#岔心)，本段作为试验段，工期10天。

(2) DK0+848.78~DK1+235.66(终点)，工期10天。

(3) DK0+582.28(19#岔心)~DK0+800(3#桥涵)，工期10天。

(4) DK0+310(2#桥涵)~DK0+582.28(19#岔心)，工期10天。

(5) DK0+300~DK0+150(1#桥涵)，工期10天。

(6) DK0+140~DK0+000，工期10天。

涵洞施工：工期同步。

3．基本要求

（1）原地面处理：该段内地表附着物行吊基础的拆除，清理地表土层。

（2）施工放样。

采用 GPS 定出路基设计中心线，每 10 m 钉一木桩，据高程测量结果定出边线，撒白灰线标识，为保证路基边坡的压实，路基两侧分别宽铺 30 cm，竣工时刷坡整平，路面宽度应大于设计值。试验段拟采用 1.3 的松铺系数，根据松铺系数和运输车每车运土量，撒白灰方格线，一车料一个网格。

4．路基填筑

按照事先打好的方格，由专人指挥卸车，以达到松铺的目的。此次试验段施工采用挖掘机挖装土，自卸车运输。

施工中应检查核对填料实际使用情况，当实际使用的填料发生变化时，应另取样做土工试验进行鉴定。

5．摊铺整平

首先检测填料的含水量，当填料的含水量与最佳含水量之差不超过 2% 时，立即予以摊铺整平，并设 4% 的人字排水坡。人工配合推土机大致推平，然后用平地机刮平，保证填筑层的平整度和厚度均匀，每层松铺厚度不大于 40 cm，当平地机刮平整后测松铺高程。

6．碾压

摊铺平整后，松铺厚度、平整度和含水量符合要求即开始碾压。此试验段采用自重 18 t 的压路机进行碾压，碾压时先静压一遍，弱振压 1～2 遍，然后进行强振，每强振一遍后都要检测地基系数，当地基系数达到规范要求后停振，以确定强振的遍数，指导以后大面积路基填土施工，最后再静压一遍消除轮迹、收光。压路机行走速度不超过 5 km/h，振动频度先弱后强，直线段由两侧向中间，曲线段由内侧向外侧，行间轮迹重叠为后轮宽度的 1/2，横向接头处重叠 0.4～0.5 m，以保证无漏压、无死角，确保碾压的均匀性。压路机碾压不到的边角处用小型夯实工具进行夯实。

7．施工顺序

清除表土→测量放线→施工截水沟→挖运土方→清理边坡→重复挖运至设计标高→基床处理→检测。

8．施工工艺

(1) 路基填筑施工按程序水平分层填筑。

(2) 路基施工地段施工时要保证不破坏线外原来的地貌，保持原来植被，保证土质结构不被扰动。

(3) 路基施工首先做好防排水，地下水位较高时，做盲沟或其他有效措施进行引排。

(4) 施工中认真做好原始记录、积累资料，对湿陷性黄土不良地段全面观测，以指导安全施工。

(5) 当天拉上路基的土，确保当天摊铺，当天碾压成型。

(6) 加强与当地气象部门的联系，注意天气预报，提前做好雨季施工工作的安排和准备。

任务一　路基工程特点认知

一、工作任务

（1）了解路基工程的特点，对路基工程形成清晰的概念。

（2）掌握路基施工的一般程序。

二、相关知识

路基工程
特点认知

（一）铁路路基工程技术特点

1. 路基工程技术的现状

随着高速铁路和重载铁路的快速发展，路基工程技术也在不断创新。面对高速铁路运营速度和重载铁路货车轴重的不断提升，路基结构的设计和施工技术需要更加精细化和高标准化。路基作为铁路线下基础设施的重要组成部分，其设计标准直接影响线路的整体质量和列车运行的安全与效率。当前，路基工程的设计更加注重结构的强度、稳定性和耐久性，以满足高速铁路和重载铁路的运营需求。在施工过程中，路基工程严格按照设计标准和施工规范进行，确保路基的施工质量。同时，施工技术和工艺的不断进步也提高了施工效率和质量。

2. 路基工程技术的发展

高速铁路、重载铁路和大运量铁路的兴建，对铁路线路的质量提出了新要求。因此，路基的性状必须与之相一致。在确保路基稳定的前提下，在线路养护维修允许的条件下，路基在各种因素作用下的变形应控制在确保线路不出现不良状态的范围内。路基工程技术近年来的进步主要表现在以下几个方面。

1）设计计算技术逐步提高，设计理念逐渐转变

计算技术的发展促进了对岩土本构关系的研究，国内外出现的上百种非线性弹性、弹塑性土石本构关系模型，使土石的变形和破坏机理的研究翻开了崭新的一页。

利用现有计算技术，能方便地对地基土石的物理力学指标进行概率统计处理，为可靠性设计奠定了基础。国内已有多个行之有效的计算机程序，可以完成路基的初步设计和施工设计。在不断应用的过程中，它们必然会日臻完善。

高速铁路的出现和发展，深化了传统的路基设计理念。由于高速行车对线路变形的严格要求，路基设计由强度控制设计逐渐向变形控制设计转变，因为一般在路基强度破坏之前，已经出现了不能容许的大变形。

2）新材料、新工艺、新技术层出不穷

新材料、新工艺、新技术的不断出现，使路基工程面貌日新月异。对滑坡的处理除采用重力式挡土墙外，经历了抗滑桩、仰斜排水孔、锚杆等，发展到应用预应力锚索及锚索桩；对软土地基的处理从采用砂井、反压护道，经历了袋装砂井、塑料排水板、真空预压等，发展到粉喷桩、旋喷桩及土工合成材料加筋地基；对基床病害的处理经历了换填砂石料、敷设沥青面层、设盲沟排水等措施，发展到较普遍地应用土工合成材料进行加筋和隔离；边坡防护技术正在从工程防护向绿色生物防护发展。

3)测试手段和设备性能进一步提高,检测方法更加合理

室内土工试验仪器精密化、自动化程度的提高,为研究土体的应力历史、应力路径,判别砂土液化的可能性,确定动荷载作用下土的强度和变形等提供了条件。土工离心机模拟试验可直观显示构筑物因重力引起的应力、应变状态,便于研究其破坏机理,此成果现已用于研究软土地基上路堤临界高度、路堤沉降分析以及支挡结构物的作用机理等课题。

利用原位测试手段了解现场土的物理力学状态,克服了取样试验的一些局限性。通过大量试验,对各试验指标之间及各试验指标与室内试验相应指标之间的相互关系的研究取得了许多成果。

路基施工质量的检测从施工检验的方便、减少控制指标内容出发,将《铁路路基设计规范》(TB 10001—2005)中砾石类、碎石类、级配碎石或级配砂砾石采用地基系数和孔隙率作为控制指标调整为"采用压实系数、地基系数作为控制指标",取消了《铁路路基设计规范》(TB 10001—2005)中的相对密度、孔隙率控制指标。

地基系数分别与压实系数、无侧限抗压强度一起,对细粒土、砂类土、砾石类土、碎石类土、改良土的压实度进行双层控制,以互相验证,确保工程质量。

压实系数采用重型击实试验标准,与国内外相关规范保持一致,以扩大适用范围。

4)规范逐步完善和更新

建设者只有遵守规范,才能符合工程设计和施工管理及统一验收标准,确保工程质量。在调查研究,总结经验,吸取科研成果的基础上,我国相继制定和修改了若干有关铁路路基勘测、设计、施工及质量评定的规范,如《铁路路基设计规范》(TB 10001—2016)、《铁路特殊路基设计规范》(TB 10035—2018)、《客货共线铁路路基工程施工技术规程》(Q/CR 9651—2017)、《铁路路基工程施工质量验收标准》(TB 10414—2018)等。随着我国铁路建设事业的发展,规范本身也将不断完善和更新。

3. 路基工程施工技术特点

1)路基施工的主要内容

(1)施工前的准备工作。

为保证施工正常进行,施工前的准备工作极为重要,必须给予足够重视并认真做好。施工前的准备内容较多,大致可归纳为组织准备、物质准备和技术准备三个方面。

①组织准备:包括成立施工组织机构、明确人员分工、制订施工计划等。

②物质准备:列举施工所需的主要材料、机械设备、测量仪器等,并说明其选择依据和准备要求。

③技术准备。

熟悉设计文件:包括设计图纸、技术规范、施工说明等。

现场调查核对:对施工范围内的地质、水文、障碍物、文物古迹及各种管线等情况进行详细调查。

设计交桩、复测与放样:进行导线、中线的复测,水准点的复测与增设,横断面的测量与绘制等。

试验与试验路段施工:对路基基底原状土及拟作为路堤填料的材料进行取样试验,选择具有代表性的地段进行试验路段施工,以验证施工方案的可行性和确定施工参数。

(2)路基施工的基本工作。

路基施工的基本工作包括路基和小型人工构筑物两部分。路基施工主要内容为开挖路

堑、填筑路堤、路基压实、修筑排水沟渠及防护与加固设施等。小型人工构筑物施工内容包括小桥、涵洞和挡土墙的修筑等。

土质路堑开挖：土质路堑的开挖方法（如横向挖掘法、纵向挖掘法、混合式挖掘法等）和机械作业方式（如推土机、挖掘机等）。

石质路堑开挖：石质路堑的开挖方式（如钻爆开挖、机械开挖、静态破碎法等）和施工规定。

路基填方：填料选择与处理，路堤填料的种类、性质及选择依据，介绍填料处理的方法（如破碎、筛分、混合等）。

填筑施工：填筑施工工艺流程（如"三阶段、四区段、八流程"等），包括分层填筑、压实、整平等环节。

特殊路基处理：软土路基处理，介绍软土路基的特点、危害及处理方法（如搅拌桩、CFG桩、换填法等）；其他特殊路基，如湿陷性黄土路基、膨胀土路基等的处理方法。

路基排水与防护：边沟、截水沟、排水沟等排水设施的修筑方法和要求。

路基防护与加固：路基边坡防护与加固的方法（如植物防护、工程防护等），以及防护设施的修筑标准和要求。

小型人工构筑物修筑：小桥、涵洞、挡土墙等小型人工构筑物的修筑方法和要求。

(3) 路基工程的检查与验收。

加强工程质量管理，确保在施工过程中按施工标准和技术规范的要求对工程进行检查与验收。中间检查应在施工过程中某一部分工程完成时进行，特别是隐蔽工程，应按设计图纸、设计文件和技术规范的要求进行检查与验收。中间检查的目的在于检查分部工程质量，及时发现存在的问题，采取补救措施，以便下一步工序顺利进行。在全部工程完工后，还应由施工单位会同设计、监理、使用和养护单位进行交工验收。

路基工程检查与验收的项目主要包括路基有关工程的位置、高程、断面尺寸、压实指标等，这些项目应满足规范规定的允许误差的要求，不符合规定时应设法进行整修。

2) 路基施工的基本程序

从施工单位接受施工任务到竣工验收，路基施工大致要经过如图 1.1 所示的几个阶段。

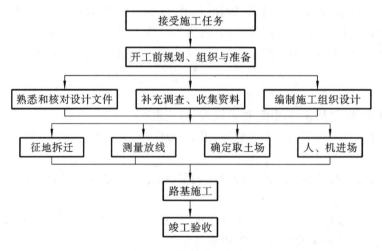

图 1.1 路基施工程序

3) 路基施工技术特点

线路是一种人工构造物,是通过设计和施工消耗大量的人力、材料和机械而完成的建筑产品。和工业生产比较,虽然铁路施工同样是把一系列的资源投入产品(即工程)的生产过程,其生产上的阶段性和连续性,组织上的专门化和协作化也与工业生产基本相符,但是,铁路施工与一般工业生产和其他土建工程施工(如房屋建筑)仍有所不同:

(1) 路基是线形结构物,施工面狭长,施工流动性大,临时工程多,施工易受到其他工程和外界的干扰,施工管理工作量大。

(2) 由于路基施工系野外作业,受水文、气候、地质等自然条件的影响很大。特别是雨季和冬季,给一些地区的施工增加了许多困难,施工作业受到极大限制,甚至无法进行。

(3) 铁路经过的区域地形地貌差别很大,致使工程数量不均匀,给各施工项目之间的协调工作带来困难。

(4) 由于铁路是永久性建筑,占用土地较多,很难拆除重建,再加上路基暴露于外界,长年经受列车动荷载作用,因此,对工程的质量要求尤为严格。

(二) 影响路基稳定性因素分析

1. 概述

路基土石方工程量大,沿线分布不均匀,不仅与路基工程相关的设施,如路基排水、防护与加固等相互制约,而且同铁路工程的其他项目,如桥涵、隧道、路面及附属设施相互交错。路基工程的项目较多,如土方、石方及圬工砌体等,在设计、施工方法与技术操作方面各不相同,且耗费劳动力多,工程投资大。

另外,路基施工改变了沿线原有自然状态,挖填及弃土石方影响当地生态平衡、水土保持和农田水利等方面。路基工程对施工期限的影响较大,土石方相对集中或条件比较复杂的路段,往往是控制施工期限的关键。实践证明:路基稳定与否,对上部线路工程质量影响甚大,关系到铁路的正常投入使用。因此,做好路基工程设计、施工与养护,不容忽视。

2. 影响路基稳定性的因素

路基是一种裸露在大气中的线形结构物,其稳定性在很大程度上由当地自然条件所决定。因此,应深入调查沿线的自然条件,分析研究从整体到局部、从大区域到具体路段的自然情况,掌握其规律及对路基稳定性的影响,因地制宜地采取有效的工程措施,以达到正确进行路基设计、施工和养护的目的。影响路基稳定性的主要因素包括以下内容。

1) 工程地质和水文地质条件

沿线的地质条件,如岩石的种类、成因、节理、风化程度和裂隙情况,岩层走向、倾向、倾角、层理和厚度,有无夹层或遇水软化的夹层,以及有无断层或其他不良地质现象(岩溶、冰川、泥石流、地震等)。水文地质条件如地下水位、地下水移动,有无层间水、裂隙水、泉水等。这些因素对路基的稳定性有直接的影响。

2) 水文与气候条件

水文条件如铁路沿线地表水的排泄,河流洪水位、常水位,有无地表积水和积水时期的长短,河岸的淤积情况等;气候条件如气温、降水、湿度、冰冻深度、日照、蒸发量、风向、风力等,这些都会影响铁路沿线地面水和地下水的状况,并且影响到路基的水温情况。

3) 路基设计

路基断面尺寸、形式是否符合要求,边坡取值是否恰当,填方、挖方布置是否合理,是否满足最小填土高度要求,防护、加固工程设计是否合理,以及排水设计是否满足要求等,都会影响路基的稳定性。

4）路基施工

路基填、挖方法是否合理,施工程序是否恰当,是否分层填筑,路基压实方法是否恰当,压实度是否满足要求;是否盲目采用大爆破施工,是否按设计要求和操作规程施工,工程质量是否达到标准要求等,都会影响路基的稳定性。

5）养护措施

养护措施包括一般措施及在设计、施工中未及时采用或在养护中由于情况变化而应加以补充的改善措施。

上述因素中,地质条件和水文地质条件是影响路基工程质量和产生病害的基本前提,水是造成路基病害的主要原因。因此,设计前应详细进行地质与水文的勘察工作,针对具体条件及各种因素的综合作用,采取正确的设计方案与施工方法,确保路基工程质量。

3. 路基的总体要求

1）具有足够的整体稳定性

路基的整体稳定性是指路基整体在列车及自然因素作用下,不致产生不允许的变形和破坏的性能。路基是直接在地面上填筑或挖去一部分地面而建成的结构物。路基的修建改变了原地面的天然平衡状态。因此,为防止路基结构在列车荷载及自然因素作用下发生不允许的变形或破坏,必须因地制宜地采取一定的措施来保证路基整体结构的稳定性。

2）具有足够的强度

路基的强度是指在列车荷载作用下,路基抵抗变形与破坏的能力。列车荷载及线路设备自重会对路基和地基产生一定的压力,这些压力可使路基产生一定的变形,当变形超过某一限度时,将导致其破坏。为保证路基在外力作用下,不致产生超过容许范围的变形,要求路基应具有足够的强度。

3）具有足够的水温稳定性

路基的水温稳定性是指路基在水和温度的作用下保持其强度的能力,包括水稳定性和温度稳定性。路基在地面水和地下水作用下,其强度将会显著地降低。特别是季节性冰冻地区,由于水温状况的变化,路基将受到周期性冻融作用,出现冻胀和翻浆等病害,使路基强度急剧下降。因此,对于路基,不仅要求其具有足够的强度,而且应保证在最不利的水温状况下,强度不致显著降低,这就要求路基具有足够的水温稳定性。

4. 保证路基强度和稳定性的措施

由于路基的强度与稳定性受水、温度、土质等方面的影响,为保证路基强度和稳定性,必须深入进行调查研究,细致分析各种自然因素与路基的关系,抓住主要问题,采取有效措施。保证路基强度和稳定性的一般措施如下:

（1）合理选择路基断面形式,正确确定边坡坡率;

（2）选择强度和水温稳定性良好的土填筑路堤,并采取正确的施工方法;

（3）充分压实路基,提高路基的强度和水稳定性;

（4）搞好地面排水,保证水流畅通,防止路基过湿或水毁;

（5）保证路基有足够高度,使路基工作区保持干燥状态;

（6）设置隔离层或隔温层,切断毛细水上升,阻止水分迁移,减少负温差的不利影响;

（7）采取边坡加固与防护措施,以及修筑支挡结构物。

任务工单

路基施工基本程序

1. 任务描述

学生以 3~5 人为一组,选出组长并进行任务分工。各小组根据实际情况,查阅相关技术规范资料,收集、整理路基施工基本程序并描述各个环节的施工要点。

2. 数据资料准备

各小组查阅相关资料,熟悉路基施工的基本程序及各环节要点,掌握路基施工中的关键技术参数和控制标准。编制一份简要的路基施工操作计划,将所需的各项数据资料填入表 1.1。

表 1.1 数据资料清单

施工程序	关键参数(控制标准)	控制要点	备 注

3. 制订方案

(1) 各小组针对工作规划展开讨论,制订实施方案。
(2) 指导教师对各小组的实施方案给出评价。
(3) 各小组根据指导教师的评价对实施方案进行调整。
(4) 调整合格后的实施方案即最终实施方案。

4. 工作实施

各小组按照最终实施方案,系统地对路基施工基本程序过程及质量控制要点进行统计,并将实施内容及完成情况填入表 1.2 中。

表 1.2 实施内容及完成情况

班级		组号		日期	
姓名		学号		指导教师	
实施内容				完成情况	

续表

任务总结

课程思政

最高风险等级隧道开建！黄百铁路迎来新进展

2024年7月26日上午,伴随着阵阵"轰隆隆"的挖掘机作业声,新建黄桶至百色铁路(以下简称黄百铁路)幼平隧道正式开工,标志着全线唯一一座Ⅰ级高风险隧道正式拉开了建设序幕。

幼平隧道位于百色市乐业县境内,全长6130米。隧道洞身穿越3条富水断层和3.2公里长的水平循环带,周边地表发育2条暗河系统和33处溶蚀洼地,施工过程中涌水突泥的风险高,隧区分布有煤层及非煤系有害气体。它是全线唯一的Ⅰ级高风险隧道,该风险级别在我国铁路隧道中属于最高等级,是全线重难点控制性工程之一。黄百铁路位于贵州、广西境内,线路起自贵州省安顺市普定县黄桶站,途经贵州省安顺市镇宁布依族苗族自治县、紫云苗族布依族自治县、黔西南布依族苗族自治州望谟县及广西壮族自治区百色市乐业县、凌云县,接入百色站,共设黄桶、镇宁、江龙、紫云、交洞、边饶、石屯、望谟、大观、昂武、幼平、乐业、玉洪、凌云、伶站、永乐镇、百色等17个车站,其中黄桶、永乐镇、百色为既有车站,其他为新建车站,建设工期5年。

黄百铁路全长约315公里,设计时速160公里,为国家Ⅰ级单线电气化铁路,是西部陆海新通道的重要组成部分。黄百铁路广西段总长138.773公里,新建隧道33座,新建桥梁33座,桥隧比高达90.6%,是广西桥隧比最高的铁路。截至目前,黄百铁路广西段9座先行开工隧道,正洞已累计掘进896米,下一步将加快推进正式用地报批等工作,为路基、桥梁等后续工程全面开工做好准备。

黄百铁路建成通车后,将进一步完善区域铁路网布局,成为贵州北部地区至广西北部湾地区的便捷通道,对于加快推进西部陆海新通道建设和促进区域经济社会协调发展,具有十分重要的意义。

通过上述案例,同学们应该认识到工程师在路基工程中的责任重大,不仅要确保工程质量,还要关注工程对社会、环境的影响;要有强烈的责任感和使命感。要弘扬精益求精、追求卓越的工匠精神,同时还要勇于创新,探索路基工程新技术、新材料的应用。

课后练习题

一、名词解释
1. 铁路路基:
2. 路基强度:

二、填空题
1. 铁路路基是为满足_____和_____而修建的土工结构物。
2. 铁路路基工程主要由_____等部分组成。
3. _____是影响铁路路基工程质量和产生病害的基本前提。
4. _____是造成各种铁路路基病害的最主要原因。
5. 铁路路基是经开挖或填筑而形成的直接支承_____结构的_____结构物。

三、单项选择题
1. 铁路路基是经开挖或填筑而形成的直接支承轨道结构的(　　)结构物。
  A. 圬工　　　　B. 土工　　　　C. 土石　　　　D. 天然
2. (　　)是造成路基病害的最主要原因。
  A. 土质　　　　B. 列车荷载　　C. 水　　　　　D. 温度
3. 《铁路路基设计规范》(TB 10001—2016)是以标准轨距(　　)进行路基设计的。
  A. 1000 mm　　B. 1435 mm　　C. 1800 mm　　D. 2000 mm
4. 高速铁路是新建铁路旅客列车设计最高速度达到(　　)及以上的铁路。
  A. 160 km/h　　B. 200 km/h　　C. 250 km/h　　D. 300 km/h
5. 《铁路路基设计规范》(TB 10001—2016)中不包括(　　)的路基设计。
  A. 高速铁路　　B. 客货共线铁路　C. 城际铁路　　D. 磁悬浮铁路
6. 铁路路基工程应按(　　)进行设计,确保满足强度、稳定性和耐久性的要求。
  A. 土工结构物　B. 圬工结构物　C. 土石方工程　D. 天然结构物
7. 对铁路路基工程的性质和特点描述错误的是(　　)。
  A. 由松散的土(石)材料所构成
  B. 在各种复杂的变化着的自然条件之下,受外界环境影响大
  C. 路基同时受轨道静荷载和列车动荷载的作用
  D. 受到自然条件变化的侵袭和破坏少,引起的路基病害少

8. 铁路路基主要由( )构成。
   A. 路基本体、排水设施和防护加固设施
   B. 路基本体、降水设施和基础垫层
   C. 路基基面、道床和边坡防护设施
   D. 路肩、衬砌和边坡防护设施

引入案例

在某山区铁路工程中,为了确保路基的稳定性和安全性,进行了详细的路基横断面设计。例如,在某一路段,采用了水泥土多向搅拌桩进行基底加固。具体地,对于 DK51+750~DK51+832 左侧基底和 DK51+645~DK51+832 右侧基底,采用了桩径为 0.5 m 的水泥土多向搅拌桩,并按正三角形布置,桩间距设为 1.1 m。而在 DK51+645~DK51+754 右侧基底,则采用了水泥土多向搅拌桩与钢筋混凝土桩网交替加固的方式,水泥土多向搅拌桩的桩径同样为 0.5 m,但按正方形布置,桩间距调整为 1.2 m。此外,在 DK51+650~DK51+750 右侧路堤边坡外侧,还设置了反压护道,护道顶面位于路肩以下 6.0 m 处,且护道顶宽为 10 m。为了进一步增强路基的稳定性,还在桩顶铺设了 0.6 m 厚的碎石垫层,并夹有两层土工格栅。这些设计措施共同确保了该段铁路路基的稳定性和安全性。通过一年的沉降、稳定观测,结果显示该段软土路基的最大累积总沉降为 4.66 mm,满足了无砟轨道的工后沉降要求,证明了设计方案的合理性和有效性。以上案例展示了铁路路基横断面设计在实际工程中的应用,通过合理地地基加固和边坡防护措施,确保了铁路路基的稳定性和行车安全。

任务二 路基断面形式及组成认知

一、工作任务

(1) 认识路基横断面形式与组成。
(2) 掌握路基本体知识。

二、相关知识

路基横断面
形式及组成

1. 路基横断面形式

路基横断面是指垂直于线路中心线截取的路基断面,它是路基设计的主要内容。在路基横断面图上,会标明地面线、岩层分界线等地质资料,以及路基本体和各种附属设施的横向构造形式及尺寸。路基横断面依其所处的地形条件不同,有两种基本形式:路堤[图 1.2(a)]和路堑[图 1.2(b)]。此外,还有半路堤、半路堑、半路堤半路堑、不填不挖路基,如图 1.2(c)至图 1.2(f)所示。

(1) 路堤。路堤是由填土压实形成的路基形式,其横断面通常呈三角形或梯形,底部宽度较大,顶部宽度较小。

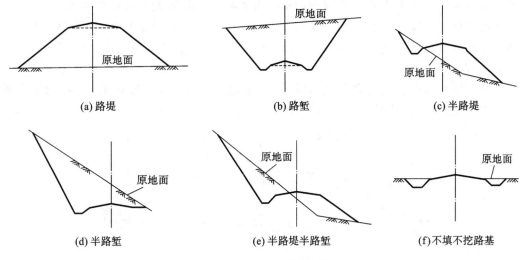

图 1.2 路基横断面形式

路堤是常见的路基形式,适用于地形相对平坦或需要填筑的区域。它具有较强的承载能力和稳定性,能够满足车辆行驶的需求。

(2) 路堑。路堑是指挖开的路基断面,其形状与路堤相反,顶部宽度较大,底部宽度较小。

路堑适用于地形起伏较大,需要开挖的区域。在开挖过程中,需要注意排水和边坡稳定等问题,以确保路基的安全和稳定。

(3) 半路堤。当天然地面横向倾斜,路堤的路基面边线和天然地面相交,路堤体在地面和路基面相交线的以上部分无填筑工作量时,这种路堤称为半路堤。

(4) 半路堑。当天然地面横向倾斜,路堑路基面的一侧无开挖工作量时,这种路基称为半路堑。

(5) 半路堤半路堑。当天然地面横向倾斜,路基的一部分以填筑方式构成而另一部分以开挖方式构成时,这种路基称为半路堤半路堑。

(6) 不填不挖路基。当路基的路基面和经过清理后的天然地基面平齐,路基无填挖土方时,这种路基称为不填不挖路基。

2. 设计注意事项

在设计路基横断面时,需要综合考虑地形、地质、水文等自然条件以及设计需求。具体注意事项包括以下内容。

(1) 充分收集沿线地质、水文、地形、气象等资料,选择适当的路基断面形式。

(2) 路基工程设计应根据铁路等级、路基结构等因素,因地制宜、合理选用工程材料,并应符合路基工程的应用条件和使用要求。

(3) 注意路基的排水和防护问题,确保路基的稳定性和安全性。

(4) 路基工程地基处理措施应根据铁路等级、地质条件、环境要求、路堤高度、填料、建设工期等确定,并应满足路基稳定和工后沉降等要求。

(5) 路基工程应推广采用安全可靠的新技术、新结构、新材料和新工艺。

总之,路基横断面的形式多种多样,设计时应根据具体情况进行综合考虑和选择。

在进行路基设计时,先要进行横断面设计。路基横断面设计要解决的主要问题是确定横断面各部分的形状和尺寸,如路基面的形状和宽度、路基边坡的形状和坡率等。

横断面确定以后,再全面综合考虑路基工程在纵断面上的配合以及路基本体工程与其余各项工程的配合等,如路堤与路堑的过渡、纵向排水设计、挡土墙纵向设计等。

3. 路基本体的组成

在各种路基形式中,为了能按线路设计要求铺设轨道而构筑的部分,称为路基本体。路基本体由路基面、路肩、基床、边坡、基底几部分组成,如图1.3所示。

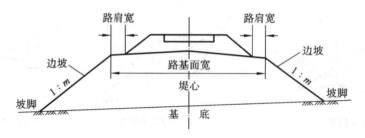

图1.3 路基本体组成

(1) 路基面。能直接在路基上面铺设轨道的部分及路肩称为路基顶面或简称路基面。在路堑中为堑体开挖后形成的构造面。

(2) 路肩。路基顶面中,道床覆盖以外的部分称为路肩。其作用是保护路堤受力的堤心部分,防止道砟滚落,保持路基面的横向排水,供养护维修人员行走、避车、放置养护机具,供防洪抢险临时堆放砂石料,供埋设备种标志、通信信号、电力给水设备等。因此,路肩必须在考虑了施工误差、高路堤的沉落与自然剥蚀等因素以后,保持必要的宽度。

(3) 基床。基床是指路肩高程以下、受列车荷载作用影响显著的路基上部结构。基床由表层和底层组成,根据铁路等级和轨道结构类型不同,表层和底层厚度也不同,总厚度在 2.5～3.0 m,如图1.4所示。

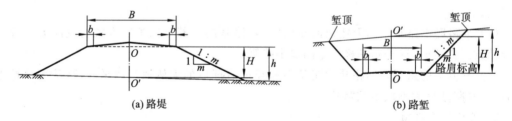

(a) 路堤　　　　　　　　　　　　(b) 路堑

图1.4 基床结构图

(4) 边坡。路基两侧的边线称为路基边坡。边坡常修筑成直线形、折线形和阶梯形,每一坡段坡面的斜率以边坡上下两点间的高差与水平距离之比表示,当高差为1单位长时,水平距离折算为 m 单位长,则斜率为 $1:m$。在路基工程中,以 $1:m$ 方式表示的斜率称为坡率。边坡与地面的交点,在路堤中称为坡脚,在路堑中称为堑顶边缘。

(5) 基底。路堤下地基内承受路堤及轨道、列车等荷载作用的部分称为路堤基底。在路堑中,因为路基是在地基内以开挖方式构成的,所以,路堑的基底为路堑边坡土体内和堑底路基面以下的地基内产生应力变化的部分。基底的稳固对路基本体以至轨道的稳定性至关重要。因此,在软弱基底上修筑路堤时,必须对基底进行处理,以免危及行车安全与正常运营。

4. 路基附属设备

1) 排水工程

为了保持路基的稳定,使路基能经常处于干燥和坚固状态,应将可能停滞在路基范围内的地表水和地下水及时排除,并防止路基范围以外的水流入或渗入路基范围内。路基排水设施分为地面排水设施和地下排水设施两种。

地面排水设施用以拦截地面径流,汇集路基范围内的大气降水并使其畅通地流向天然排水沟谷,以防止地表水对路基的浸湿、冲刷而影响其良好状态。路基地表水的排除设施有排水沟、侧沟、天沟(截水沟)、缓流井和跌水、急流槽等。

地下排水设施用以拦截、疏导地下水和降低地下水位,以改善地基土和路基边坡的工作条件,防止或避免地下水对地基和路基本体的有害影响。地下排水措施有明沟、排水槽、边坡渗沟、支撑渗沟、渗水暗沟、渗水隧洞、渗井、渗管和仰斜式钻孔等。地下排水设施应与地面排水设施相配套,保证水路畅通无隐患;地下排水设施的位置、断面、排水坡率、出水口地点应符合设计要求,且排水通畅,无阻塞现象。

2) 防护、加固工程

路基边坡施工完成后,在长期的自然风化营力和雨水冲刷的作用下,将发生溜坍、掉块和冲沟等坡面变形和破坏;而修建在河滩上和水库边的路堤,必然经常或周期性地受到水流的冲刷作用,路基边坡的稳定性将受到很大的影响或遭到破坏。因此,路基防护的主要内容包括路基坡面防护和路基冲刷防护两部分。

土质路基边坡的防护工程应使边坡保持平整,对坡面裂缝、坑穴、冲沟应填补夯实,必要时采用防护和加固措施,以保持边坡稳定。路堑边坡易发生崩塌、错落、滑坡、溜坍、风化剥落等病害,应根据具体情况,采取综合措施进行防护、加固,以保证边坡的稳定。

为防止河岸冲刷,应修建护岸、导流堤、挑水坝等防冲刷建筑物,确保路基边坡的稳定;对于特殊地区的路基防护,应根据具体情况,提出技术要求。

5. 路基横断面与线路平、纵断面的几何关系

图1.5(a)表示一个土质路堤横断面。路肩与边坡的交点 a 称为路基顶肩,左右两侧顶肩的连线 aa' 与横断面中线的交点为 O,这个特征点 O 位于线路平、纵断面图的中心线上。而 O 在地面上的投影 O' 即为线路中心桩的位置。因此,在纵断面图上线路中心线的高程就是横断面图上 O 点的高程,即所谓路基高程。因为 O 点的高程又与路肩高程(路基顶肩的高程)相同,所以,为测量工作方便起见,常用路肩高程代替路基高程。

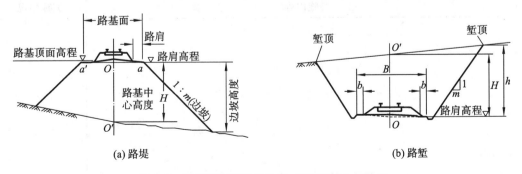

图 1.5 路基横断面与线路平、纵断面的几何关系

对于某一个横断面,路基中心高度是指横断面上 O 点所表示的高度,也就是纵断面图上线路中心线所表示的填挖高度,对于路堑则称为路堑深度。路堤的边坡高度为路肩高程与坡脚高程之差,而路堑边坡高度为堑顶高程与路肩高程的差。如果左右两侧的边坡高度不等,则规定以大者代表横断面的边坡高度,如图 1.5 所示。

任务工单

1. 任务描述

学生以 3~5 人为一组,选出组长并进行任务分工。任务名称:路基横断面形式与组成分析。各小组根据实际情况,阅读相关教材、文献或网络资源,了解路基横断面的基本概念、作用及影响因素。

2. 数据资料准备

根据所学知识和案例分析,绘制一张路基横断面图。图中应包含地面线、岩层分界线、路基本体(如行车道、路肩、分隔带等)、边坡、边沟、截水沟等附属设施,并标注各组成部分的尺寸和标高。撰写一份路基横断面图说明书,解释图中各部分的含义、作用及设计依据。

3. 制订方案

(1) 各小组针对工作规划展开讨论,制订实施方案。

(2) 指导教师对各小组的实施方案给出评价。

(3) 各小组根据指导教师的评价对实施方案进行调整。

(4) 调整合格后的实施方案即最终实施方案。

4. 工作实施

各小组按照最终实施方案,深入分析理解路基横断面在实际工程中的应用情况,并将实施内容及完成情况填入表 1.3 中。

表 1.3 实施内容及完成情况

班级		组号		日期	
姓名		学号		指导教师	
实施内容					完成情况

续表

任务总结

课程思政

路基横断面是铁路线路的重要组成部分,其设计需考虑多种因素以确保铁路的安全、稳定和高效运行。设计的主要内容包括确定路基的宽度、高度以及边坡的坡度等关键要素。这些要素的选择需综合考量地质条件、气候条件、列车荷载以及运营维护需求等多方面因素。设计时还需注重与周边环境的和谐共生,比如保护生态文明,关注铁路沿线野生动物迁徙路线,确保工程设计施工不破坏野生动物的繁衍生息环境。此外,随着技术的不断进步,铁路路基横断面设计也需不断创新,融入更多先进的理念和技术,以适应铁路行业的持续发展。

课后练习题

一、名词解释

1. 路堤:

2. 路堑:

二、单项选择题

1. 铁路路基顶面中,道床覆盖以外的部分称为( )。
A. 路基顶面　　　B. 基床　　　C. 路肩　　　D. 基底

2. 《铁路路基设计规范》(TB 10001—2016)规定客货共线铁路基床总厚度是( )。
A. 3.0 m　　　B. 2.7 m　　　C. 2.5 m　　　D. 2.0 m

3. 《铁路路基设计规范》(TB 10001—2016)规定高速铁路无砟轨道基床总厚度是( )。

A. 3.0 m　　　　B. 2.7 m　　　　C. 2.5 m　　　　D. 2.0 m

4.《铁路路基设计规范》(TB 10001—2016)规定高速铁路有砟轨道基床总厚度是(　　)。

A. 3.0 m　　　　B. 2.7 m　　　　C. 2.5 m　　　　D. 2.0 m

5. 客货共线铁路设计速度 200 km/h 以下的有砟轨道路基路肩宽度不应小于(　　)。

A. 0.8 m　　　　B. 1.0 m　　　　C. 1.2 m　　　　D. 1.4 m

6. 高速铁路有砟轨道双线路基路肩宽度不应小于(　　)。

A. 0.8 m　　　　B. 1.0 m　　　　C. 1.2 m　　　　D. 1.4 m

7. 铁路路基横断面不包括(　　)。

A. 半路堤　　　B. 基床　　　C. 半路堑　　　D. 不填不挖路基

8. 铁路路基边坡形式不包括(　　)。

A. 曲线形　　　B. 直线形　　　C. 折线形　　　D. 台阶形

9. 铁路设计中,为了满足路基、隧道、桥涵、站场等专业设计以及计算土石方数量等方面的要求,必须测绘(　　)。

A. 线路纵断面图和横断面图　　　B. 线路带状地形图和纵断面图
C. 线路带状地形图和横断面图　　　D. 局部详细地形图和纵断面图

10. 高填方边坡设计要进行(　　)验算,以免边坡失稳。

A. 强度　　　B. 稳定性　　　C. 应力　　　D. 结构

引入案例

重钢高填方路堤工程位于重钢车场内 SDK3+180～SDK3+595 段,东西走向,北侧临江,南北靠山地形坡角多为 20°～30°,多为构造剥蚀浅丘地貌,长江沿岸受水流冲刷侵蚀,形成浅"V"形河谷岸坡地貌,沟河纵坡为 5%～10%,切割深 10～30 m。场坪高程约 228.7 m,坡脚最低点约 155 m,相对高差一般为 30～100 m。车场路基面宽 105～175 m,路基中心填方高度为 25～70 m。重钢环保搬迁货运铁路站场位于三峡库区,填平山谷后,形成浸水斜坡路堤,场区北面、东面均受长江河道位置控制,最大填方高度达 74 m,属于特大高填方工程。随着三峡库区蓄水,铁路路堤一部分将位于水位以下,路堤的稳定性和变形特性将受浸水作用的影响,路堤除承载着普通高路堤所承受的铁路荷载及自重应力作用外,还要承受水的冲刷力、水的浮力、渗透动水压力影响,此外,长期浸水将对路堤填料的长期力学性能产生影响。

任务三　路堤的构造认知

一、工作任务

(1) 理解路堤基本知识。

(2) 运用规范及相关知识指导路堤施工。

二、相关知识

1. 概念

路堤是在地面上用土、石填筑的路基。

2. 一般规定和填筑要求

1) 一般规定

路堤的构造认识

(1) 路堤边坡高度应结合铁路等级、轨道类型、地基条件、填料来源、用地性质及环境因素等合理确定,不宜超过 20 m。

(2) 稳定斜坡地段路堤的基底表层处理应符合下列规定。

①地表坡率缓于 1∶5 时,应清除地表植被。

②地表坡率为(1∶5)~(1∶2.5)时,应在原地表挖台阶,台阶宽度不应小于 2 m。当基岩面上的覆盖层较薄时,宜先清除覆盖层后再挖台阶;覆盖层较厚且稳定时,可直接在原地面挖台阶。

(3) 地面横坡陡于 1∶2.5 地段的陡坡路堤,基底及基底下软弱层滑动稳定安全系数不应小于 1.25。当符合要求时,应在原地面设计台阶;否则应采取改善基底条件或设置支挡结构等防滑措施。陡坡路堤靠山侧应设排水设施,并采取防渗加固措施。

(4) 基底有地下水影响路堤稳定时,应采取拦截引排至基底范围以外或在路堤底部填筑渗水填料等措施,但不应恶化基底条件。

(5) 软土及其他类型厚层松软地基上路堤的稳定性、工后沉降不满足要求时,应进行地基处理并与基底处理相协调。

2) 填料及填筑要求

(1) 基床以下路堤填料应符合下列规定:

①重载铁路和设计速度 200 km/h 及以下的有砟轨道铁路可采用 A、B、C 组填料或化学改良土。

②无砟轨道铁路和设计速度 200 km/h 以上的有砟轨道铁路宜选用 A、B、C1、C2 组填料或化学改良土。

③设计速度 200 km/h 以下的有砟轨道铁路采用 D 组填料时应进行改良或采取加固措施。

(2) 路堤浸水部位应结合铁路等级、轨道类型等采用水稳性好的填料或采取封闭、隔水措施,长期浸水部分应采用渗水土填料。

(3) 寒冷地区有害冻胀深度范围内的路基,宜采用冻胀不敏感填料。

(4) 路堤基床以下部位填料的最大粒径应符合下列规定。

①重载铁路、设计速度 200 km/h 以下的有砟轨道铁路填料最大粒径不应大于摊铺厚度的 2/3,且不应大于 300 mm。

②设计速度 200 km/h 的有砟轨道铁路填料的最大粒径不应大于 150 mm。

③无砟轨道铁路、设计速度 200 km/h 以上的有砟轨道铁路填料的最大粒径不应大于 75 mm。

(5) 路堤采用不同填料填筑时应符合下列规定。

①渗水性土填在非渗水土上时,非渗水土层顶面应向两侧设4%的人字排水横坡。

②上下两层填料的颗粒不满足 $D_{15}<4d_{85}$ 的要求,应在分界面上设置隔离垫层或采用其他措施;下层填料为化学改良土时,不受本条限制。

(6) 基床以下路堤填料采用C2组中的砂类土及C3组时,应采取加强防护措施。

3. 路基面的形状

有砟轨道路基面的形状应设计为三角形,两侧设横向排水坡,且不宜小于4%。无砟轨道支承层(或底座)底部范围内路基面可水平设置,支承层(或底座)外侧路基面应设置不小于4%的横向排水坡。

1) 有砟轨道区间路基面的形状

(1) 路拱。

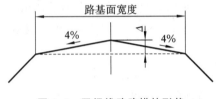

图1.6 区间线路路拱的形状

水的危害是造成路基病害的重要原因,保证良好的排水条件是路基设计的重要原则。因此,路基面应做成有横向排水坡的拱状,称为路拱,以利于排除雨水,避免路基面处积水使土浸湿软化,造成病害。路拱的形状为三角形,由路基中心线向两侧设4%的人字排水坡,如图1.6所示。曲线加宽时,路基面仍应保持三角形,仅将路拱外侧坡度放缓。

(2) 不同类型路基的衔接。

设计速度200 km/h以下的新建铁路,全线的线路纵断面均按土质路堤(双层道床)标准进行设计,线路纵断面上的高程为路肩设计高程。然而,一般线路中绝大多数铁路路基工程不仅有土质路基双层道床,还有土质路基单层道床(0.30 m),曲线地段还要对曲线外侧进行加宽,软土路堤和高路堤还要对路基面两侧进行加宽;双线铁路中还有局部单线路基。不同路基的衔接如图1.7所示。

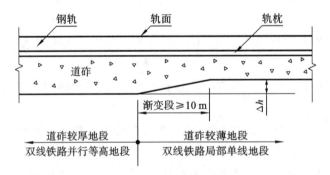

图1.7 不同路基衔接图

2) 站场路基面形状

站场路基面应有一定的横向坡度,以保证及时排走路基面上的雨水、雪水,保持路基面、基床干燥。根据站场路基的宽度、排水要求和路基填挖情况,可将站场路基面设计成单面坡、双面坡或锯齿形坡的横断面。横向坡度的大小为2%~4%。

4. 路堤标准横断面图

直线地段,普通土质路堤标准横断面图如图 1.8、图 1.9 所示。

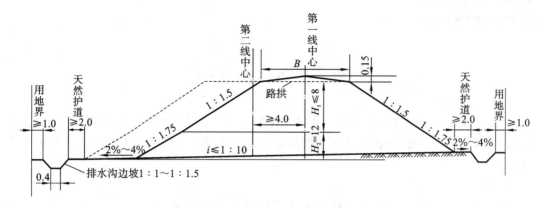

图 1.8　路堤标准横断面图(有排水沟)

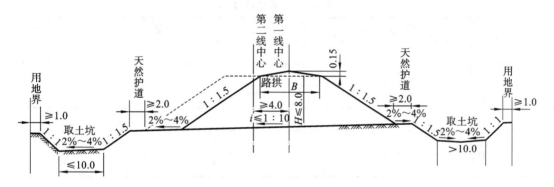

图 1.9　路堤标准横断面图(有取土坑)

(1)护道。路堤坡脚与排水沟或取土坑边缘之间的天然地面称为护道,其宽度不小于 2.0 m,以保护路堤坡脚免受排水沟或取土坑中水流的冲刷而危及路堤边坡的稳定性。地质及排水条件良好的地段,或经济作物高产田地段,若采取一定措施(如护坡或坡脚墙等)后足以保证路堤稳定时,可将护道宽度减为 1.0 m。护道表面应平顺,并有 2%～4% 的向外排水坡。如果天然地面达不到要求应由人工修整。

(2)取土坑。现行规范已取消取土坑的概念,代之以取土场。现代路基本体是按结构物设计的,填土已不是简单的土方概念,而是满足相关设计技术要求的填料。当路基填方数量大时,要求设计取土场集中取土。取土场面积应根据取土量,结合稳定边坡、取土深度、施工方法和土地复垦等要求合理确定。取土场兼做排水沟时,应确保水流畅通排出,其深度不宜超过该地区地下水位并应与桥涵进口高程相衔接。

(3)排水沟。路堤填筑有弃土可利用时,路堤地表排水应在护道以外迎水一侧或两侧设排水沟。

任务工单

路堤构造及施工图认知

1. 任务描述

学生以 3～5 人为一组,选出组长并进行任务分工。各小组根据实际情况,查阅相关技术规范资料,收集、整理,掌握铁路路基的基本构造、设计原理、施工方法以及施工图的识读与绘制。

2. 数据资料准备

各小组查阅相关资料,熟悉铁路路基的基本构造,并进行规划,将所需的各项数据资料填入表 1.4。

表 1.4　数据资料清单

名　称	内容描述	单　位	数　量	备　注

3. 制订方案

(1) 各小组针对工作规划展开讨论,制订一条线路的实施方案。

(2) 指导教师对各小组的实施方案给出评价。

(3) 各小组根据指导教师的评价对实施方案进行调整。

(4) 调整合格后的实施方案即最终实施方案。

4. 工作实施

各小组按照最终实施方案,根据线路设计速度、轨道类型、地质条件等因素,确定路基面宽度、边坡坡度、基床厚度等关键尺寸,展示路基各组成部分及其相互关系,并将实施内容及完成情况填入表 1.5 中。

表 1.5　实施内容及完成情况

班级		组号		日期	
姓名		学号		指导教师	
实施内容					完成情况

续表

任务总结

课程思政

2018年,耗资1269亿元的港珠澳大桥竣工,其中包含4座人工岛屿。港珠澳大桥人工岛路堤的建设采用了先进的技术和工艺,确保了其稳定性和耐久性。例如,在建设过程中,我国建设者创造性地采用了"深插钢圆筒快速筑岛成套技术",通过振沉巨型钢圆筒并填充沙子来形成人工岛的基础。这种技术不仅提高了施工效率,还确保了人工岛的稳定性和安全性。港珠澳大桥的建设对于促进粤港澳大湾区的经济一体化和区域合作具有重要意义。它不仅缩短了香港、珠海和澳门之间的通行时间,还加强了三地之间的经济联系和人员往来。同时,人工岛的建成也为游客提供了一个观赏港珠澳大桥美景的绝佳位置,进一步推动了旅游业的发展。请同学们思考这一工程背后的社会价值和意义。

课后练习题

一、名词解释

1. 路肩高程:
2. 护道:
3. 线间距:

二、填空题

1. 铁路路基面的宽度等于_____的宽度加上两侧_____的宽度之和。

2. 有砟轨道路基面形状设计为_____形,两侧横向排水坡不宜小于_____%。

3. 无砟轨道支承层或底座范围内路基面可_____设置,外侧路基面设置不小于_____%的横向排水坡。

4. 站场路基面形状可设计成_____和锯齿形坡的横断面。

引入案例

蒙河铁路河口北车站路堑边坡高近 90 m,覆盖层为土层及全风化层,厚度超过 50 m,地质条件较差,岩土力学强度低。河口北车站位于云南省红河州河口瑶族自治县,为泛亚铁路国际换装站,规模较大。车站设到发线 5 条(含正线)、预留 2 条,调车线 4 条、预留 2 条,站房对侧设 $88×10^4$ t 综合性货场,设货物线 3 条,设 $100×10^4$ t 准米轨换装场,设整列到发换装线 1 条、站台换装线 1 条、米轨到发兼存车线 3 条。同时车站通过米轨铁路与越南铁路网相连,形成云南省出境的国际铁路通道。工点范围处于低山丘陵地带,丘间为槽谷地貌,地势较狭窄,地面高程为 110~200 m,相对高差约 90 m,地形波浪起伏、相对左高右低。本工点起讫里程为 DK141+442~DK141+696,线路长 254 m。该段以挖方形式通过,路堑中心最大开挖高度为 17.8 m,左侧设计最大挖方高度约为 88.9 m。通过边坡中部设置分级宽平台有效减小路堑底部土压力等综合处理措施确保该超高土质路堑边坡长期稳定,为以后同类工点提供了一定的工程经验。

任务四 路堑的构造认知

一、工作任务

(1) 理解路堑基本知识。
(2) 运用规范及相关知识指导路堑施工。

二、相关知识

1. 概念

路堑是自地面向下开挖的路基。

路堑的构造认识

2. 一般规定

(1) 路堑边坡高度应根据地层岩性、岩体破碎程度、水文条件等综合确定,不宜超过 30 m。

(2) 土质、软质岩及强风化的硬质岩路堑应设置侧沟平台,宽度不宜小于 0.5 m;路堑边坡在土石分界、透水和不透水层交界面处宜设置边坡平台,宽度不宜小于 2 m。

(3) 地下水发育、排水困难及膨胀土(岩)等地段,可按路堤式路堑结构形式设计。

(4) 路堑设计应减少对天然植被和山体的破坏,防止诱发地质灾害。

(5) 较高土质边坡和软弱松散岩石路,应根据工程地质条件、岩层风化及节理发育程度,结合施工工艺,采用分层开挖、分层稳定和坡脚预加固技术。

3. 土质路堑

(1) 土质路堑边坡形式及坡率应根据工程地质、水文地质和气象条件、边坡高度、防排水措施、施工方法等,结合自然稳定山坡和人工边坡的调查及力学分析综合确定。

(2) 土质路堑边坡高度小于 20 m 时,边坡坡率可按表 1.6 确定;若存在不利地层分界面、滑动面、地下水出露等特殊情况,需通过稳定分析计算确定。

表 1.6　土质路堑边坡坡率

土的类别		边坡坡率
黏土、粉质黏土、塑性指数大于 3 的粉土		(1∶1)～(1∶1.5)
中密以上的中砂、粗砂、砾砂		(1∶1.5)～(1∶1.75)
漂石土、卵石土、碎石土、粗砾土、细砾土	胶结和密实	(1∶0.5)～(1∶1.25)
	中密	(1∶1.25)～(1∶1.5)

注:1. 特殊路堑边坡形式及坡率应符合《铁路特殊路基设计规范》(TB 10035)的相关规定;
2. 有可靠的资料和经验时,可不受本表限制。

(3) 路堑边坡高度大于 20 m 时,边坡坡率、形式等应通过稳定性分析计算确定,最小稳定安全系数应符合下列规定。

①永久边坡,一般工况边坡最小稳定安全系数应为 1.15～1.25;地震工况边坡最小稳定安全系数应为 1.10～1.15。

②临时边坡,边坡稳定安全系数应不小于 1.05～1.10。

(4) 黄土、膨胀土、风沙等特殊土路堑设计应符合《铁路特殊路基设计规范》(TB 10035) 的相关规定。

4. 岩石路堑

(1) 岩石路堑边坡形式及坡率应根据工程地质、水文地质和气象条件、岩性、边坡高度、施工方法,并结合岩体结构、结构面产状、风化程度及自然稳定边坡和人工边坡的调查等综合确定,必要时可采用稳定分析方法予以检算。

(2) 岩石路堑边坡高度小于 20 m 时,边坡坡率可按表 1.7 确定。

表 1.7　岩石路堑边坡坡率

岩石类别	风化程度	边坡坡率
硬质岩	未风化、微风化	(1∶0.1)～(1∶0.5)
	弱风化、强风化	(1∶0.3)～(1∶0.75)
	全风化	(1∶0.75)～(1∶1.0)
软质岩	未风化、微风化	(1∶0.3)～(1∶0.75)
	弱风化、强风化	(1∶0.5)～(1∶1.0)
	全风化	(1∶0.75)～(1∶1.5)

注:1. 特殊岩石路堑边坡形式及坡率应符合《铁路特殊路基设计规范》的相关规定;
2. 存在不利结构面的岩质边坡应通过稳定计算确定;
3. 有可靠的资料和经验时,可不受本表限制。

(3) 强风化或全风化的硬质岩及软质岩路堑,可按规定设置平台和排水设施。

(4) 岩石路堑边坡高度大于 20 m 时,边坡坡率、形式等应通过稳定分析计算确定,最小稳定安全系数应符合下列规定:

①永久边坡,一般工况边坡最小稳定安全系数应为1.15~1.25;地震工况边坡最小稳定安全系数应为1.10~1.15。

②临时边坡,边坡稳定安全系数应不小于1.05~1.10。

(5) 硬质岩路堑应根据岩体结构、结构面产状、岩性及施工影响范围内既有建筑物的安全性要求等,采用光面爆破、预裂爆破等控制爆破技术或机械开挖施工。

5. 路堑标准横断面

早期标准图分为有弃土堆和无弃土堆两种形式,路堑标准横断面图如图1.10、图1.11所示。

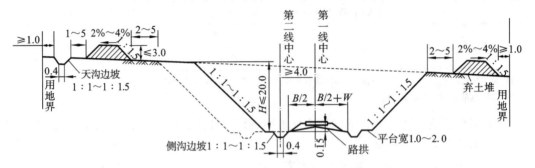

图1.10 曲线地段一般黏性土路堑标准横断面图

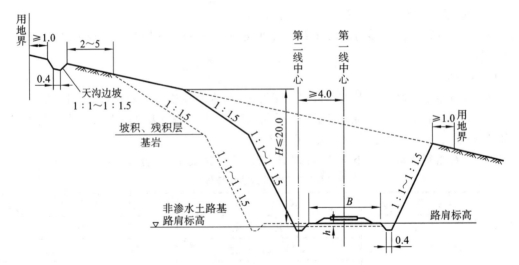

图1.11 直线地段岩石路堑标准横断面图

(1) 路堑平台。当路堑边坡为碎石类土或砂类土、易风化岩石或其他不良土质(如膨胀土)时,为防止坍落的土和碎石堵塞侧沟,应在侧沟外侧设置平台,平台宽度不宜小于1.0 m,当边坡高度大于20 m时,可酌情增宽至1.5~2.0 m。

(2) 弃土堆。路堑顶缘以外部分称为路堑堑顶,早期路基施工时,允许将弃土置于堑顶,但应根据弃土量、周边环境、可弃土高度、施工方法和土地复垦等要求设计弃土场(堆),以存放弃土。弃土应远离堑顶,不应在土质松软的路堑和岩层倾向线路且对边坡不利地段的堑顶上方弃土。严禁在膨胀土、黄土等特殊岩土堑顶上方弃土。

(3) 侧沟。路基面两侧的排水沟称为侧沟,用以排引路基面和边坡上的地面水。

任务工单

路堑的构造认知

1. 任务描述

学生以 3~5 人为一组,选出组长并进行任务分工。各小组根据实际情况,查阅相关技术规范资料,收集、整理,掌握土质路堑和石质路堑构造。

2. 工作实施

各小组按照查阅的文献资料完成路堑构造比较图,并将实施内容及完成情况填入表 1.8 中。

表 1.8　实施内容及完成情况

班级		组号		日期	
姓名		学号		指导教师	
实施内容				完成情况	
任务总结						

课程思政

青藏铁路被誉为"天路",是中国新世纪四大工程之一,也是世界上海拔最高、线路最长的高原铁路。它的建设是党中央、国务院在进入新世纪之际作出的重大战略决策,是国家"十五"四大标志性工程之一,也是西部大开发的重点工程之首。青藏铁路的建成,结束了西藏不通铁路的历史,极大地改善了青藏两省区的交通条件,促进了当地的经济社会发展,同时也对国家的战略安全具有重要意义。青藏铁路的建设者们以高度的爱国主义精神,克服了极端恶劣的自然环境,完成了这一世界级的工程。青藏铁路建设中,建设者们注重环境保护,采取了一系列措施减少对自然环境的破坏。

课后练习题

一、填空题

1. 曲线地段,客货共线铁路路基面宽度应在曲线_____侧加宽,加宽值应在_____范围内线性递减。

2. 碎石类土、砂类土及其他土质路堑边坡,当边坡没有完全设防护加固工程时,为防止坍落的土和碎石堵塞侧沟,应在侧沟外侧设置不小于_____ m 的平台。平台面上应有_____向侧沟方向的排水坡。

3. 路基标准横断面仅适用于一般_____条件、_____的普通土质路基。

二、单项选择题

1. 排水沟或取土坑至路堤坡脚应有一定距离,这一位置称为护道,其宽度一般不小于(   )。
   A. 1 m   B. 1.5 m   C. 2 m   D. 3 m

2. 有砟轨道铁路缓和曲线范围内的铁路路基面宽度应当(   )。
   A. 不设置曲线加宽
   B. 按圆曲线设置加宽
   C. 由圆曲线向直线递减设置加宽
   D. 由圆曲线向直线递增设置加宽

3. 铁路路基路堤折线形边坡,上部边坡坡度一般选用(   )。
   A. 1∶1.3   B. 1∶1.5   C. 1∶2   D. 1.5∶1

4. 路堤为一般黏性土,最大高度为 20 m 时,路堤下部高度 12 m 的坡度为(   )。
   A. 1∶1   B. 1∶1.25   C. 1∶1.5   D. 1∶1.75

5. 对于路肩标高,下列叙述中正确的是(   )。
   A. 以路肩边缘的标高表示路肩标高
   B. 以路肩标高加路拱高表示路肩标高
   C. 以路基边坡与地面交点标高表示路肩标高

D. 以路肩与道床边坡交点标高表示路肩标高

6. 黏性土路堤边坡高 18 m,则其设计边坡可采用( )。
A. 1∶1.75
B. 1∶1.5
C. 8 m 以上用 1∶1.5;8 m 以下用 1∶1.75
D. 按个别设计通过边坡稳定性检算确定

7. 为防止路堑边坡坍落的土和碎石堵塞侧沟,在侧沟外侧设置平台,其宽度一般不小于( )。
A. 0.5 m B. 1.0 m C. 1.5 m D. 2.0 m

8. ( )不是路堤组成部分。
A. 路基面 B. 路堤边坡 C. 天然护道 D. 弃土堆

9. ( )不是路堑组成部分。
A. 侧沟 B. 路堑边坡 C. 天然护道 D. 平台

10. 高度在 10 m 以内的密实碎石类土路堑边坡,建议采用边坡坡率为( )。
A. 1∶0.75～1∶1
B. 1∶0.5～1∶0.75
C. 1∶0.5～1∶1.25
D. 1∶1～1∶1.5

项目二　路基施工准备与组织设计

　　铁路路基施工组织是铁路路基工程管理的重要内容之一，它涉及铁路路基工程的规划、安排、协调和控制等方面。本项目旨在使学生掌握施工组织的基本理论和方法，使其具备独立进行施工组织设计和管理的能力。

学习目标

知识目标：

1. 掌握路基施工准备的相关内容和知识；
2. 能进行比较简单的土石方调配工作。

能力目标：

1. 能按要求做好路基施工准备工作；
2. 会写施工调查报告，能完成一定的施工准备工作。

素质目标：

1. 培养较强的团队精神和协作意识；
2. 培养吃苦耐劳、严谨求实的工作作风；
3. 培养一定的协调、组织管理能力和质量意识。

思维导图

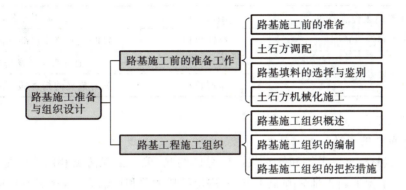

任务一　路基施工前的准备

一、工作任务

（1）能按要求进行路基施工调查及地质资料核查。
（2）能进行交接桩及施工复测。
（3）能进行土质调查及土样的试验检测。

二、相关知识

路基施工准备工作

（一）路基施工准备工作

要保证工程项目能够如期高质量地完成，任何一项工程在正式开工前，都必须做好必要的施工准备工作。路基施工前，必须根据工程的实际情况做好组织准备、施工调查和技术准备工作，使各项施工活动能正常进行。在施工过程中，所有的施工活动都必须严格按照有关施工规范进行，以确保工程质量，最后得到质量优良的路基实体。

1．组织准备

（1）我国现行的铁路施工管理机构如表 2.1 所示。中国中铁和中国铁建作为我国主要的铁路建设单位，下属的工程公司分为综合工程公司和专业化工程公司。工程公司下设地方分公司、工程子公司，以下设项目部等临时机构。地方铁路指由地方投资并修建的铁路，它的施工一般由地方铁路管理机构负责。临时机构一般指一个大的建设项目临时组成的指挥部、指挥所等，便于统一管理和协调。

（2）开工前的施工准备。施工企业承接施工任务后，开工前的组织准备工作主要是建立健全工程管理机构和施工队伍，明确各自的施工任务，制定施工过程中必要的规章制度，确定工程应达到的目标；组织各级施工管理机构、施工队伍、材料供应及运输管理部门，组织附属企业，进行劳动力培训，与其他单位签订各种协议合同等。

组织准备是其他准备工作的开始。路基施工要消耗大量的人工、材料和机具,因此开工前应进行所需材料的购进、采集、加工、调运和储备工作,同时要检修或购置施工机械,做好施工人员的生活、后勤保障准备。劳动力、机械设备和材料的准备工作是路基施工组织计划的重要组成部分。

表 2.1 铁路施工管理机构

属中国铁路工程总公司、建筑总公司管理	固定机构	工程局、工程公司
	临时机构	临时成立的指挥部、指挥所等
属地方管理	固定机构	地方铁路开发公司
	临时机构	临时成立的指挥部、指挥所等

2. 施工调查

1) 施工调查的意义

根据施工调查,可以了解和核对线路的总体情况、重点工程情况和沿线的施工条件等,确定符合实际情况的施工部署和施工方法,决定材料来源和运输方法,落实各项辅助工程和附属企业的设置,规划临时工程,作为编制施工组织设计和概预算的重要依据。因此,施工调查既是设计部门勘测设计中的一项重要工作,也是施工企业在基本工程开工前必须进行的一项工作。

2) 施工调查的主要项目

(1) 全线工程分布情况与地质特征,特别是与重点工程的施工条件、施工顺序及施工方法等有关的自然条件。

(2) 特殊土地区和特殊条件下路基的地质情况、河道情况、地下水位、冻结深度、风沙或泥石流季节等。

(3) 核对土石的类别及其分布,进行填料初步复查和试验。调查高填、深挖和站场的施工环境及取土、弃土困难地段的填料来源、弃土位置和运土条件等。施工前,根据设计文件提供的资料,按照《铁路工程土工试验规程》(TB 10102)对路基填料进行复查和试验,确定填料类别,按规定填写土工试验报告,经审查签证后方可使用。对需改良的特殊岩土,除进行常规试验外,尚需进行专门的鉴别试验,以确定其种类和处理方法。

(4) 调查核对大量石方爆破地段的地形、地貌、地质和建筑物、交通与通信设施情况。

(5) 调查核对大型土石方施工机械的运输及组装场地。

(6) 调查当地的风俗习惯、医疗卫生、生活供应、文化教育等情况。

(7) 调查当地可供利用劳动力的工种、人数以及沿线可承包工程的施工单位的能力、信誉等。

(8) 改建既有线或增建第二线时,既有线的运营情况、路基状况,以及为采取安全、合理、施工方便的工程措施所需的资料。

(9) 农作物收割、播种季节及平均产量和办理用地、补偿工作所需的资料。

(10) 办理房屋、道路、管线、线路等拆迁补偿工作和清理施工场地所需的文件规定及计费办法和单价资料。

(11) 修建各项临时工程、辅助工程及附属企业等设施的现场位置、地形、地貌、水文、地质等情况和施工防排水的措施。

(12) 新技术、新工艺、新机具、新材料等特殊需要的资料。

上述施工调查的项目应根据具体工程的不同有所侧重,调查前应编写调查提纲,有的放矢地进行调查工作。

3) 编写施工调查报告

施工调查完毕,应整理好资料,及时写出调查报告。施工调查报告包括以下内容。

(1) 工程概况:地形、地貌、地质、水文、气象情况;重点工程情况;施工的有利条件和影响因素等。提出有关方案意见和施工措施。

(2) 交通情况:简要说明沿线铁路、公路、水运状况,以及地方道路的改扩建计划,并提出方案意见。

(3) 材料供应:对当地材料的产地、储量、产量、质量及运输方法等详细列出,缺料地段提出供应措施,考虑外来料如何进入施工地段,布置主要材料供应基地、预制基地等,并提出方案意见。

(4) 沿线水、电等生活资料供应情况;提出供电、通信方案意见,以及对缺水地区提出解决措施。

(5) 提出有关改善设计的建议。

(6) 使用地方劳动力和向地方施工单位提出发包工程的意见。

(7) 有关编制概预算的资料。

(8) 有待进一步解决的问题。

(9) 有关图表及说明。

3. 技术准备

路基施工前的技术准备工作包括核对设计文件、线路复测、清理施工场地以及试验段施工等工作,同时应做好施工防排水工作。此外,路基土石方调配方案也须在开工前做好。

1) 接收施工图表及设计文件

施工图表是铁路施工单位进行铁路施工的重要依据,只有在接到施工设计文件和图表后才能照图开始施工。路基工程必须按照批准的设计文件施工,如需变更,应按现行的变更设计处理办法执行。

需要特别指出的是,施工单位接到设计文件后,应组织有关技术人员进行审核,及时到施工现场核对。如发现误差,应与设计人员联系,更正设计错误。必要时,会同设计单位、建设单位(监理单位)进行图纸会审,共同解决设计文件中的差、错、漏等问题。会审会议必须做好相应的会议纪要,并尽快发放到参加会议的各方代表手中。会议纪要是竣工资料的重要组成部分,具有与施工图表一样的法律效力。

施工单位应在全面熟悉设计文件的基础上,充分了解工程的设计标准、规模、意图,对设计文件进行核查,并做好核查记录。

2) 交接桩及线路复测

施工单位接受任务后,应会同设计单位进行交接桩工作,然后进行线路复测。

(1) 交接桩。

① 交接桩的准备工作。由施工单位的技术人员及测工等组成的接桩小组,会同勘测设计部门的交桩小组,共同进行交接桩与补桩工作。如果一条线路有几个施工单位施工,则各施工单位的接桩起讫点应是其管界外两边的一个交点或转点。其交界处的中线、高程应联测贯通,互相核对,保持一致。

② 交接桩的内容。施工单位按照有关图表文件,在现场进行交接,逐一接收水准基点桩、中线控制桩、站场的基线桩、三角网的主要控制桩、隧道及桥的导线网、重点工程中心桩、直

线上的交点桩、副交点桩及缓和曲线和圆曲线的起、终点和中心桩等。中线、高程必须与相邻地段贯通闭合,两端为桥梁或隧道时,应以桥梁或隧道中线、高程为准。在两个施工单位的分界处,应由双方共同复测签认,线路中线和高程必须与管界外的控制桩和水准点闭合。

③交接桩的过程。交接双方按图表在现场对桩位逐一交点,施工单位以仪器复核,做好书面记录,并检查桩的完好稳定程度,必要时加护桩。(线路控制桩和路基中线、高程测量误差应符合《高速铁路工程测量规范》(TB 10601—2009)的有关规定,测量工作必须贯彻"双检制"。交接桩的验收标准按《既有铁路测量技术规则》(TBJ 105—1988)的有关规定办理。对主要的中线控制桩应测设护桩并做出书面记录。边桩应根据贯通后的中线、高程测设,在地形、地质变化处应加测横断面的地面线。)在交接中,如误差超过允许范围时,应由设计单位复核更正。交接完毕后,根据交接记录,说明交接情况、存在的问题及解决办法,双方正式在记录上会签,视为线路交接完成。

(2)线路复测。

交接桩后,施工单位应进行线路的复测和加钉桩号工作。这是施工前最后一次线路定测工作,其工作内容包括:测定中线位置;复核线路转向角;测设曲线;复核各转点间的直线方向;核对设计单位的水准基点,并联系水准基点进行全线纵向水准测量;横断面测量;桥隧等重点工程的位置和中心线的定测。在两个施工单位的分界处,应由双方共同复测签认,线路中线和高程必须与管界外的控制桩和水准点闭合。复测完毕,及时编制测量成果书,并要认真复核,才能作为今后线路中线水平使用的依据,并完整保存至工程竣工。

3)编制施工组织设计

工程开工前,施工单位根据施工调查资料、设计文件、设计部门编制的施工组织设计,结合施工单位的实际情况,充分分析有利因素和不利因素,经过综合分析研究,编制该工程施工组织设计,作为指导施工的技术文件,并落实施工方案。施工组织设计必须按审批制度报批后执行。

4)编制工程预算和施工预算

施工单位在开工前,根据施工组织设计有关规定等资料编制工程预算,并在工程预算的基础上编制施工预算,作为施工单位内部成本核算、签订承发包合同和统计验工计价的依据。

5)填筑试验段

路基工程施工全面开工前,应选择一定长度的试验区段进行试验。确定机械设备组合、施工工艺、摊铺厚度、压实遍数、改良土配合比、级配料配合比等施工参数及试验、检测的方法。

4. 测量放线

线路中线是线路施工的平面控制系统,也是铁路路基的主轴线,在施工时必须保持定测时的位置。由于定测以后往往要经过一段时间才进行施工,定测时所钉设的桩点不可避免会丢失或被移动。因此,在线路施工开始之前,必须进行一次中线复测,把定测时的中线恢复起来,同时还应检查定测资料的可靠性(这项工作也称为线路复测)。它包括钉好百米标桩、边桩和加桩,钉好圆曲线和缓和曲线,核对地面高程和原有水准基点,并增设施工时需要的临时水准基点等。

由于在施工阶段对土石方的计算要求比设计阶段准确,横断面要求测得密些,所以需要设置加桩。修筑路基之前,需要在地面上把标志路基的施工界线桩钉出来,作为线路施工的依据,这些标桩称为边桩。测设边桩的工作,称为路基边坡的放样。具体来说就是要沿线路中线桩两侧用桩标志出路堤边坡坡脚和路堑边坡坡顶的位置,作为填土或挖土的边界。路基工程的填挖方都是根据边桩起坡的,因此,正确确定边桩的位置对整个施工都十分重要。边坡放样的方法很多,常用的有图解法和逐步接近法。

路基工程一旦开工,路基填挖断面以内的桩点将遭到损坏,因此,在复测后,应将中线主要桩移到取土或弃土地点或者施工机械走行的范围以外,设置护桩,桩上应写明桩号及填挖高度,并在桩侧插立标杆。

总之,标志线路中心位置的中心桩和标志路基施工界线的边桩是铁路施工的重要依据,必须加以妥善保护,以确保工程的顺利完成。

5．清理施工现场

1）改移线路

对于施工用地范围内的各种管线,如水渠、通信电缆、电网等,必须在工程开工前与相关部门取得联系,尽快进行线路的改移。

临时运输道路、施工管道等均应满足开工需要。当利用原有公路运输大型机械时,应先实地检查;当其路基、桥梁宽度和载重等级以及最小曲线半径不适应时,应采取临时加宽或加固措施。

2）拆迁建筑物

新建铁路经过的地区,常常需要对建筑物进行拆迁,如房屋、水井、坟墓等。必须事先明确搬迁、拆除或防护方案的完成期限,以保证在工程开工之前,拆迁工作已全部办妥。

同时,对拆迁户应按照国家有关规定给予补偿。修筑路基可能对当地环境产生不良影响,当取土、弃土、爆破、尘埃、噪声以及开挖填筑涉及原有的灌溉、蓄水系统时,如果不妥善处理,均可能造成不良后果。因此,在修建路基时,应重视农田水利、节约用地,并注意环境保护。

3）征租土地

铁路用地及界内设施的拆迁、补偿必须符合现行的《国家建设征用土地条例》有关规定。通常的办法是依据设计规定的路基用地范围与取、弃土用地范围划定用地界限,计算征地数量;同时依施工设备、料场、生产和生活房屋等计算租地数量。向政府土地管理机关报送征、租地计划,经批准后按政府统一定价补偿。

4）砍伐树木

路堤基底及路堑顶面范围内的树木以及有可能影响行车安全的树木,应在施工前予以砍伐或移植。若路基内留有树木,会因腐朽或发育降低土体密度和强度,对基床的影响尤其大;在填方地段,树墩还有碍于填料的压实作业。

在挖方地段砍伐,应拔出树墩和主根。在填方地段砍伐,主根以上填筑高度大于基床厚度时,可留置露出地面不大于 0.2 m 且不侵入路基基床部分的树墩;主根以上填筑高度等于小于基床厚度时,应拔出树墩和主根。

在森林地带或有风沙、雪害及洪水冲刷的线路上砍伐和移植树木,应根据当地条件进行特殊处理。

5）干燥场地

与湿润土壤相比,干燥土壤更容易挖掘和运送,用干燥土壤做材料所建造的路基工程质量也更加稳定。因此,在工程开工之前,应当对施工场地做必要的处理,使之先行干燥。干燥场地最主要是修建良好的排水设施,做到地面排水和地下排水两不误。

(二) 路基填料的选择与鉴别

为保证路堤具有足够的强度、良好的稳定性及耐久性,应选用符合要求的填料,采用合理的方法来填筑路堤。在土质路堤的施工过程中,尤其要重视对填土的压实。

1. 土的可松性

天然土体或岩石在施工过程中的变化,一般可以概括为三种状态,即开挖前的自然状态,挖掘、装运后的松散状态,压实后的密实状态。自然状态下的土,经过开挖以后,其体积因松散而增大,以后虽经回填压实,仍不能恢复到原来的体积,这种性质称为土的可松性。由于土方工程量是以自然状态下土的体积计算的,所以在计算土方调配、土方施工机械及土方运输工具数量时,应考虑土的可松性。土的可松性程度可用松方系数、压缩系数和沉陷系数来表示。

松方系数:

$$K_1 = \frac{\text{土经开挖后的松散体积} V_2}{\text{土在天然状态下的体积} V_1} \tag{2-1}$$

压缩系数:

$$K_2 = \frac{\text{土经回填压实后的体积} V_3}{\text{土在天然状态下的体积} V_1} \tag{2-2}$$

沉陷系数:

$$K_3 = \frac{\text{土经回填压实后的体积} V_3}{\text{土经开挖后的松散体积} V_2} \tag{2-3}$$

土的可松性与土质有关,根据土的工程分类,松方系数和压缩系数可参考表 2.2。而由式(2-1)~式(2-3),可知 $K_3 = \frac{K_2}{K_1}$。

表 2.2 各种土的可松性参考值

序号	土 的 类 别	松方系数 K_1	压缩系数 K_2
1	(一类土)砂土、亚砂土	1.08~1.17	1.01~1.03
2	(一类土)种植土、泥炭	1.20~1.30	1.03~1.04
3	(二类土)亚黏土、黄土、砂土、混合卵石	1.14~1.28	1.02~1.05
4	(三类土)轻黏土、重亚黏土、砾石土、亚黏土混合卵石(碎石)	1.24~1.30	1.04~1.07
5	(四类土)重黏土、卵石土、黏土混卵(碎)石、亚密黄土、砂岩	1.26~1.32	1.06~1.09
6	(四类土)泥灰岩	1.33~1.37	1.11~1.15
7	(五至七类土)次硬质岩石(软质)	1.30~1.45	1.10~1.20
8	(八类土)硬质岩石	1.45~1.50	1.20~1.30

2. 填料的选择

填料的好坏是决定路堤是否坚固和稳定的重要因素。根据填料的颗粒组成、颗粒形状及塑性指标进行分类,可将填料分为巨粒土、粗粒土以及细粒土三大类。巨粒土即岩块类,是指粒径大于 20 mm 的颗粒含量大于全重 50% 的填料,包括块石和碎石。粗粒土是指粒径大于 0.1 mm 的颗粒含量大于全重 50% 的土,包括砾石和砂类土。细粒土是指粒径小于 0.1 mm 的颗粒含量大于全重 50% 的土,包括粉土和黏性土。为便于工程施工时的选择、应用与管理,增强填料适用性,根据填料本身的风化程度及级配的优劣,将其归纳为 5 个组,具体如下。

A 组为优质填料,包括硬块石、碎石土、粗砂、中砂、级配良好的漂石土等。

B 组为良好填料,包括软块石、碎石土、粗砂、中砂、级配不好的漂石土等。

A、B两组填料在填筑路堤时可以任意使用。

C组为可使用的填料,包括粉砂、粉土、滑石类土等。该组填料在使用时应限制其使用范围或对其做特殊处理。例如,白垩土及滑石类土仅允许用于基底干燥且不受水浸的较低路堤,并在使用时进行个别设计,采取措施保持路基本体不致受水影响。又如,带有草皮的表层土不得填于高度在1.2 m以内的路堤。当路堤高于1.2 m,且地面横向坡度小于1∶5时,可将其打碎用于路堤下层。

D组为不应使用的填料,包括黏粉土、风化严重的软块石等。原则上一般在路基工程中不采用这一组别的填料,在不得不使用D组填料时,应按设计要求采取改良土质、加强压实以及做好防排水工程、加固坡面护坡等措施。

E组为严禁使用的填料,主要是指有机土,例如淤泥及淤泥质土、石膏及其他易溶盐类含量超过容许限度的土。该组填料绝对不得用于路堤填筑。

3. 填料的鉴别

填料的鉴别主要有两种方式,一种是野外鉴别,另一种是试验室分类。野外鉴别主要适用于工地现场作业。对于巨粒土和粗粒土,一般用手触感觉(手感)、目视观察(目测)等简易方法鉴别。对于细粒土的鉴别相对就要复杂得多,它分为四个步骤:摇振反应、韧性试验、干强度试验和光泽反应。通过以上简易试验,可以对细粒土鉴别定名。

(三) 土方机械化施工

在铁路新线的修建中,路基土石方工程占的比重很大,土石方施工必须根据土石方工程面广、量大、劳动繁重、施工条件复杂等施工特点,尽可能地采用机械化与半机械化的施工方法,以减轻劳动强度,提高劳动生产率,加快施工进度。土石方机械包括推土机、铲运机、挖掘机、装载机、平地机、压路机、凿岩机以及石料破碎筛分机械等几个重要机种。土石方机械担负着土石方的铲装、填挖、运输、整平等作业,具有施工速度快、作业质量高、生产效率高等优点,它们是工程机械中用途最广泛的一大类机械,也是铁路建设土石方工程中的主要施工机械。

土石方机械的作业对象是各种土、砂、石等物料。在进行施工作业时,机械承受负荷重,外载变化波动大,工作场地条件差,环境比较恶劣;同时由于工程的大型化,土石方机械继续向大型化方向发展,以适应巨大工程机械化施工的需要;此外,为满足环保、窄小场地和小型土石方工程的要求,小型、多功能、机动性好的机种也得到进一步的发展。因此,要求土石方机械具有良好的低速作业性、足够的牵引力、整机的高可靠性和较高的作业生产能力。现代计算机、电子和激光等技术的发展以及这些技术在土石方机械上的应用,大大提高了土石方机械的自动控制和智能化程度。同时,省力操纵、安全防护、降低噪声、提高可靠性及司机的舒适度等,将是土石方机械今后继续发展的方向。

1. 推土机

推土机是以工业拖拉机或专用牵引车为主机,前端装有推土铲刀,依靠主机的顶推力对土石方或散状物料进行切削或搬运的铲土运输机械。其行走方式有履带式和轮胎式两种,铲刀的操作方式有机械操纵(索式)和液压操纵两种。索式推土机的铲刀借本身自重切入土中,在硬土中切土深度较浅;液压式推土机由于用液压操纵,能使铲刀强制切入土中,切土深度较大。

推土机在建筑、道路、采矿、油田、水电、港口、农林及国防等各类工程中,均获得十分广泛的应用。它具有操纵灵活、运转方便、所需的工作面较小、行驶速度较快、易于转移等特点。它担负着切削、推运、开挖、堆积、回填、平整、疏松、压实等多种繁重的土石方作业,主要用于纵向短距离运土和横向推土,是各类工程施工中必不可少的关键设备。此外,大型推土机加装松土器后还可以进行土石的劈松作业:加装多齿松土器可用于劈开较薄的硬土、冻土等;加装单齿松土器除能疏松硬土、冻土外,还可以劈松风化和有裂纹或节理发达的岩石。由于推土机切挖下来的土体只是堆置在推土板前的地面上,被推移着运移,因此,推土机的推土量不大,运距也不可能很大,通常适用于运距在 100 m 以内的平土或移挖作填,尤其是当运距在 20～70 m 之间,最为有效。

2. 铲运机

在铁路工程施工中,铲运机是大规模路基施工中的一种生产率高、经济效益好的理想土方运输机械。它是一种能够独立完成铲土、运土、卸土、填筑、压实的土方机械,不需其他机械配合,易于转移,配合劳力少,生产效率高,是一种较为经济的施工机械。铲运机可以用来直接完成Ⅱ级以下较软土体的铲挖,对于Ⅱ级以上较硬的土,应对其预先进行疏松后再进行铲挖。铲运机还可以对土进行铺卸平整作业,将土逐层填铺到填方地点,并对土进行一定的压实。铲运机适用于平整场地,开挖基坑、管沟,填筑路基、堤坝等土方工程。

铲运机有拖式铲运机和自行式铲运机两种。拖式铲运机由拖拉机牵引或推土机牵引,行驶速度较慢,适合于 100～700 m 的运土;自行式铲运机的行驶和工作靠自身的动力设备,行驶速度较快,适合于 700～1500 m 的远距运土。自行式铲运机的工作速度可达 40 km/h 以上,斗容可超过 30 m³。因此,在中长距离作业时,铲运机具有很高的生产率和良好的经济效益。铲运机的工作装置是铲斗,铲斗前方有一个能开启的斗门,铲斗前设有切土刀片。切土时铲斗门打开,刀片切土;铲运机前进时,被切下的土挤入铲斗;铲斗装满土后,提起土斗,将土运至卸土地点。铲运机的斗容量一般为 6～10 m³,切土深度 300 mm 左右,卸土厚度 200 mm 左右。

3. 单斗挖掘机

单斗挖掘机是土石方工程施工机械中主要的机械之一。通常,单斗挖掘机是与自卸汽车、运土拖车等运输工具配套使用的。单斗挖掘机主要用于挖土和装土,还可通过更换工作装置完成起重、装载、混凝土浇筑、打桩、钻孔、夯土、破碎等作业。单斗挖掘机适用于工程量大而集中的路基工程施工,路基工程中常用全回转履带式挖掘机。

4. 单斗装载机

单斗装载机是在专用的拖拉机前面臂架上装有一个能升降和翻转的铲斗,主要用来铲、装、卸、运土与砂石一类散状物料的机械,也可对岩石、硬土进行轻度铲掘作业。与挖掘机相比,装载机机动性较强,本身能兼做清理场地、移运孤石等作业,不进行装载时又可以当推土机使用。如果换不同工作装置,还可以扩大其使用范围,完成推土、起重、装卸其他物料的工作。在铁路施工中,它主要用于路基工程的填挖、材料的集料和装料等作业。由于装载机具有作业速度快、效率高、操作轻便等优点,因而它在国内外得到迅速发展,成为铁路建设中土石方施工机械的主要机种之一。

装载机的作业对象主要是各种土壤、砂石料、灰料及其他筑路用散粒状物料等。

5. 自行平地机

1) 适用性

自行平地机是一种以铲土刮刀为主,配有其他多种辅助作业装置,进行土的切削、刮送和整平作业的工程机械。它可进行路基面的整形和维修,表层土、积雪或草皮的剥离,路堤、路堑、取土坑与弃土坑边坡的整修作业,以及排水沟和截水沟的开挖等工作。它还可完成材料的混合、回填、推移、摊平作业。

平地机配以辅助装置如耙子、推土铲、松土器、变形刮刀、扫雪器、碾压滚等,可以进一步提高工作能力,扩大使用范围。因此,平地机是一种效能高、作业精度好、用途广泛的施工机械。

2)平地机施工作业方式

路基及场地的平整是平地机的主要作业项目。在平地机工作装置中,铲刀是一种多功能作业机具。

6. 土方施工机械的选择

在土方工程施工中合理地选择土方施工机械,充分发挥机械效能,并使各种机械在施工中配合协调,对于加快施工进度、保证施工质量以及降低工程成本具有十分重要的作用。常用的土方施工机械适用范围见表2.3。

表2.3 土方施工机械适用范围

机械名称	适用的作业项目		
	施工准备工作	基本土方作业	施工辅助作业
推土机	1. 修筑临时道路; 2. 推倒树木,拔除树根; 3. 铲除草皮,清除积雪; 4. 清理建筑碎屑; 5. 推缓陡坡地形; 6. 翻挖回填井、坟、陷穴	1. 高度3 m以内的路堤和路堑土方工程; 2. 运距100 m以内的土方挖运、铺填与压实; 3. 傍山坡的半挖半填路基土方	1. 路堤缺口土方的回填; 2. 路面的粗平; 3. 取土坑及弃土堆的平整; 4. 土层的压实; 5. 配合挖掘机和铲运机松土; 6. 斜坡上挖台阶
拖式铲运机	1. 铲除草皮; 2. 移运孤石	100～700 m的土方挖运、铺填与压实	1. 路基面及场地粗平; 2. 取土坑及弃土堆的平整
自动平地机	1. 铲除草皮; 2. 清除积雪; 3. 疏松土层	修筑高0.75 m以内的路堤及深0.6 m以内的路堑,挖填结合路基的挖、运	1. 开挖排水沟、截水沟; 2. 平整场地及路面; 3. 修刮边坡
拖式松土机	1. 翻松旧道路的路面; 2. 清除树根、树墩和灌木		1. 疏松含有砾石的普通土及硬土; 2. 破碎0.5 m以内的冻土层
挖掘机		1. 半径7 m内的土方挖掘及弃卸; 2. 用于配合自卸汽车的装土远运	1. 开挖沟槽及基坑; 2. 水下捞土

课后练习题

一、名词解释

1. 土的松方系数：
2. 土的沉陷系数：

二、填空题

1. 一般路基施工内容包括路基施工准备、_____、_____、既有线改建与增建第二线路基工程施工及检测等方面。
2. 天然土体或岩石在施工过程中的变化，一般可以概括为_____、_____、_____三种状态。
3. 当处理相同质量的土石方时，其体积变化可用土石变化率的_____、_____和_____三个系数来表示。

三、单项选择题

1. 天然土体或岩石在施工过程中的变化，一般可以概括为三种状态，以下不属于其中的是（　　）。

    A. 自然状态　　　B. 松散状态　　　C. 密实状态　　　D. 改良状态

2. 当处理相同质量的土石方时，其体积变化可用土石变化率的三个系数来表示，以下不属于其中的是（　　）。

    A. 土的松方系数　　B. 土的效率系数　　C. 土的压实系数　　D. 土的沉陷系数

四、简答题

1. 路基施工前要做哪些准备工作？
2. 路基填料土质调查包括哪些内容？

引入案例

某管段内路基位于 D3K410+525.911～D3K410+605.00，D3K410+850.00～D3K410+870.247，D3K410+971.431～D3K411+025.00，D3K411+655.00～D3K411+697.286，D3K412+788.012～D3K412+810.00，D3K413+345.00～D3K413+383.25，D3K413+492.75～D3K413+613.70，D3K414+353.20～D3K414+935.00，D3K415+260.00～D3K415+268.086，D3K415+909.654～D3K416+048.171，D3K416+157.829～D3K416+304.696，D3K416+578.104～D3K416+745.321，D3K417+722.407～D3K417+761.00，D3K419+014.00～D3K419+074.465，D3K419+478.932～D3K419+535.00，D3K420+585.00～D3K420+627.35，共计16段，全长1616.342 m，其中最短的路基长8.08 m，最长的路基长581.8 m。该区域属于低山区剥蚀地貌，丘槽相间，地形波状起伏。各区段路堑边坡坡比详见区间路基工点设计图，路堤边坡坡

度为1∶1.5。地表上覆第四系全新统残坡积层粉质黏土；下伏基岩为侏罗系中统沙溪庙组上段泥岩夹砂岩。地震动峰值加速度为0.05g,地震动反应谱特征周期为0.40 s。

主要工程数量：土石方挖方量为310364.9 m³,其中开挖土方92138.57 m³,开挖石方218226.33 m³,基床表层级配碎石填筑,过渡段级配碎石填筑。具体工程数量见表2.4。

表2.4 主要工程数量表

序号	工程项目	单位	数量	备注
1	开挖土方	m³	92138.57	含清表
2	开挖石方	m³	218226.33	
3	5%级配碎石	m³	11723.82	
4	路堤A、B组填料	m³	23709.535	
5	过渡段3%级配碎石	m³	9665.543	
6	基床底层A、B组填料	m³	36767	
7	混凝土	m³	9646.2	不含人字形截水骨架
8	空心砖植草	m³	1269	
9	HPB235钢筋	kg	26842	
10	HRB335钢筋	kg	103855	
11	HRB400钢筋	kg	200142	
12	HRB335钢筋锚杆(Φ32)	kg	22574	
13	撒草籽	m²	265	
14	植灌木	株	1060	
15	回填浆砌片石	m³	211.7	

任务二 施工组织的编制

一、工作任务

(1)根据工程情况确定施工组织方法。
(2)根据施工组织方案,确定施工程序及质量要点。
(3)掌握路基施工组织标准。

路基工程施工
组织设计

二、相关知识

(一)施工方案的制订

施工方案是指在进行工程施工过程中,为实现工程项目要求所制订的具体操作方案和步骤。施工方案的制订对于工程项目的顺利进行和质量保障具有重要意义。施工方案的制订过程包括目标确定、方案编制、审批和执行等环节。

1.目标确定

在制订施工方案之前,首先需要明确工程项目的施工目标。施工目标应包括工期目标、质量目标、成本目标等。工程项目不同阶段的施工目标可能存在差异,需要根据具体情况进行调整和确定。

2. 方案编制

方案编制是施工方案制订的核心环节。在编制方案时,需要考虑以下几个方面。

1) 施工工序和方法

根据工程项目的特点和要求,确定适当的施工工序和方法。施工工序应包括项目启动准备、基础施工、主体施工、收尾工作等。施工方法应根据具体工程项目的情况,选择合适的施工方式,包括传统施工、模块化施工等。

2) 施工组织

确定施工组织机构和人员配置。施工组织应明确各个施工工序的责任部门和具体人员,确保施工过程中各项任务的顺利推进。

3) 施工资源

确定施工所需的各类资源,包括人力资源、物资资源、技术资源等。施工资源的充足和合理调配是施工方案成功实施的关键。

4) 安全措施

制定合理的安全措施,确保施工过程中的安全。安全措施应包括施工现场的安全管理、作业人员的安全培训、安全设施的配置等。

5) 质量控制

制定严格的质量控制措施,确保工程项目达到预期的质量要求。质量控制措施包括施工工序的质量检验、质量记录的管理、质量问题的处理等。

3. 审批与执行

方案编制完成后,需要进行审批和执行。审批过程中,应该对施工方案进行全面的评估,包括工期是否合理、资源是否充足、安全措施是否到位等。执行阶段,需要按照施工方案的要求实施,并及时调整和优化方案,以适应实际情况的变化。

施工方案的制订是工程项目顺利进行和质量保障的基础。通过明确目标、编制合理的方案,可以有效地组织和管理施工过程。在实施过程中,应及时调整和优化方案,以确保工程项目的顺利完成。

(二) 施工进度计划的编制程序与方法

工程建设是一个系统工程,要完成一项建设工程必须协调布置好人、财、物、时、空,从而保证工程按预定的目标完成。在人、财、物一定的条件下,合理制订施工方案,科学制订施工进度计划,并统揽其他各要素的安排,是工程建设的核心。同时,其对于提高施工单位的管理水平,也具有十分重要的现实意义。

施工进度计划常见的编制方法有以下几种。

1. 横道图

横道图的编制程序如下。

(1) 将构成整个工程的全部分项工程纵向排列填入表中。

(2) 横轴表示可能利用的工期。

(3) 分别计算所有分项工程施工所需要的时间。

(4) 如果在工期内能完成整个工程,则将第(3)项所计算出来的各分项工程所需工期安排在图表上,编排出日程表。这个日程的分配是为了在预定的工期内完成整个工程,对各分项工程所需时间和施工日期进行试算分配。

2. 网络计划

在项目施工中用来指导施工、控制进度的施工进度网络计划,就是经过适当优化的施工网络。其编制程序如下。

1) 调查研究

了解和分析工程任务的构成和施工的客观条件,掌握编制进度计划所需的各种资料。特别要对施工图进行透彻研究,并尽可能对施工中可能发生的问题做出预测,考虑解决问题的对策等。

2) 确定方案

确定项目施工总体部署,划分施工阶段,制订施工方法,明确工艺流程,决定施工顺序等,这些一般都是施工组织设计中施工方案说明中的内容。施工方案说明一般应在制订施工进度计划之前完成,故可直接从有关文件中获得。

3) 划分工序

根据工程内容和施工方案,将工程任务划分为若干道工序。一个项目划分为多少道工序,由项目的规模和复杂程度,以及计划管理的需要来决定,只要能满足工作需要就可以了,不必分太细。大体上要求每一道工序都有明确的任务内容,有一定的实物工程量和形象进度目标,能够满足指导施工作业的需要,完成与否有明确的判别标志。

4) 估算时间

估算完成每道工序所需要的工作时间,也就是每项工作的延续时间,这是对计划进行定量分析的基础。

5) 编工序表

将项目的所有工序依次列入表格,编排序号,以便于查对是否遗漏或重复,并分析相互之间的逻辑制约关系。

6) 画网络图

根据工序表画出网络图。工序表中所列出的工序逻辑关系,既包括工艺逻辑,也包含由施工组织方法决定的组织逻辑。

7) 画时标网络图

给上面的网络图加上时间横坐标,这时的网络图就叫作时标网络图。在时标网络图中,表示工序的箭线长度受时间坐标的限制,一道工序的箭线长度在时间坐标轴上的水平投影长度就是该工序的延续时间,工序的时差用波形线表示;虚工序延续时间为零,因而虚箭线在时间坐标轴上的投影长度也为零,虚工序的时差也用波形线表示。这种时标网络图可以按工序的最早开工时间来画,也可以按工序的最迟开工时间来画,在实际应用中多是前者。

8) 画资源曲线

根据时标网络图可画出施工主要资源的计划用量曲线。

9) 可行性判断

判别资源的计划用量是否超过实际可能的投入量。如果超过了,这个计划就是不可行的,要进行调整,要将施工高峰错开,削减资源用量高峰;或者改变施工方法,减少资源用量。

这时就要增加或改变某些组织逻辑关系,重新绘制时间坐标网络图。如果资源计划用量不超过实际拥有量,那么这个计划是可行的。

10) 优化程度判别

可行的计划不一定是最优的计划。计划的优化是提高经济效益的关键步骤。所以,要判别计划是否最优,如果不是,就要进一步优化。如果计划的优化程度已经可以令人满意(往往不一定是最优),就得到了可以用来指导施工、控制进度的施工网络图。

大多数的工序都有确定的实物工程量,可按工序的工程量,并根据投入资源的多少及该工序的定额计算出作业时间。若该工序无定额可查,则可组织有关管理干部、技术人员、操作工人等,根据有关条件和经验,对完成该工序所需时间进行估计。

(三) 施工准备与资源配置

1. 施工准备的内容及要求

施工准备工作是为各个施工环节在事前创造必需的施工条件,是确保工程施工和安装顺利进行的重要环节。施工准备贯穿于工程建设的全过程,它不是一次性的,而是分阶段进行的,每个阶段都有不同的内容和要求。总体来看,施工准备包括技术准备、现场准备和资金准备等。施工准备工作应满足不同阶段项目施工的需要。

1) 技术准备

技术准备是施工准备的核心。任何技术的差错或隐患都可能引起人身安全和质量事故,造成生命、财产和经济的巨大损失。技术准备包括施工所需技术资料的准备、施工方案编制计划、试验检验及设备调试工作计划、样板制作计划等内容。

(1) 技术资料的准备。

工程施工前,施工人员首先应熟悉并审查施工图及有关设计文件;搜集有关地形、地质、水文、气象等资料,对建设地区的社会、经济、生活等进行调查和分析,了解劳动力及生活设施供应情况;熟悉有关施工组织设计的主要编制依据及主要施工规程、规范;结合工程实际及企业定额,拟订施工方案,编制施工预算。

(2) 施工方案编制计划。

施工方案可根据工程进展情况,分阶段编制完成,主要分部(分项)工程和专项工程在施工前应单独编制施工方案,对需要编制的主要施工方案应制订编制计划。

(3) 试验检验及设备调试工作计划。

试验检验及设备调试工作计划应根据现行规范、标准中的有关要求及工程规模、进度等实际情况制订。

(4) 样板制作计划。

样板制作计划应根据施工合同或招标文件的要求并结合工程特点制订。

2) 现场准备

现场准备包括:做好"三通一平";布设施工场地的测量控制网;根据现场施工条件和工程实际需要,搭设好施工现场生产及生活所需临时设施,如临时生产、生活用房,临时道路,材料堆放场,临时用水、用电和供热、供气等;做好施工现场的补充勘探及冬雨季施工的现场准备等。

3) 资金准备

资金准备主要指根据施工进度计划编制相应资金使用计划。资金使用计划应根据选定的施工方案、施工进度计划及当地劳动力、物资市场价格进行编制。编制资金使用计划时还应考虑到未来市场的预期。

施工准备工作计划表见表 2.5。

表 2.5 施工准备工作计划表

序号	准备工作名称	准备工作内容	主办单位	协办单位	完成日期	负责人

2. 施工资源计划的编制及优化

1) 施工资源的特征及分类

(1) 施工资源的特征。

施工资源是指一切直接为工程施工生产所需要并构成生产要素的、具有一定开发利用选择性的资源。施工资源具有下列特征。

有用性：施工资源必须是直接为施工生产活动所需的资源，是形成生产力的各种要素。

稀缺性：施工资源必须是稀缺的，其需求量与供应量之间存在着一定的差距，并非取之不尽，用之不竭。

替代性：施工资源必须是可以选择的，具有一定程度上的相互替代性。如劳动力和机械设备之间、各种机械设备之间存在一定的替代效应。

(2) 施工资源的分类。

施工资源按其内容可分为人力资源、物资资源、资金资源和技术资源。

人力资源是工程施工第一资源，其配置计划包括技术人员、管理人员的配置和生产队伍的组织。

物资资源是施工的物质基础，一般可分为材料物资和机械设备两类。物资配置计划是组织工程施工所需各种物资进、退场的依据，科学合理的物资配置计划既可保证工程建设的顺利进行，又可降低工程成本。物资配置计划包括主要工程材料和设备的配置计划及工程施工主要周转材料和施工机具的配置计划两部分。

资金资源是工程建设的基本保障，在施工生产过程中，它一方面表现为实物形式的物资活动，另一方面表现为价值形式的资金运动。

技术资源是工程项目达到预定施工目标的有力手段，包括操作技能、劳动手段、劳动者素质、生产工艺、试验检验、管理程序和方法等。

本书所指施工资源配置计划主要包括劳动力配置计划和物资配置计划两个方面。

2) 施工资源计划的编制

(1) 资源曲线。

资源曲线是反映计划资源配置情况的图形，也就是与时间计划相对应的资源使用计划。对于每一种资源，可根据横道图或时标网络图画出相应的资源曲线。常用的资源曲线有两种，包括资源需用量曲线和资源累计曲线。

资源需用量曲线是把单位时间（日、月、季等）内计划进行的各项工作所需的某种资源数量进行叠加，按一定比例绘制曲线，直观表示出计划中每个时期资源需用量及动态变化，形象描绘资源消耗的高峰和低谷。

随着计划进程，根据资源需用量曲线把单位时间消耗的资源数量累加起来，可以得到资源累计曲线。资源累计曲线上任何一点的数值恰好等于相应的动态曲线在该点左边那部分面积,因此也称为积分曲线。

(2) 施工资源计划的编制步骤。

施工资源计划的编制步骤如下:

①根据设计文件、施工方案、工程合同、技术措施等计算或套用定额,确定各分部分项工程量;

②套用相关资源消耗定额,并结合工程特点,求得各分部、分项工程各类资源的需求量;

③根据已确定的施工进度计划,分解各个时段内的各种资源需求量;

④汇总各个时段内各种不同资源的需求量,形成各类资源总需求量,并以资源曲线或资源计划的表格形式表达。

其中,劳动力配置计划应按照各工程项目工程量,根据施工进度计划,参照概(预)算定额或者有关资料确定。

物资配置计划应根据总体施工部署(施工方案)和施工进度计划确定主要物资的计划种类和数量及进、退场时间。其中,主要工程材料和设备的配置计划应根据施工进度计划确定,包括各施工阶段所需主要工程材料、设备的种类和数量及进、退场时间;工程施工主要周转材料和施工机具的配置计划应根据施工部署和施工进度计划确定,包括各施工阶段所需主要周转材料、施工机具的种类和数量。

3) 施工资源计划的优化和调整

施工资源计划编制完成后,还需要进行资源的优化。资源优化的目的是通过改变工作的开始时间和完成时间,使资源按照时间的分布符合优化目标。

在通常情况下,施工资源计划的优化分为两种,即"资源有限,工期最短"的优化和"工期固定,资源均衡"的优化。前者是通过调整计划安排,在满足资源限制条件下,使工期最短的过程;而后者是通过调整非关键工作的开始时间,在工期保持不变的条件下,使资源需用量尽可能均衡的过程。

任务工单

施工总平面布置图绘制

1. 任务描述

学生以 3~5 人为一组,选出组长并进行任务分工。各小组根据实际情况,查阅相关技术规范资料,收集、整理施工组织平面图所需要的资料,进行绘制。

2. 数据资料准备

各小组查阅相关资料,熟悉土质路堤施工过程及质量控制要点,并进行规划,将所需的各项数据资料填入表 2.6。

表 2.6　数据资料清单

名　称	内　容　描　述	单　位	数　量	备　注

3. 制订方案

(1) 各小组针对工作规划展开讨论,制订实施方案。

(2) 指导教师对各小组的实施方案给出评价。

(3) 各小组根据指导教师的评价对实施方案进行调整。

(4) 调整合格后的实施方案即最终实施方案。

4. 工作实施

各小组按照最终实施方案,系统地绘制施工总平面布置图,对步骤及要点进行统计,并将实施内容及完成情况填入表 2.7 中。

表 2.7　实施内容及完成情况

班级		组号		日期	
姓名		学号		指导教师	
实施内容				完成情况	
任务总结				

课程思政

高铁已成为越来越多人出行的首选交通方式。除了便捷出行,让旅客实现"朝发夕归",高铁还加速信息、技术、人才等资源要素的高效流通,是城市核心竞争力的重要内容。

"十四五"以来,陕西掀起高铁项目建设高潮,先后开工建设5个高铁项目,高铁在建规模跻身全国第一方阵。

西康、西十高铁需要穿越秦岭,康渝高铁需要穿越大巴山,西延、延榆高铁需要穿越湿陷性黄土区、软弱围岩区……在陕西建高铁面临的实际问题也不少。

怎么办?科技创新来解决。

围绕需求加强攻关

据统计,陕西西康、康渝、西延、延榆、西十5个在建高铁项目,建设总里程达1010公里,其中桥梁142座161公里,隧道146座746公里。

西康高铁自北向南依次通过渭河盆地南缘黄土残塬区、北秦岭中高山区、南秦岭中山峡谷区、安康宽谷盆地4个地貌单元,线路隧道占比高,隧道多次穿越断裂、褶皱等复杂地质构造,施工难度大、组织压力大,并且项目横跨秦岭山脉,建设中需严格落实环水保措施;康渝高铁项目陕西段长大隧道集中,桥梁跨越大江大河,施工区域地质复杂、条件差、安全风险高,同时项目跨越(穿越)阳安铁路、襄渝铁路、襄渝二线铁路以及既有高速公路隧道、在建高速公路隧道等,交叉施工多,安全风险高;西延、延榆高铁穿行黄土高原,线路途经的湿陷性黄土区、软弱围岩区占比超过80%。

为克服技术难题,建设单位西成客专陕西公司以施工应用需求为牵引,加大应用型技术创新力度,加强科研攻关,以科技创新为支撑推进5个高铁项目建设。目前,陕西5个高铁在建项目中,总计承担开展4项省部级科研攻关课题。其中,模数一体铁路数字工程创建关键技术研究已完成,铁路隧道机械化施工关键技术研究取得重大突破。

"西十高铁项目共设立了12项科研课题,目前已发表论文22篇,成果应用及申请专利数量达20项。"西成客专陕西公司西十指挥部技术科长岳纪强说。

在西延高铁项目建设中,建设单位联合施工单位针对黄土土质疏松、水土流失、工程地质勘查难度大等问题,强化地基处理,采用先进的勘察技术,加强施工质量控制,实施严格的生态环境保护措施,推进项目建设。"在西延高铁项目建设中,我们深入开展隧道缓倾层状围岩变形破坏机理及防治技术研究和水平岩层控制爆破技术研究。"西成客专陕西公司西延指挥部副指挥长陈晓军说。

改进技术打造精品

西十高铁项目全线推广应用3D扫描、仰拱放样弧度尺、扇形无痕冲顶装置等30余套工装工艺;西十高铁项目浐河特大桥施工采用桥梁工程"工艺工装及四新技术"10项,桥梁混凝土外观质量、强度等级、结构尺寸等各项验收指标高于设计及规范要求;在西十高铁项目秦岭马白山隧道建设中,施工人员积极开展工艺工装创新,通过凹模工装确保排水管位置、角度、伸出长度满足要求,通过接茬筋控制工装保证间距、外露长度及垂直度准确……

创新驱动,科技赋能。陕西5个高铁项目建设中,西成客专陕西公司坚持以精品工程为引领,制定536条精品工程质量评定标准,形成《精品工程评定标准实施指南》,其中针对隧道改进施工工艺和开挖工法11项,改造工装17项,明确和优化工艺标准20项;围绕桥梁桩基、承台、墩身和路基填筑等关键施工,改造工装21项,提高了施工效率和项目质量。

"为保障桥梁、路基全工序施工质量,项目部积极开展'微改微创''小改小革',桥梁工程采用墩身预埋钢筋定位、墩顶吊围栏预埋槽道定位等10余套'工艺工装及四新技术'。"中铁上海工程局西十高铁站前1标项目总工程师赵科利说。

"我们指挥部指导中铁五局开展杜村跨包茂高速特大桥连续梁墩顶高位转体体系研究,创新新型墩顶转体体系,球铰可在承重下拆卸并重复利用。液压马达齿轮驱动可实现正反转动等技术为世界首创。"陈晓军说。

科学技术支撑,陕西高铁在建项目加速推进,预计2028年全省实现"市市通高铁"。日趋完善的"米"字形高铁路网,助力陕西加速构建综合立体交通网的同时,也为陕西区域经济发展注入新活力。

课后练习题

1. 施工总平面图的设计要求有哪些?
2. 施工工期影响因素中技术因素有哪些?
3. 自然条件资料调查的内容有哪些?

项目三　一般路基施工

学习目标

知识目标：

1. 了解路堤填筑施工过程及质量控制要点；
2. 了解路堑开挖施工程序及质量控制要点；
3. 了解既有线改线及增建第二线施工过程及质量控制要点。

能力目标：

1. 能用路基施工常用的检测设备对路基施工进行检测；
2. 能读懂施工图纸，对铁路路基施工进行指导。

素质目标：

1. 认真体会质量控制的重要性，培养规范意识和质量意识；
2. 培养学生团队意识和安全环保意识，弘扬工匠精神。

思维导图

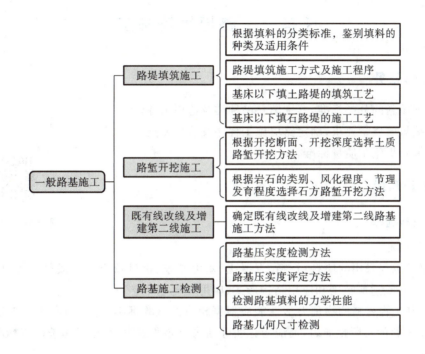

引入案例

2009年7月7日至8日,我国开工最早的高速铁路客运专线——石太客运专线发生了路基下沉事故,由于连日普降暴雨,事故发生时,列车晃车严重,其中K178+910、K158+300、K106+300三处路基下沉严重,最大下沉分别达到64.2 cm、16 cm、9.7 cm。这起事故导致多趟北京至太原的动车组限速运行、晚点,严重影响了铁路正常运输秩序,危及列车运行安全。铁道部认定K178+910质量事故为铁路建设工程质量大事故,K158+300、K106+300质量事故为铁路建设工程质量一般事故。

事故原因:一是路基填筑不规范。填料控制不严,粒径超标、级配不良,甚至有的填料级别与设计不符;填筑不讲究工艺控制,野蛮操作,虚铺厚度超标;路基断面加宽不够,边坡碾压不实,雨季冲刷严重;过渡段台阶宽度不足,涵洞两侧不对称填筑;土工格栅铺设不平顺,接头搭接长度不够,搭接处理不规范等。二是路基挡护和排水工程质量问题突出,沉降缝、反滤层不按设计要求施作;片石混凝土片石掺量过多;预应力坡面锚索施工不到位,存在锚索长度不够、数量不足、不做防锈处理等问题,甚至有个别锚索不张拉就使用;排水系统不到位、不完善、不畅通,造成路基、涵洞经常被水浸泡。三是CFG桩和岩溶注浆施工存在较多的质量隐患。比如,不做工艺性试验就开始施工;实际地质与勘查资料有出入时,不及时进行变更,影响处理效果;对施工质量的过程控制手段偏弱等。

试分析上述案例分层填筑过程中的问题,讨论如何通过科学合理的分层填筑方法来提高路基的稳定性。

任务一 路堤填筑施工

一、工作任务

1. 根据填料的分类标准,鉴别填料的种类及适用条件。
2. 根据填筑质量要求,确定路堤施工程序及质量要点。
3. 掌握路堤施工质量标准。

二、相关知识

(一)填料选择

路堤填筑施工(一)

1. 一般规定

(1)路基工程采用的填料、石料、混凝土、水泥砂浆、钢材及土工合成材料等,应根据其类型、特征、性能、适应范围和应用结构形式、应用环境等确定。

(2)路基工程材料的物理力学性能应根据相应的试验标准确定,当利用标准试件的试验结果确定材料的实际性能时,尚应考虑实际结构与标准试件、实际工作条件与标准试验条件等的差别。

2. 填料

(1)路基填料应通过地质调查和勘探、试验工作,查明料源岩土性质、分布和储量,确定填料来源、分类、分组名称、调配方案、改良措施等。

(2)路基填料根据对原土料的使用方法或加工工艺,可分为普通填料、物理改良土、化学改良土和级配碎石。

(3)普通填料粒组划分应按表3.1确定。母岩饱和单轴抗压强度小于20 MPa的粗粒和巨粒在粒组划分时按细粒考虑。

表3.1 普通填料粒组划分

粒 组	颗粒名称		粒径范围/mm
巨粒	漂石(块石)		$200 \leqslant d < 300$
	卵石(碎石)		$60 \leqslant d < 200$
粗粒	砾粒	粗砾	$20 \leqslant d < 60$
		中砾	$5 \leqslant d < 20$
		细砾	$2 \leqslant d < 5$
	砂粒	粗砂	$0.5 \leqslant d < 2$
		中砂	$0.25 \leqslant d < 0.5$
		细砂	$0.075 \leqslant d < 0.25$

续表

粒　组	颗粒名称	粒径范围/mm
细粒	粉粒	$0.005 \leqslant d < 0.075$
	黏粒	$d \leqslant 0.005$

(4) 普通填料按工程性能及级配特征可分为 A、B、C、D 组填料。母岩饱和单轴抗压强度小于 20 MPa 的粗粒和巨粒土填料组别划分应结合试验和地区经验确定；有机土（有机质含量大于 5%）严禁作为路基填料使用；膨胀土、盐渍土作为路基填料使用应符合《铁路特殊路基设计规范》(TB 10035) 相关规定。

(5) 普通填料的分类应符合下列规定：

①A 组填料为级配良好、细粒含量小于 15% 的碎石土和砾石土，分为 A1、A2 组，并符合表 3.2 的规定。

表 3.2　A 组填料细分表

分　类		项　目		
		名称	级配	细粒含量
A1 组		角砾土	良好	<15%
A2 组	1	圆砾土	良好	<15%
	2	碎石土	良好	<15%
	3	卵石土	良好	<15%

②B 组填料分为 B1、B2、B3 组，并符合表 3.3 的规定。

表 3.3　B 组填料细分表

分　类		项　目				
		名称	级配	细粒含量	小于 5 mm 颗粒含量	0.075～5 mm 颗粒含量
B1 组	1	角砾土、碎石土、圆砾土、卵石土	间断	<15%	>35%	—
	2	砾砂、粗砂、中砂	良好	<15%	—	—
B2 组	1	角砾土、碎石土、圆砾土、卵石土	间断	<15%	≤35%	—
	2	角砾土、碎石土、圆砾土、卵石土	均匀	<15%	—	—
	3	角砾土、碎石土、圆砾土、卵石土	—	15%～30%粉土	—	≥15%
	4	砾砂、粗砂、中砂	间断	<15%	—	—
	5	砾砂、粗砂、中砂	—	15%～30%粉土	—	—
B3 组	1	角砾土、碎石土、圆砾土、卵石土	—	15%～30%粉土	—	<15%
	2	角砾土、碎石土、圆砾土、卵石土	—	15%～30%黏土	—	≥15%
	3	砾砂、粗砂、中砂	均匀	<15%	—	—
	4	砾砂、粗砂、中砂	—	15%～30%黏土	—	—

③C 组填料分为 C1、C2、C3 组，并符合表 3.4 的规定。

表 3.4　C 组填料细分表

分类		项目			
		名称	级配	细粒含量	0.075～5 mm 颗粒含量
C1 组	1	块石土	—	<30%	—
	2	块石土	—	30%～50%粉土	—
	3	碎石土、砾石土	—	15%～30%黏土	—
	4	碎石土、砾石土	—	30%～50%粉土	—
	5	砾砂、粗砂、中砂	—	30%～50%粉土	—
C2 组	1	块石土	—	30%～50%黏土	—
	2	碎石土、砾石土	—	30%～50%黏土	—
	3	砾砂、粗砂、中砂	—	30%～50%黏土	—
	4	细砂	良好	<15%	—
C3 组	1	细砂	间断或均匀	<15%	—
	2	粉砂	—	—	—
	3	低液限粉土	—	—	—
	4	低液限黏土	—	—	—
	5	低液限软岩	—	—	—

④D 组填料可分为 D1、D2 组,并符合表 3.5 的规定。

表 3.5　D 组填料细分表

分类		项目	
		颗粒名称	粗粒含量
D1 组	1	高液限粉土	30%～50%
	2	高液限黏土	30%～50%
	3	高液限软岩土	30%～50%
D2 组	1	高液限粉土	<30%
	2	高液限黏土	<30%
	3	高液限软岩土	<30%

(6)路基填料的粒径或可压实性不满足相应部位要求的巨粒土、粗粒土,可采用破碎、筛分或掺入不同粒径材料等措施进行物理改良,改善颗粒级配、粒径和细粒含量等指标。

(7)路基填料不能满足相应部位要求的细粒土,宜根据土的性质,掺入适宜的外掺料进行化学改良,改变土的物理、力学性质。化学改良土应符合下列规定。

①化学改良土应采用成熟的、可靠的技术。常用外掺料有水泥、石灰、粉煤灰等无机料,其中粉煤灰不宜单独作为外掺料用于土的改良。

②填料改良应通过试验提出最适宜掺合料、最佳配比及改良后的强度等指标。

③化学改良土的设计及试验要求应符合《铁路路基设计规范》(TB 10001—2016)的

规定。

3. 填料主控项目

1) 普通填料

(1) 普通填料的种类和质量应满足设计要求,普通填料的最大粒径应符合表 3.6 的规定,普通填料的检验数量和检验方法应符合表 3.7 的规定。

表 3.6 路基填料最大粒径要求 (单位:mm)

铁路等级及设计速度		基床表层	基床底层	基床底层以下路堤
客货共线铁路及城际铁路有砟轨道	200 km/h	≤60	≤100	≤150
	160 km/h	≤100	≤200	≤300*
	120 km/h	≤100	≤200	≤300*
重载铁路		≤60	≤100	≤300*

注:表中带*项目需同时满足"不应大于压实层厚度 2/3"的条件。

表 3.7 普通填料的检验数量和检验方法

填料名称	检验项目	施工单位检验数量	监理单位检验数量	检验方法
巨粒土、粗粒土	颗粒分析、细粒含量、颗粒密度	每一料场每 1.5×10⁴ m³ 检验一次	按施工单位检验数量的 10%平行检验,且同一土源不少于 1 次	料场抽样,按现行《铁路工程土工试验规程》(TB 10102)规定的方法检验
细粒土	液限、塑限、颗粒分析(黏粒、粉粒、粗粒含量)			
风化软岩(呈砂、砾、碎石状)	颗粒级配、最大粒径、细粒含量、颗粒密度			
风化软岩(呈土状)	液限、塑限、颗粒分析(黏粒、粉粒、粗粒含量)			
膨胀土、盐渍土、黄土等特殊土	除按普通填料要求检验一般项目外,还应进行矿物分析、膨胀率、湿化试验及设计要求的其他检验项目	每一料场检验项目包括:矿物分析、膨胀率、湿化试验及设计要求的其他检验项目 2 次	每同一料场平行检验 1 次	料场抽样,按现行《铁路工程土工试验规程》(TB 10102)、《铁路工程岩土化学分析规程》(TB 10103)规定的方法检验

注:填料的渗透系数检验应符合设计要求。

(2) 普通填料出厂前应进行最大干密度试验。

检验数量:施工单位每 $1.0×10^4$ m³ 检验 1 次;监理单位按施工单位检验数量的 10%平行检验,且同一土源不少于 1 次。

检验方法:料场抽样,按现行《铁路工程土工试验规程》(TB 10102)规定的方法检验。

(3) 普通填料出场后压实前的含水率应符合工艺性试验确定的含水率要求。

检验数量：施工单位每工作班检验含水率1次；监理单位按施工单位检验数量的10%平行检验。

检验方法：料场抽样，按现行《铁路工程土工试验规程》(TB 10102)规定的方法检验。

(4) 设计有渗透性要求的渗水填料，其渗透指标应符合设计要求。

检验数量：施工单位填筑压实工艺性试验时检验1次；大面积填筑时抽检1次。监理单位全部见证检验。

2) 物理改良土填料

(1) 通过破碎、筛分、掺入不同粒径填料或外掺碎石、砾石、砂等措施改良后的填料质量应符合设计要求，其质量验收应符合标准规定。

(2) 物理改良土外掺料的掺量比应符合设计或试验确定的配合比要求。

检验数量：施工单位每 1.0×10^4 m³ 检验1次。监理单位按施工单位检验数量的10%平行检验，且同一土源不少于1次。

检验方法：料场抽样，按现行《铁路工程土工试验规程》(TB 10102)规定的方法检验。

(3) 物理改良土出厂时的含水率检验同普通填料。

3) 化学改良土填料

(1) 化学改良的原土料的技术指标应符合下列规定。

①用石灰改良时，原土料的有机质含量不应大于5%，硫酸盐含量不应大于0.8%，塑性指数宜大于12。

②用水泥改良时，原土料的有机质含量不应大于2%，硫酸盐含量不应大于0.25%，塑性指数宜小于12。

检验数量：施工单位和监理单位每 5.0×10^4 m³ 检验1次原土料有机质和硫酸盐含量，且同一土源不少于1次。

检验方法：取土场抽样，按现行《铁路工程岩土化学分析规程》(TB 10103)规定的方法检验。

(2) 化学改良土外掺料的品种、规格和质量应满足设计要求。其质量验收应符合表3.8的规定。

表3.8 化学改良土外掺料的检验数量及检验方法

外掺料名称	检验项目	施工单位检验数量	监理单位检验数量	检验方法
水泥	凝结时间	同一产地、厂家、品种且连续进场的水泥每500 t检验1次；石灰每4000 t检验1次；粉煤灰每4000 t检验1次	按施工单位检验数量的10%见证检验，且不少于1次	现行《水泥标准稠度用水量、凝结时间、安定性检验方法》(GB/T 1346)
水泥	胶砂强度			现行《水泥胶砂强度检验方法(ISO法)》(GB/T 17671)
石灰	(CaO+MgO)含量			现行《建筑石灰试验方法 第2部分：化学分析方法》(JC/T 478.2)
粉煤灰	烧失量			现行《水泥化学分析方法》(GB/T 176)

化学改良土大批量生产前应进行配合比验证试验,其无侧限抗压强度值应符合表3.9的规定。

表3.9 化学改良土无侧限抗压强度要求　　　　　　　　　　（单位:kPa）

铁路等级及设计速度		基床表层	基床底层	基床底层以下路堤
客货共线铁路、城际铁路有砟轨道	200 km/h	—	≥350(550)	≥250
	160 km/h	—	≥350(550)	≥200
	120 km/h	≥500(700)	≥350(550)	≥200
重载铁路		—	≥350(550)	≥250

注:1. 表中的数值为化学改良土7 d龄期的饱和无侧限抗压强度值。
　2. 表中括号内数值为考虑冻融循环作用时所需要的强度值。

检验数量:施工单位对同土源、同外掺料做改良土配合比验证和无侧限抗压强度试验1次;监理单位见证检验1次。

检验方法:按现行《铁路工程土工试验规程》(TB 10102)中规定的改良土试验方法进行重型击实和无侧限抗压强度试验,掺水泥的改良土应同时做延迟时间试验。监理单位见证检验,并检查确认配合比验证试验报告和击实试验报告。

(二)基床以下填土路堤施工工艺

路堤施工工艺是一种以工序管理为中心,以工序质量保工程质量,以工作质量保工序质量的全面质量管理方法。

按照系统分析原理,路基填筑压实工艺应划分为三阶段、四区段、八流程(图3.1)。

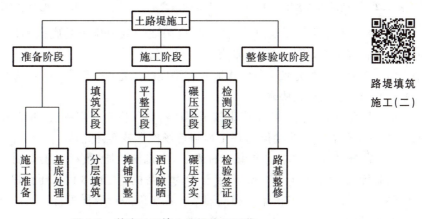

路堤填筑施工(二)

图3.1 基床以下填土路堤施工工艺

三阶段:准备阶段→施工阶段→整修验收阶段。

四区段:填筑区段→平整区段→碾压区段→检测区段。

八流程:施工准备→基底处理→分层填筑→摊铺平整→洒水晾晒→碾压夯实→检验签证→路基整修。

各区段或流程内只允许进行该段和该流程的作业,不允许几种作业交叉进行。各个区段的长度应根据使用机械的能力、台车数量确定。为了保证机械有足够的安全作业场地,每区段长度最少不得少于40 m。长度不够或因桥涵隔断不连续时,也应该按四个区段程序安排施工。分段工作由主管技术人员在现场确定。

1. 施工准备

测量放线,组织有关人员学习设计文件及设计和施工技术规范,根据填料和施工机械编制施工组织,建立土工试验室,做有关土工试验,准备好现场质量检测仪器设备。

2. 基底处理

路基基底应根据施工时的地面和土质的实际条件,按设计文件要求进行处理。

(1)施工前应拆除地面建筑物,彻底清除路基范围原地面表层植被及根系,挖除树根,并做好地下水出露的处理和临时排水。

(2)对于路堤高度大于基床厚度,且原地面横坡缓于1∶5的地段,一般经预压后可直接填筑在天然地面上。原地面横坡坡率为1∶5～1∶2.5的地段,应先开挖搭接平台,进行台阶处理(图3.2),搭接平台的宽度不小于2 m,然后进行基底平整和碾压,并根据不同的地表土用不同的试验方法进行基底试验,经检测合格后方能填土。地面横坡陡于1∶2.5地段的陡坡路堤,基底及基底下软弱层滑动安全系数不应小于1.25。当符合要求时,应在原地面设计台阶(图3.3),否则应采取改善基底条件或设置支撑结构等防滑措施。陡坡路堤靠山侧应设排水设施,并采取防渗加固措施。

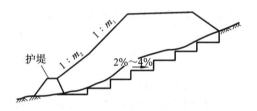

图 3.2　原地面横坡坡率为1∶5～1∶2.5的地段　　　图 3.3　地面横坡陡于1∶2.5地段

(3)基底有地下水影响路堤稳定时,应采取拦截引排至基底范围以外或在路堤底部填筑渗水填料等措施,但不应恶化基底条件。

(4)软土及其他类型厚层松软地基上路堤的稳定性、工后沉降不满足要求时,应进行地基处理并与基底处理相协调。

(5)基底压实度检查。先使用核子湿度密度仪检验压实系数,再使用 K_{30} 荷载板检验地基系数,最后经技术人员会同监理工程师现场检查核实并签认。

(6)在分层填筑前,应依据技术标准、压实机械性能、填料土质类别,先做填土压实试验段。试验段长度为100～200 m,宽度至少为压路机宽度的3倍。压路机走行三行,相邻两行中间重叠至少0.3 m,三行碾压相同遍数。在中间一行取样进行压实度试验,确定填土厚度及各类机械的压实参数,并以此指导施工。

3. 分层填筑

(1)根据填土高度及由试验段确定的分层厚度和压实系数,主管技术人员计算出计划分层数、压路机走行速度、碾压遍数,并绘出分层施工图,与队长、领工员、班长、指挥卸土人员、压路机司机进行书面技术交流。队长、领工员必须认真控制铺土厚度,并配合机械随时调整厚度,并以此指导施工。

(2)路堤填筑应采用水平分层填筑、纵坡分层填筑、竖向填筑或混合填筑法。当原地面高低不平时,应从最低处分层填筑,由两边向中心填筑。为保证路堤全断面的压实一致,确保边坡压实质量,边坡两侧各超填0.4～0.5 m,竣工时刷坡整平。

①水平分层填筑法(图3.4):填筑时按横断面全宽分层向上填筑;如原地面不平,应从最

低处分层填起,每填一层经过压实符合规定要求后再填上一层。常用方法:用透水性差的土(如黏性土)填于下层,表面呈双向横坡。

②纵坡分层填筑法(图 3.5):依路线纵坡方向分层,逐层向上填筑。适用于推土机或铲运机从路堑取土填筑运距较短的路堤。常用于纵坡大于 12%的路堤。

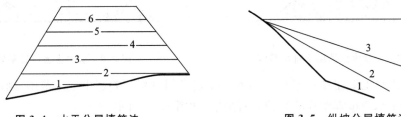

图 3.4　水平分层填筑法　　　　　　图 3.5　纵坡分层填筑法

③竖向填筑法(横向全高填筑,图 3.6):从路基一端按各横断面的全部高度,逐步推进填筑,即沿路中心线方向逐步向前深填。适用条件:无法自下而上、分层填土的陡坡、断岩或泥沼地区;地面高差大,填土面积小,难以水平分层施工时;陡坡地段半填半挖路基,难以分层填筑时。

④混合填筑法(图 3.7):当穿过深谷陡坡,尤其是上部的压实度标准要求较高时,施工时下层采用竖向填筑,上层采用水平分层填筑。

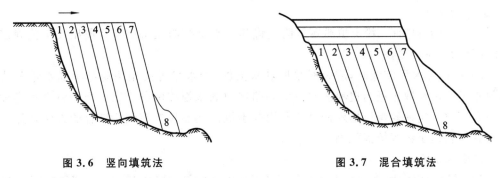

图 3.6　竖向填筑法　　　　　　　　图 3.7　混合填筑法

(3)运距在 100~400 m 时,使用履带式拖式铲运机运输;运距在 400~5000 m 时,使用轮式自动铲运机运输;运距在 5 km 以上时,使用汽车配合挖掘机或装载机装运。

(4)为节省摊铺平整时间,在运送填料时,要控制卸土密度。铲运机应按要求厚度摊铺均匀,一次到位。采取自卸车卸土时,应根据车容量计算堆土间距,以便平整时保证各层厚度均匀。

(5)用不同填料填筑路堤时,各种填料不得混杂填筑。

4.摊铺平整

(1)填筑区段完成一层卸土后,要用推土机进行初平,再用平地机进行终平,做到摊铺面在纵向和横向平顺均匀,控制层面无显著的局部凹凸,以保证压路机轮表面能基本均匀地接触地面进行碾压,达到碾压效果。

(2)渗水土填在非渗水土上时,非渗水土层顶面应向两侧设 4%的人字排水横坡。为有效控制每层虚铺厚度,初平时应用水平仪控制每层的虚铺厚度。在摊铺的同时,应对路肩进行初步压实,并保证压路机压到路肩时不致发生滑坡。

①当渗水土填在非渗水土上时,非渗水土顶层需设 4%的排水横坡,如图 3.8 所示。

②当非渗水土填在渗水土上时,如果上下层填料的粒径差在规定范围内,则可在渗水土

上设置平坡,如图3.9所示。

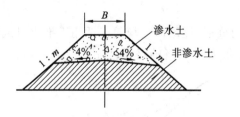
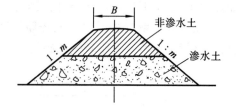

图3.8 非渗水土顶层设排水横坡　　　　图3.9 渗水土上设置平坡

③当非渗水土填在渗水土上时,如果上下层填料的粒径差超出规定范围,则应在渗水土上加填不小于0.3 m厚的中粗砂或砾石垫层,如图3.10所示。

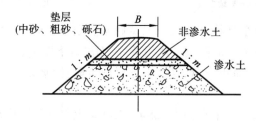

图3.10 渗水土上加填垫层

5．洒水晾晒

(1)细粒土和粉砂、粉土填料碾压前应将其含水率控制在由试验区段压实工艺确定的施工允许含水率的范围内。

(2)填料含水率较低时,应及时采取洒水措施,加水量可按相关规范中加水量公式计算,洒水可采用在取土场内提前洒水闷湿和路堤内洒水搅拌两种方法。当填料含水率过大时,可采用取土场内挖沟拉槽降低水位和用推土机松土器拉松晾晒相结合的方法降低含水率,或将填料运至路堤摊铺晾晒。

6．碾压夯实

(1)碾压前应向压路机司机进行技术交底,其内容包括碾压起讫范围、压实遍数、压实速度等。

(2)应按先两侧后中间、先慢后快、先静压后振动压的操作程序进行碾压。各种压路机最大碾压行驶速度不宜超过4 km/h。各区段交接处应互相重叠压实,纵向搭接长度不小于2 m,沿线路纵向行与行之间压实重叠不小于40 cm,上下两层填筑接头应错开不小于3.0 m。

(3)非绿化区边坡压实采用挖掘机改装的夯实设备或其他边坡压实机具进行,对于设计有绿化要求的坡面,应采取人工夯拍与种植植被相结合的方法进行。

(4)基床以下路堤填料的压实控制指标应符合表3.10的规定。

7．检验签证

(1)试验人员在取样或测试前必须检查填料是否符合要求,碾压区段是否压实均匀,填筑层厚度是否超过规定厚度。填料击实试验采取重型击实标准,操作规程按照现行《铁路工程土工试验规程》执行。土样发生变化时必须做击实试验。土样没有发生变化,当填筑体积达到5000 m³时,需重新做击实试验。

表 3.10　基床以下路堤填料的压实标准

铁路等级		填　　料	压实标准		
			压实系数 K	地基系数 K_{30}/(MPa/m)	7 d 饱和无侧限抗压强度/kPa
客货共线铁路、城际铁路有砟轨道	200 km/h	细粒土	≥0.90	≥90	—
		砂类土、细砾土	≥0.90	≥110	—
		碎石类及粗砾土	≥0.90	≥130	—
		化学改良土	≥0.90	—	≥250
	160 km/h、120 km/h	细粒土、砂类土	≥0.90	≥80	—
		砾石类、碎石土	≥0.90	≥110	—
		块石类	≥0.90	≥130	—
		化学改良土	≥0.90	—	≥200
高速铁路及无砟轨道客货共线铁路、城际铁路		砂类土及细砾土	≥0.92	≥110	—
		碎石类及粗砾土	≥0.92	≥130	—
		化学改良土	≥0.92	—	≥250
重载铁路		细粒土、砂类土	≥0.92	≥90	—
		细砾土	≥0.92	≥110	—
		碎石类及粗砾土	≥0.92	≥130	—
		化学改良土	≥0.92	—	≥250

（2）路基填土压实的质量检测应随分层的填筑碾压施工分层检测。在填料质量、填筑厚度、填筑层面纵横方向平整均匀等符合规范标准的基础上，进行压实系数或地基系数的测定。压实系数检测采取环刀法、灌砂法、灌水法、气囊法或核子湿度密度仪法；地基系数采取荷载板试验进行检测。试验方法及频度按照有关规定执行。凡没有达到标准者，不予签证，下达质量不合格通知书，要求重新压实，直到合格为止。

8. 路基整修

（1）路堤按设计高程填筑完成后，进行平整和测量。恢复中线，每 20 m 设一桩，进行水平高程测量，计算平整高度，施放路肩边桩，修筑路拱，并用压路机碾压一遍，使路面光洁无浮土，横向排水坡符合要求。

（2）自检测量。自检测量要求：直线方向闭合差，自检长度小于 400 m 时，每 100 m 允许 5 mm，自检长度大于 400 m 时允许 20 mm；曲线方向闭合差，每条曲线为 50 mm；直线测距闭合差与曲线测距闭合差为 1/2000；中线高程允许差为±50 mm；路面宽度不小于设计宽度，每 100 m 丈量三个点。

（3）对于细粒土边坡，依据路肩边线桩，人工按设计坡率挂线，刷去超填部分，进行整修夯实。整修后的边坡应达到：转折处棱线明显，直线处平直，变化处圆顺。边坡刷去超填部分后，应进行整修夯实，做到坡面平顺没有凹凸，压实密度合格。

（三）基床以下填石路堤施工工艺

基床以下路堤可用合格的石渣料分层填筑压实，填石路堤填料应按规定要求进行鉴别和试验,一般应采用级配较好的硬质岩块,严重风化的软岩不得用于路堤填筑,易风化的岩块不得用于路堤浸水部分。每层石渣料虚铺厚度不大于0.8 m,其中块石最大尺寸不得大于0.3 m,不同尺寸的石渣填料应级配填筑。石渣料压实时采取振动碾压,并通过现场试验确定压实参数。

路堤填筑施工(三)

基床以下填石路堤施工工艺流程可分为三个阶段、四个主要区段、八个主要工艺流程,如图3.11所示。

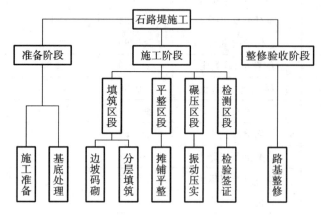

图3.11 基床以下填石路堤施工工艺

1. 准备阶段

1)施工准备

测量放线,组织有关人员学习设计文件、设计和施工技术规范,根据填料和施工机械编制施工组织,建立土工试验室,做有关土工试验,准备好现场质量检测仪器。

2)基底处理

同基床以下填土路堤。

2. 施工阶段

依据施工组织设计,各区段依次循环作业,达到要求标准后方可进行下一步作业。

1)边坡码砌

边坡码砌与填筑石渣同时进行,以保证靠近边坡的填料的碾压密度。填筑到第二层时进度应超前,每层边坡码砌要在碾压前完成。码砌边坡的路基每侧加宽0.2 m,码砌后的边坡坡率应符合设计要求,坡面大致平整或为有规则的台阶。

2)分层填筑

填筑时,按横断面全宽,纵向分层填筑压实。半填半挖地段不得将爆破的岩块直接横向倾填,亦应按照纵向分层填筑法施工。每层填料应用不同粒径的岩块混合填筑,必须严格控制填筑厚度,填筑时对大于0.3 m的块石要改小或清除出去,避免大块集中造成孔洞。填筑时,应安排好运行路线,专人指挥卸渣,水平分层填筑,先低后高,先两侧后中央。

3)摊铺平整

整平石渣料是保证压实效果的重要环节,整平时要注意使路基在纵向和横向的填筑比较均匀。整平一般使用推土机初步推平,岩块之间无明显的高差,大石块要解体,然后用平整机摊铺平整,在每层的表面填筑厚度10 cm左右的砾石或粒径不大于10 cm的碎石。达到层面基本平整,无孤石突出,以保证碾压密度。

4) 振动压实

压实功能及压实方法是影响压实效果的主要因素。采取重型压实机械振动压实时,运行速度采取一挡效果较好,碾压先从两侧向中间逐步展开,碾压时行与行之间要有 1/3 的重叠量(0.4~0.5 m),两个填筑段之间要保证有 1~1.5 m 的重叠量。

5) 检验签证

质量检验包括填料、填筑厚度、平整度、地基系数。

3. 整修验收阶段

路堤按设计高程填筑完成后,应先恢复中线,进行水平高程测量,计算平整高度,整理整修资料。路面经整修后,用平碾压路机碾压一遍,使路面平顺无浮石,横向排水坡度符合设计要求。

(四)基床表层施工工艺

路基基层应按验收基床底层区段、搅拌运输区段、摊铺碾压区段及检测修整区段分段施工,各区段施工要求如下。

1. 验收基床底层区段

测量中线水平,检查几何尺寸,核对压实标准,使其达到基床底层验收标准。对不符合标准的基床底层进行修整,使其达到基床底层标准要求。

2. 搅拌运输区段

(1)当表层填料采用拌合料时,原材料必须进行材质及级配试验,材质及级配应符合设计及规范要求。

(2)拌合前,必须先调试所用搅拌设备,使混合料颗粒组成及含水率符合规定要求。

(3)拌合好的混合料要尽快运到铺筑现场,并进行碾压。用平地机摊铺混合料时,应根据运输车的运输能力,计算每车混合料摊铺面积,将混合料等距离堆放成堆。用摊铺机摊铺时,应与摊铺机能力相协调,减少停机待料时间。

3. 摊铺碾压区段

(1)第一层混合料摊铺。用平地机将混合料按松铺厚度摊铺均匀,对不均匀处及坑洼处人工进行调整。

(2)第二层混合料摊铺。采用摊铺机摊铺,摊铺方法由试验段试验确定。

(3)碾压。采用振动压路机碾压,先静压后振动碾压,碾压时要先轻后重、先慢后快。直线段由两侧路肩向路中心碾压,即先边后中;曲线段由内侧向外侧路肩进行碾压。碾压时沿纵向重叠 0.4 m,横缝衔接处应搭接,搭接长度不小于 2 m。

4. 检测修整区段

(1)基床表层检测。按照基床表层压实质量标准及检测方法和频度进行检测。若达不到压实要求,应分析原因,重新补压,直到满足要求。

(2)基床表面修整养护。局部表面不平整时要洒水补平并补压,使其外形尺寸和质量达到设计要求。已经施工好的基床表面禁止任何车辆通行。

(五)路堤沉降变形观测

1. 路堤沉降变形量要求

路堤工程施工应按设计要求进行地基沉降、侧向位移的动态观测。客货共线铁路时速 200 km 路段路堤工后沉降量:一般地段不应大于 15 cm,沉降速率应小于 4 cm/年;桥台台尾地段路堤工后沉降不应大于 8 cm。时速 200 km 以下路段路堤工后沉降量：Ⅰ、Ⅱ级铁路一般地段不应大于 20 cm 和 30 cm，沉降速率应小于 5 cm/年和 6 cm/年；桥台台尾地段路堤工后沉降不应大于 10 cm 和 5 cm。

2. 路堤预留沉降量

路堤预留沉降量可按下列范围取值。

(1) 路堤高度小于或等于 5 m 时，可按平均堤高的 0.5%～2% 预留沉降量；路堤高度大于 5 m 时，5 m 范围内仍按上述规定计算，另计入超过部分平均堤高 0～1% 的预留沉降量。

(2) 用级配良好的不易风化块石填筑，并用重型机械压实的路堤，预留沉降量可按堤高的 0～0.5% 取值。

(3) 路堤高度差在 4 m 以内的地段可按该段堤高的平均值计算预留沉降量。

路堤预留沉降量应注意以下事项。

(1) 填筑路堤应考虑施工时和竣工后路堤本体的压缩与固结，可根据堤高、填料种类及压实条件，并结合施工季节及延续时间，适当预留沉降量。

路堤交付铺轨时，应考虑线路纵坡及与相邻路基或桥台的顺坡连接，适当调整预留沉降高度。

(2) 路堤预留沉降量的取值。路堤预留沉降量包括堤体填土压缩量和地基沉降量。对于堤体填土压缩量，可按平均堤高的 0.2%～0.4% 预留。地基土的沉降量按有关设计计算考虑。

预留沉降加高量的路堤坡脚位置仍按设计路肩高程测定；路基面适当加宽，其边坡较设计坡度稍陡施工，以便路基面在沉降完成后能符合设计。

(3) 对于中心高度大于 12 m 的路堤，应在施工期间选定代表性断面进行沉降观测，观测点宜分别布置在基床表面及堤高的 1/3、2/3 处。根据观测结果，可适当地调整预留沉降量。如填筑至基床底面时，观测点的"时间-填土高-沉降量"曲线表明沉降已稳定，预留沉降加高量可减小或只按基床高度加高。

(4) 在站场中不适于预留沉降高度地段，应考虑提高填土的压实密度，或采取预压加速沉降的措施。

(5) 路基交付铺轨时，预留沉降加高量的路基面应符合设计要求，必要时，预留沉降高度应做适当调整。路基面的抬高，应向邻接的填挖交界或桥台以及预留沉降量较小的地段顺坡递减；递减的纵坡应不大于线路的最大限制坡度。

3. 路堤沉降观测

(1) 观测基桩必须置于不受施工影响的稳定地基内，并定期进行复核校正。观测装置的埋设位置应符合设计要求，且埋设稳定。施工中应保护好观测基桩及观测装置。

(2) 在填土过程中，应根据观测成果整理绘制"时间-填土高-沉降量"关系曲线图，分析路基沉降及侧向位移的趋势，用以指导现场施工。

(3) 边桩及沉降观测桩在施工期间每填筑一层应进行一次观测，在沉降量突变的情况下，每天应观测 2～3 次。当两次填筑间隔时间较长时，每 3 d 应观测 1 次。路堤经分层填筑达到预压高程后，在预压期的前 2～3 个月内，每 5 d 观测 1 次；3 个月后 7～15 d 观测 1 次；半年后 1 个月观测 1 次，一直观测到预压期末。预压期后每 3 个月观测 1 次直至移交。当沉降速率变化较大时，应增加观测频次。

(4) 路基填筑至设计高程后，应按设计在路肩设观测桩，与边桩和沉降观测桩同步进行观测。

（5）沉降观测资料应齐全、翔实、规范，符合设计要求，并及时整理、汇总分析，提供给相关单位作为工后沉降评估的依据。

（6）竣工验交时，沉降观测设施和观测资料应与工程同时移交给接收单位。

任务工单

土质路堤施工程序及质量控制要点

1. 任务描述

学生以 3～5 人为一组，选出组长并进行任务分工。各小组根据实际情况，查阅相关技术规范资料，收集、整理土质路堤施工程序及质量控制要点，并分析影响工程质量的因素。

2. 数据资料准备

各小组查阅相关资料，熟悉土质路堤施工过程及质量控制要点，并进行规划，将所需的各项数据资料填入表 3.11。

表 3.11　数据资料清单

名　称	内　容　描　述	单　位	数　量	备　注

3. 制订方案

（1）各小组针对工作规划展开讨论，制订实施方案。

（2）指导教师对各小组的实施方案给出评价。

（3）各小组根据指导教师的评价对实施方案进行调整。

（4）调整合格后的实施方案即最终实施方案。

4. 工作实施

各小组按照最终实施方案，系统地对土质路堤施工过程及质量控制要点进行统计，并将实施内容及完成情况填入表 3.12 中。

表 3.12　实施内容及完成情况

班级		组号		日期	
姓名		学号		指导教师	
实施内容					完成情况
任务总结					

课程思政

（1）在土质路堤填筑过程中，有一个关键步骤是土层的压实。这要求施工人员对每一层土的厚度、含水量以及压实度都有严格的把控。在工程实际中，应通过反复试验和调整，确保每一层土的压实度都达到设计要求，培养精益求精的工匠精神和追求卓越的工作态度。

（2）土质路堤填筑过程中，安全施工是首要任务，应强调安全施工的必要性和紧迫性，培养安全意识和责任感。

（3）土质路堤作为基础设施工程的一部分，对于改善交通条件、促进经济发展具有重要意义。

课后练习题

一、填空题

1. 铁路路基填筑施工中,常用的施工机械有_____等(列出三种)。
2. 路基普通填料按颗粒粒径大小分为三大类,分别为_____、_____、_____。
3. 路基填料按颗粒组成、形状、级配、细粒含量等分为 A、B、C、D 组,其中 A 组为_____、B 组为_____、C 组为_____。
4. 路基填料根据对原土料的使用方法或加工工艺分为_____、物理改良土、化学改良土。

二、单项选择题

1. 路基分层填筑压实,压路机走行三行,相邻两行中间重叠至少( )m。
   A. 0.2　　　　　B. 0.3　　　　　C. 0.4　　　　　D. 0.5
2. 为保证填土路堤全断面的压实一致,确保边坡压实质量,边坡两侧各超填( )m,竣工时刷坡整平。
   A. 0.2~0.3　　　B. 0.3~0.4　　　C. 0.4~0.5　　　D. 0.5~0.6
3. 路基填筑压实,各区段交接处应互相重叠压实,纵向搭接长度不小于( )m,沿线路纵向行与行之间压实重叠应在( )m 以上。
   A. 10;4　　　　 B. 10;5　　　　 C. 20;4　　　　 D. 20;5
4. 填土在一定的压实功能下,最优含水率是指( )。
   A. 最易施工的含水率　　　　　　B. 填土施工许可的最大含水率
   C. 产生填土最大密实度的含水率　D. 填土施工许可的最小含水率
5. 填筑路堤宜按( )的工艺组织施工。
   A. 两阶段、三区段、八流程　　　B. 三阶段、四区段、八流程
   C. 两阶段、四区段、六流程　　　D. 三阶段、四区段、十流程
6. 路基填筑施工的四区段是指( )。
   A. 填土区段、整平区段、压实区段和检测区段
   B. 准备区段、整平区段、压实区段和验收区段
   C. 填土区段、整修区段、压实区段和检测区段
   D. 准备区段、整修区段、压实区段和验收区段
7. 八流程即( )、摊铺整平、洒水晾晒、碾压密实、检测签证和路基修整。
   A. 施工准备、地下水处理、分层填土　B. 施工准备、地基处理、分层填土
   C. 施工准备、地基处理、冲击填土　　D. 施工准备、整理、分层填土
8. 路基填筑时,所有用于路基填筑的填料均应符合设计和相关规范的要求。填料中的土块应打碎,填料的粒径不得大于填筑层厚度的( )。
   A. 1/2　　　　　B. 3/4　　　　　C. 2/3　　　　　D. 1/3

> **引入案例**
>
> 第比利斯绕城铁路是阿塞拜疆至格鲁吉亚交通运输通道的重要组成部分,该线全长约 38.69 km,分为既有铁路改造并增建二线段和新建铁路段。该线 PK116+40~PK120+00 段高填深挖路基位于绕城铁路新线 ZaHEs-Lilo 段 4#~5# 隧道之间,为高填深挖路基,最大挖方边坡高度达 66 m。PK116+40~PK117+95 段路基左侧最大路堑边坡高达 66 m,边坡为黏土岩夹砂岩,易风化且遇水具有弱膨胀性,根据现场边坡高度、岩层性质以及地形情况,该边坡坡率按 1∶1.5~1∶4 设计。坡面植草防护,通过放缓坡率不设支挡防护工程。边坡开挖时应注意爆破方法和药量控制,防止因爆破影响边坡稳定,避免爆破对边坡大范围岩石结构的破坏。
>
> 由于 PK109+38.42~PK117+83.23 段挖方比较大,弃方数量达 $165×10^4$ m^3。该段路基被 PK107 桥和 PK120 桥所在冲沟隔断,经过现场调查,该段无运渣道路,交通不便,挖方段路基成为"孤岛",路基土石方无法外运,必须等 PK107 桥或 PK120 桥建成后才能运出,严重影响工期。因此,针对现场问题进行替代方案研究,提出将 PK117+83.23~PK121+00.70 段桥梁改成路基,并将 PK120 桥左侧沟作为弃渣场,既可合理利用本段挖方土石方,减少弃渣用地,又可以节约投资。

任务二　路堑开挖施工

一、工作任务

（1）根据开挖断面、开挖深度、沿纵断面开挖长度及施工现场实际情况,选择土质路堑开挖方法。

（2）施工中根据岩石的类别、风化程度、节理发育程度及地下水等工程地质条件,选择石方路堑开挖方法。

（3）确定路堑施工程序及质量要点。

二、相关知识

（一）土方路堑的开挖

1. 土方开挖要求

路堑开挖施工（一）

（1）对适用于种植草皮和其他用途的表土,应储存于指定地点。

（2）开挖出的各种土方应尽可能用于路堤填筑。不同种类的土方不应混杂。不适宜填筑的土方应按规定处理。

（3）路堑开挖应根据地形情况、岩层产状、断面形状、路堑长度、施工季节和环境保护要求,与支护和防护施工统筹组织安排,并结合土石方调配进行开挖。

（4）路堑开挖中,如遇土质变化需修改施工方案及边坡坡度时,应及时报批。

2. 土方路堑开挖方式

根据路堑深度和纵向长度,土方路堑开挖可按下列方式进行。

1) 横挖法

以路堑整个横断面的宽度和深度,从一端或两端逐渐向前开挖的方式称为横挖法,如图 3.12 所示。当路堑开挖高度较大时,可分层进行,如图 3.13 所示。横挖法适用于短而深的路堑。

图 3.12 一层横向全宽挖掘法

图 3.13 多层横向全宽挖掘法

(1) 用人力按横挖法挖路堑时,可在不同高度处分几层台阶开挖。台阶高度宜为 1.5~2.0 m。无论是从两端一次横挖到路基高程还是分台阶横挖,均应设单独的运土通道及临时排水沟。

(2) 用机械按横挖法挖路堑且弃土(或以挖作填)运距较远时,宜用挖掘机配合自卸汽车进行。每层台阶高度可增加到 3~4 m。其余要求与人力开挖路堑相同。

(3) 横挖法开挖路堑也可用推土机进行。当弃土(或以挖作填)运距超过推土机的经济运距时,可用推土机推土堆积,再用装载机配合自卸汽车运土。

(4) 机械开挖路堑时,边坡应配以平地机或人工分层修刮平整。

2) 纵挖法

沿路堑全宽以深度不大的纵向分层挖掘的方法称为分层纵挖法,如图 3.14 所示。分层纵挖法适用于较长的路堑开挖。

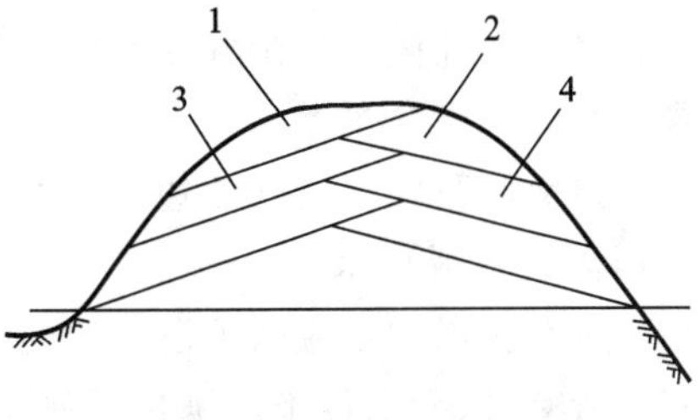

先沿路堑纵向挖掘一通道,然后将通道向两侧拓宽,上层通道拓宽至路堑边坡后,再开挖下层通道,如此向纵深开挖至路基高程的方法称为通道纵挖法,如图 3.15 所示。通道纵挖法适用于路堑较长、较深,两端地面纵坡较小的路堑开挖。

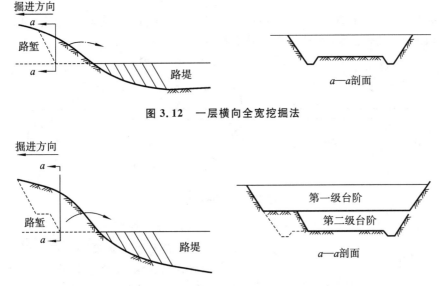

图 3.14 分层纵挖法

沿路堑纵向选择一个或几个适宜处,将较薄一侧堑壁横向挖穿,使路堑分为两段或数

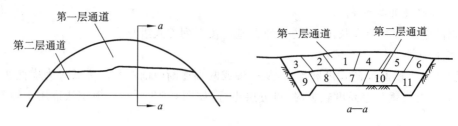

图 3.15 通道纵挖法

段,各段再沿纵向开挖的方法称为分段纵挖法,如图 3.16 所示。分段纵挖法适用于路堑较长、弃土运距过远的傍山路堑,或一侧堑壁不厚的路堑开挖。

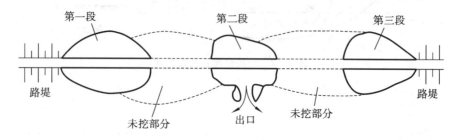

图 3.16 分段纵挖法

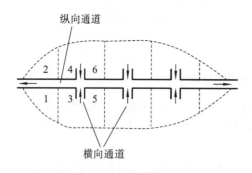

图 3.17 混合挖掘法

3) 混合挖掘法

当路堑纵向长度和挖深都很大时,宜采用混合挖掘法,即将横挖法与通道纵挖法结合使用。先沿路堑纵向挖通道,然后沿横向坡面挖掘,以增加开挖坡面,如图 3.17 所示。每一坡面应设一个施工小组或一台机械。

3. 边沟及截水沟开挖要求

(1) 边沟、截水沟及其他引水、截排水设施的位置、断面尺寸等,应符合设计图纸的规定。应先做好这类排水设施,其出口应通至桥涵进、出水口处。截水沟不应在地面坑凹处通过。必须通过时,应先按路堤填筑要求将凹处填平压实,然后开挖,并应注意防止不均匀沉陷和变形。

(2) 平曲线外侧边沟沟底纵坡应与曲线前后的沟底相衔接。曲线内侧不得有积水或外溢现象发生。

(3) 路堑和路堤交接处的边沟应徐缓引向路堤两侧的天然沟或排水沟,不得冲刷路堤。路基坡脚附近不得积水。

(4) 所有排水沟渠应从下游出口向上游开挖。

(5) 所有排、截水设施应满足下列要求:

① 沟基稳固,严禁将排水沟挖筑在未经处理的废土上;

② 沟形整齐,沟坡、沟底平顺,沟内无浮土及杂物;

③ 沟水排泄不得对路基产生危害;

④ 截水沟的弃土应用于在路堑与截水沟间筑土台,并分层压实(夯实),台顶面设 2% 倾

向截水沟的横坡,土台边缘坡脚距路堑顶的距离不应小于设计规定。

(二) 石方路堑的开挖

石方路堑应根据岩石的类别、风化程度和节理发育程度等确定其开挖方式。对于软石和强风化岩石,能用机械直接开挖的均应采用机械开挖。凡不能采用机械或人工直接开挖的石方,应采用爆破法开挖。

路堑开挖施工(二)

石方需用爆破开挖的路段,如空中有缆线,应查明其平面位置和高度,还应调查地下有无管线,若有则应查明其平面位置和埋置深度,同时应调查开挖边界线外的建筑物结构类型、完好程度、距开挖边界距离,然后制订爆破方案。任何爆破方案的制订,都必须确保空中缆线、地下管线和施工区边界外的建筑物的安全。爆破法开挖石方应按以下程序进行:施爆区管线调查→炮位设计和设计审批→配备专业施爆人员→用机械和人工清除爆破区覆盖层和强风化岩石→钻孔→爆破器材检查与试验→炮孔(或坑道、药室)检查与废渣清除→装药与安装引爆器材→布置安全岗和施爆区安全员→炮孔堵塞→撤离施爆区和飞石、强地震波影响区内的人、畜→起爆→清除瞎炮→解除警戒→测定爆破效果(包括飞石、地震波对施爆区内外构造物造成的损伤及造成的损失)。

石方开挖应充分重视挖方边坡的稳定,宜选用中小炮爆破;开挖风化比较严重、节理发育或岩层产状对边坡稳定不利的石方时,宜用小型排炮微差爆破,小型排炮药室距设计边坡线的水平距离不应小于炮孔间距的1/2。当岩层走向与路线走向基本一致,倾角大于15°,且倾向铁路侧或者开挖边界线外有建筑物,施爆可能对建筑物地基造成影响时,应在开挖层边界沿设计坡面打预裂孔,孔深同炮孔深度,孔内不装炸药和其他爆破材料,孔的距离不宜大于炮孔纵向间距的1/2。开挖层靠边坡的两列炮孔,特别是靠顺层边坡的一列炮孔,宜采用减弱松动爆破。开挖边坡外有必须保证安全的建筑物,即使采用减弱松动爆破都无法保证建筑物安全时,可采用人工开凿、化学爆破或控制爆破。

炮眼位置选择应注意以下几点。

(1) 炮位设计应充分考虑岩石的产状、类别、节理发育程度、溶蚀情况等,炮孔药室宜避开溶洞和大的裂痕。

(2) 避免在两种岩石硬度相差很大的交界面处设置炮孔药室。

(3) 非群炮的单炮爆破或者数炮爆破,炮孔宜选在抵抗线最小、临空面较多,且与各临空面距离大致相等的位置,同时应为下次布设炮孔创造更多的临空面。

(4) 群炮炮眼间距宜根据地形、岩石类别、炮型等确定,并根据炮眼间距、岩石类别、地形、炮眼深度计算确定每个炮眼的装药量和炸药种类。对于群炮,宜分排或分段采用微差爆破。

(5) 非群炮的单炮爆破或数炮爆破,炮眼方向宜与岩石临空面大致平行,一般按岩石外形、节理、裂隙等情况,分别选择正炮眼、斜炮眼、平炮眼或吊眼等。

1. 爆破前的准备工作

1) 导洞和药室验收

导洞和药室的几何尺寸应符合设计要求;清除危石和残存石渣,引流裂缝水。

2) 装药

装药时间应尽可能短,以避免炸药受潮。装药时自下而上、自里向外逐层码砌平稳、密实。起爆体应平稳安放在设计位置。药包要坚固牢靠,下部药包能承受上部药包的压力。装药不得在雨雪、大风、雷电、浓雾天气和黑夜进行。起爆体装入药室后,应拆除洞内及洞口一切电源线,改用绝缘电筒或其他安全照明。

3) 导洞和竖井堵塞

堵塞前,应对装药质量进行检查,并用木槽、竹筒或其他材料保护电爆缆线。在药室外侧砌一道石墙,石墙外 2~3 m 一段或洞深至药室拐弯一段用黏土填塞夯实,其余部分用土石分层填塞紧密。填塞长度应符合设计要求。洞口部分除设计另有规定外,应再砌一道石墙,并用黏土封紧。

竖井和平洞的堵塞材料可就地取材,分层回填至原地面,平洞堵塞长度不应小于最小抵抗线长度。

堵塞过程中,对电爆线路应注意保护,并派专人经常检查、维护,不得损坏。

4) 起爆线路敷设

敷设线路前,非接线人员和设备应撤至安全地点,并在爆破影响区外设警戒,禁止人、畜进入爆破影响区,截断场内一切设备电源。然后从药室开始,逐渐向主线和电源方向连接,禁止先接电源和供电设备,并禁止在雷雨天或黑夜进行。接线前,应仔细检查每一个导洞的线路电阻,发现误差超过 10% 或不能通电时,应查明原因,排除故障。对可疑线路和起爆体应更换。为保证能安全起爆,可设置必要的复线做起爆线路。接线时,所有接头要求清洁、接触良好,并用绝缘胶布包好扎牢,以保证电阻稳定,电流正常。

2. 爆破

施爆前,应规定醒目、清晰的爆破信号,并发布通告,及时疏散危险区内的人员、牲畜、设备及车辆等。对不能撤离的建筑物应采取保护、加固措施,并在危险区周围设警戒。起爆前 15 min,由总指挥发布起爆准备命令,做最后一次验收检查和安全检查。如无新情况发生,在接到指挥长命令后立即合闸施爆。起爆后应立即拉闸断电。起爆后 15 min,由指定爆破专业人员进入爆破区进行安全检查,确认无拒爆现象和其他问题后,方能解除警戒。

3. 瞎炮处理

爆破后如有瞎炮,应由原施工人员进行处理,采取安全措施排除。对于大爆破,应找出线头接上电源重新起爆,或者沿导洞小心掏出堵塞物,取出起爆体,用水灌浸药室使炸药失效,然后清除。对于中小型爆破,可在距瞎炮最近距离不小于 0.6 m 处另行打眼爆破。当炮眼不深时,也可用裸露药包爆破。

4. 石质路堑边坡清刷及基床检验要求

(1) 石质挖方边坡应顺直、圆滑、大面平整。边坡上下不得有松石、危石。凸出于设计边坡线的石块,其凸出尺寸不应大于 20 cm,超爆凹进尺寸也不应大于 20 cm。对于软质岩石,凸出及凹进尺寸均不应大于 10 cm,否则应进行处理。

(2) 挖方边坡应从开挖面往下分级清刷边坡。下挖 2~3 m 时,应对新开挖边坡进行清刷。对于软质岩石边坡,可用人工或机械清刷;对于坚石或次坚石边坡,可使用爆眼法、裸露药包法爆破清刷,同时清除危石、松石。清刷后的石质路堑边坡不应陡于设计规定。

(3) 石质路堑边坡如因过量超挖而影响上部岩体稳定时,应用浆砌片石补砌超挖的坑槽。

(4) 石质路堑基床底高应符合设计要求,开挖后的基床岩基面高程与设计高程之差应符合规定要求。如过高,应凿平;过低,则应用开挖的石屑或灰土碎石填平并碾压密实。

(5) 石质路堑基床顶面宜使用密集小型排炮施工,炮眼底高程宜低于设计高程 10~15 cm。装药时,宜在孔底留 5~10 cm 空眼,装药量按松动爆破计算。

(6)石质基床超挖大于 10 cm 的坑洼,当有裂隙水时,应采用渗沟连通,渗沟底宽不宜小于 10 cm,渗沟底略低于坑洼底,坡度不宜小于 6%,使可能出现的裂隙水或地表渗水由浅坑洼渗入深坑洼,并与边沟连接。如渗沟底低于边沟底,则应在路肩以下设纵向渗沟,沟底应低于深坑洼底至少 10 cm,宽不宜小于 60 cm;纵向渗沟由填方路段引出。渗沟中应填碎石,并与基床同时碾压到规定的要求。

5. 开挖石方的清运与二次爆破

①开挖石方如横向调运或小于 100 m 的纵向调运用作填方时可用推土机推运,但调运的石块必须符合填料粒径的要求。对于大块石料,可集中于挖方区进行二次爆破。

②开挖石方为废弃石方时,如装运受装载运输机械的限制,可对个别大石块进行二次爆破。

③石方开挖区可分幅或分段进行爆破。

(三)深挖路堑的施工

路堑边坡的高度等于或大于 20 m 时称为深挖路堑。施工前,应详细复查设计文件所确定的深挖路堑地段的工程地质资料及路堑边坡,并了解土石界限、工程等级、岩层风化厚度及破碎程度、岩层工程特征等。路堑为砂类土时应了解其颗粒级配、密实程度和稳定角;路堑为细粒土时应了解其含水率、物理力学性质指标、不良地质情况、地下水及其存在形式等。

根据详细了解的工程地质、工程量的大小和工期编制施工组织设计,并据以配备适当的机械设备数量和劳动力。

深挖路堑的边坡应严格按照设计坡度施工。当边坡实际土质与设计勘探的地质资料不符,特别是土质较设计的松散时,应向有关方面提出修改设计的意见,批准后实施。施工土质边坡时,宜每隔 10 m 高度设置一级平台。平台宽度对于人工施工的不宜小于 2 m,对于机械施工的不小于 3 m。平台表面横向坡度应向内倾斜,坡度为 0.5%~1%,纵向坡度宜与路线纵向平行。平台上的排水设施应与其他排水系统相通。施工过程中,如修建平台后边坡仍然不能稳定或大雨后立即坍塌时,应考虑修建石砌护坡,在边坡上植草皮或设挡土墙。

土质单边坡深挖路堑的施工可采用多层横向全宽挖掘法。土质双边坡深挖路堑的施工宜采用分层纵挖法和通道纵挖法。当路堑纵向长度较大,一侧边坡的土壁厚度和高度不大时,可采用分段纵挖法。施工机械可采用推土机或推土机配合铲运机。当弃土运距较远,超过铲运机的经济运距时,可采用挖掘机配合自卸汽车作业或采用推土机、装载机配合自卸汽车作业。土质深挖路堑无论是单边坡或是双边坡,靠近边坡 3 m 以内都禁止采用爆破法炸土施工。在距边坡 3 m 以外准备使用爆破法施工时,应先进行填密设计,以防炸药量过多,并报请批准。

任务工单

土质路堑开挖及石质路堑开挖

1. 任务描述

学生以 3~5 人为一组,选出组长并进行任务分工。各小组根据实际情况,查阅相关技

术规范资料,收集、整理土质路堑、石质路堑施工质量要点。

2. 数据资料准备

各小组查阅相关资料,熟悉土质路堑和石质路堑开挖方式及施工要点,并进行规划,将所需的各项数据资料填入表 3.13。

表 3.13 数据资料清单

名　　称	内容描述	单　　位	数　　量	备　　注
土质路堑				
石质路堑				

3. 制订方案

(1) 各小组针对工作规划展开讨论,制订实施方案。

(2) 指导教师对各小组的实施方案给出评价。

(3) 各小组根据指导教师的评价对实施方案进行调整。

(4) 调整合格后的实施方案即最终实施方案。

4. 工作实施

各小组按照最终实施方案,系统地对土质路堑和石质路堑施工方式及质量控制要点进行统计,并将实施内容及完成情况填入表 3.14 中。

表 3.14 实施内容及完成情况

班级		组号		日期	
姓名		学号		指导教师	
实施内容					完成情况

续表

任务总结

课程思政

2005年8月15日,时任浙江省委书记的习近平在浙江省安吉县余村调研时,首次提出"绿水青山就是金山银山"的重要论述。

大理西站设计里程为大瑞线 D1K10+260～D2K12+670,是大瑞线第一个会让站,3股道。该站位于西洱河右岸,车站线位"依山傍水",属典型的"V"形峡谷地貌,沟谷深切,地形陡峻,地面自然横坡30°～50°,地表植被稀疏,线位左侧毗邻大漾公路及西洱河,修建地形十分狭窄,路基工程基本上以半填半挖通过,上挡下护,形似挂壁路基。

针对如此复杂的地形、地质条件,路基工程设计时灵活采用了多样化、组合化、新型化、柔性化的工程结构类型。

设计理念如下。

(1) 针对高烈度震区,陡峻的地形,松散的块、碎土覆盖层,下伏基岩破碎,震时易损毁的特点,明确了"以防为主、适度抗震"的设计理念,制定了上挡采用土钉墙原位加固及"小分层、勤支护"的设计施工原则,坡面加固防护设计时采用了锚索(杆)框架梁、柔性被动防护网等轻型化、柔性化、组合化的加固防护结构;下挡采用路肩桩板墙、桩基托梁衡重式路肩挡土墙等深基础组合式新型支挡结构。

(2) 针对岩堆、滑坡、危岩落石等不良地质发育的情况,合理评价其稳定性,首先从线路方案考虑绕避,对无法绕避的滑坡、岩堆,尽量避重就轻,在设计中遵循"一次根治,不留后患"的原则,确保工程在地震作用下的安全性,以合理的投入保证运营的安全和畅通。整治加固工程设计时尽量采用组合化、新型化、投资省的工程结构。

(3) 针对顺层、泥石流发育的情况,做好路基工程选线,合理选择线位标高,顺层设计时"尽量减少切层高度,宁做下挡不设上挡"。泥石流设计本着"总体着眼,专业入手"的原则,以合理的工程类型及加固防护方案通过泥石流沟槽。

(4) 为保护滇西高原脆弱生态环境,高陡边坡开挖时尽量减少切坡高度,坡面绿化草种尽量采用本地草灌木。

在土质路堑开挖过程中,应注重细节,精益求精,注重施工质量的控制和管理,通过不断优化施工方案和技术措施,提高工程质量和效益。

课后练习题

一、填空题

1. 路堑施工,对于开挖出的各种土方,应尽可能用于_____。

2. 不论开挖工程量和开挖深度大小,土方开挖均应_____进行,不得_____,严禁掏洞取土。

3. 混合开挖法是先沿路堑_____挖通道,然后沿_____坡面挖掘,以增加开挖坡面。

4. 对于石方路堑的开挖,凡不能采用机械或人工直接开挖的石方,应采用_____方法开挖。

二、单项选择题

1. 路堑开挖时,山坡下侧的弃土堆应每隔50~100 m设不小于(　　)m的缺口排水。
A. 0.5　　　　B. 1　　　　C. 1.5　　　　D. 2

2. 用机械按横挖法挖路堑时,可在不同高度处分几层台阶开挖,每层台阶高度宜为(　　)m。
A. 0.5~1.0　　B. 1~2　　　C. 2~3　　　D. 3~4

3. 对于路堑较长、较深,两端地面纵坡较小的路堑开挖宜采用(　　)。
A. 横挖法　　B. 通道纵挖法　　C. 全断面横挖法　　D. 分段纵挖法

4. 对于路堑较长、弃土运距过远的傍山路堑,或一侧堑壁不厚的路堑,开挖宜采用(　　)。
A. 横挖法　　B. 分层纵挖法　　C. 分段纵挖法　　D. 通道纵挖法

引入案例

渝怀铁路是中国实施西部大开发战略的标志性工程之一,于2006年建成通车。因沿线经济的迅速发展,建设单位于2008年开始对渝怀铁路重庆至涪陵段进行增建二线设计工作。增建二线在运输繁忙的既有铁路旁施工,既有铁路较繁忙,每天有31对列车运行,天窗时间少,施工组织困难,因此路基设计的重点工作是在既有铁路干扰地段保障行车安全及路基结构的稳定、可靠及合理。增建二线路基设计主要分为绕行地段路基和并行地段(既有铁路干扰地段)路基,渝涪二线鱼嘴至涪陵段路基全长30.115 km,其中并行地段长9.206 km,占路基全长的30.6%,干扰地段比重较大。

> 既有铁路 K58+815~K58+845 段路基位于既有太洪车站进站端车站咽喉区，由单线路基逐渐变宽为双线路基，线路右侧设置 M7.5 浆砌片石路肩挡土墙。增建二线与既有铁路并行，行进于既有铁路右侧，路基以半填半挖方式通过，路基右侧需对既有路基面宽度加宽 0.5~1.2 m。
>
> K110+674~K110+832 段深路堑路基位于龙洞沟右线大桥与北拱隧道之间，属丘陵地貌，地面自然坡度为 10°~25°，斜坡基岩部分裸露，局部地段土层较厚。既有铁路施工时，右侧路堑边坡发生溜坍，产生工程滑坡，滑坡主滑方向垂直于线路方向。既有铁路设置两排抗滑桩，共 44 根桩，截面尺寸为 1.5 m×2.0 m~1.75 m×2.5 m，桩长 11.0~17.5 m。

任务三　既有线改建及增建第二线施工

一、工作任务

（1）确定既有线改建的路基施工方法及技术要点。
（2）确定增建第二线路基施工方法及技术要点。

二、相关知识

改建既有线与增建第二线路基设计应充分调查、收集既有线运营路基状况资料，并进行必要的勘察、试验工作，查明既有路基病害类型、特征、形成原因及危害程度，分析新建工程对既有工程及运营的影响程度。改建既有线单线或双线绕行地段路基应按照新建标准设计，并注意新建绕行地段与利用既有路基地段的衔接和过渡。

1. 一般规定
（1）改建既有线与增建第二线路基设计应符合下列规定。
①路基帮宽各部位填料不应低于既有路基填料。
②应保证既有路基排水通畅。
③应充分利用既有路基及其结构物。对于限制运营速度且不满足设计标准要求的既有路基本体及支挡、防护、排水等结构物，应结合工程条件分别采取补强、加固或彻底改建措施。
④既有线路基病害严重影响运营或危及增建第二线路基稳定时，应遵循彻底整治、不留后患的原则进行整治。
⑤对于软弱土地基、高填方及易产生边坡变形病害等路基地段，应分析帮宽路基及上部荷载对既有路基稳定或沉降变形的影响，采取必要的地基及既有路基边坡加固措施，并进行必要的变形观测。
⑥既有线附近开挖施工时，应分段跳槽开挖，并设置必要的临时开挖防护措施。
（2）改建既有线与增建第二线路基设计应采取措施减少施工对运营的干扰，保证行车安全及施工安全。
（3）对施工可能侵限、影响既有线运营安全，严重限制行车速度及控制工期的改建既有线与增建第二线路基地段，宜采取修建便线路基等过渡措施维持临时行车。

(4) 便线路基的路基面宽度、路基结构、填料、压实标准、工后沉降控制值等应结合既有路基状况,根据便线区间运输要求、设计速度、车流密度、列车荷载、地形及地质条件等综合分析确定。

(5) 改建既有线路基、增建第二线以及便线路基地基加固设计应根据既有路基高度、既有线施工安全距离要求、施工设备作业空间要求等选择适宜工程措施。

(6) 改建既有线及增建第二线地段路基设计除符合《铁路路基设计规范》外,还应符合既有线改建及增建第二线的其他相关强制性标准的规定。

2. 改建既有线路基

(1) 改建既有线路基时,应根据沿线气象条件和行车速度、列车荷载等技术条件要求,结合既有道床厚度、轨道平顺状况,以及既有路基填料、基床压实程度、路基面平整度、运营病害情况和对行车速度影响程度等,综合分析、评价既有路基状况。

(2) 改建既有线路基,应根据既有路基状况和改建线路平面纵断面设计及运营速度等要求,分别采取路基帮宽、抬道、调坡、基床加固、路基病害整治等措施。

(3) 改建路基面形状应满足路基面排水要求,设置横向排水坡,并不应恶化既有路基面排水条件。

(4) 改建路基面宽度应符合下列规定。

①改建铁路路基面宽度应结合既有路基面宽度、路肩上各种设备布置要求、运营养护要求等计算确定,不应小于既有路基面宽度。

②既有路基面高程不变时,路肩宽度不应小于既有路肩宽度,困难地段Ⅰ级铁路路堤不应小于0.6 m,Ⅰ级铁路路堑及Ⅱ级铁路不应小于0.4 m。

(5) 既有线路基帮宽应符合下列规定。

①既有路基面高程不变,仅帮宽路基时,应自既有线道床坡脚处向外做成4%的横向排水坡。

②帮宽顶部宽度不宜小于1.0 m,底部不应小于顶部帮宽值。帮宽填筑难以实施时,可采取浆砌片石或现浇混凝土护肩墙等方法加宽路肩,护肩墙高度不宜大于1.5 m。

③帮宽路堤时应沿既有路堤坡面挖成宽度不小于1 m的台阶,分层加筋、分层碾压。

④帮宽路堤的填料,应符合新建铁路的标准。

⑤在不宜刷方扩宽路堑地段,可采用设置坡脚支挡、改变侧沟形式、削减侧沟平台、设置侧沟盖板等措施加宽路基。削减后的侧沟平台宽度不宜小于1 m。

(6) 既有线路基抬道及调坡应符合下列规定。

①抬高或下挖既有路基面时,应由线路中心向两侧设4%的横向排水横坡。

②抬高或下挖路基面时,路基面宽度同新建铁路。

③采用道砟抬道后,对既有道床过厚地段,可在标准道床以下的超厚部分采用渗水土垫肩。

④抬高路基面的填料,应符合新建铁路的标准。

⑤抬道、落道后,当路侧沟受排水高程控制时,可采取加高侧沟沟壁或减小侧沟深度的措施。对于易产生基床病害的既有路堑,还应采取防止积水沿路基面下渗的措施。

(7) 既有线路基提速改造、基床加固及病害整治应符合下列规定。

①既有路基提速改造时,若道床厚度大于0.6 m且轨道平顺、路基稳定、土质良好、无基床病害,可不作基床加固。

②既有路基提速改造时,应对病害路基地段、轨道平顺性差的路基及路桥、路涵、堤堑、路隧等过渡段进行加固或病害处理。

③基床加固及病害整治应根据基床状况、病害产生原因等分别采取基床换填或土质改良、水泥土挤密桩或旋喷桩、注浆等补强加固措施,并结合基床土工合成材料封闭防水、设置渗沟或盲沟等加强路基排水措施。

④改建既有线路堑边坡坡率可按照规范有关规定或根据既有路堑稳定边坡坡率确定,并应尽量减少削皮刷方,必要时可增设挡护工程。

⑤既有路堑边坡病害经多年整治已趋稳定的地段,改建时应进行全面勘察、检测和安全稳定性评估,确定处理措施。宜尽量减少拆除工程,不宜触动原边坡。

⑥路堤边坡病害应根据路基填料及压实、路基边坡排水状况、既有坡面变形及加固防护设备存在问题,采取相应的边坡注浆、锚固、支挡、加固排水及坡面防护措施。

(8) 在既有岩石路堑扩堑刷方,应根据既有线状况、刷方宽度、路堑边坡高度、岩石软硬、节理裂隙发育和风化程度、顺层等情况采用封闭线路要点施工,分别采用机械开挖、光面爆破、静态爆破、预裂爆破等措施,以及采取炮被、管棚架等坡面临时爆破防护措施,并保护既有线接触网、通信信号等电缆、轨道设备,保证既有线运营安全。

3. 增建第二线路基

(1) 增建第二线路基应考虑与既有线路基间的相互影响,统筹兼顾,必要时可采取修建便线和维持临时通车的过渡措施。特别是松软土、软土、湿陷性黄土地区,应充分考虑新增二线对于既有线路基沉降变形等的影响,采取必要的加固防护及变形监测措施。

(2) 增建第二线的路肩高程、路基面宽度、边坡坡率等应符合《铁路路基设计规范》的有关规定。

(3) 增建并行的第二线路基路肩与既有路肩不等高时,应符合下列规定。

①增建并行的第二线路基路肩高于既有路肩时,第二线路基面应设计为三角形路拱,并应自既有线路肩或以下向外设置4%的排水横坡,横坡以上部分应采用渗水土填筑并符合相应部位填料要求。

②当第二线路肩低于既有路肩时,应通过第二线路肩设置不小于4%的横向排水坡。

③并行不等高地段的路基,两线间边坡坡率的设计必须考虑上线列车荷载的影响。有条件时应增大线间距,或采取支挡措施。

④不等高地段路基,两线间应设置排水设施。线间距较小地段,排水沟可与挡土墙结合设置。排水沟设计应考虑既有地下管线、电缆等构筑物拆迁影响,采取必要的施工过渡或保护措施。

4. 既有结构物的改造、加固和利用

(1) 改建既有线和增建第二线时,对既有挡墙和坡面防护结构物、侧沟、地下水排水盲沟等结构物应进行运营期间病害、维修养护等使用状况调查。必要时开展无损检测或局部破检,综合进行结构物安全稳定性评估,根据评估结果分别采取利用、改造、加固、拆除重建等措施。

(2) 既有及新建路基防护工程复杂地段,当既有支挡和防护设备使用良好,且能保证新线路基的稳定和行车安全时宜保留。必须拆除时,应对既有路基边坡采取临时防护及加固措施,保证施工过渡安全。

(3) 加固利用的既有结构物,新旧混凝土或砌体应紧密连接形成整体。

（4）采用干砌片石垛加宽或抬高路肩时，其高度不应超过 1 m。

（5）既有路堑设有支挡或防护工程的地段，采用落道下挖路基面时，应对基础进行加固处理。

（6）改建既有线及增建第二线路基，应对存在路基排水病害地段进行现场调查、分析原因，并核算既有排水系统排水能力，并分别采取调整纵坡、增加过水断面、延长或接入排水沟渠等措施使原有排水系统通畅。

（7）对于拆除的既有结构物或基础遗留的沟槽、坑、洞等，应视具体情况分别采取回填、夯实、砌筑、注浆等措施处理。

5．施工要点

1）施工准备

路基改建和增建第二线路基的施工准备工作，除认真执行前述新线路基施工中所提出的施工准备内容外，还有如下特殊内容需进行准备。

（1）既有线路基上的各种线路标志，在开工之前应与运营部门商定移设位置，签订协议。

（2）既有线平交道口或立交桥涵因改建或增建第二线路基而影响道口交通时，必须与地方政府及运营单位在工程开工前取得封闭或改道等措施的书面协议。

（3）根据建设、运营、设计、施工四方共同商定的指导性施工组织，施工单位应按季、按月向运营单位办理线路封闭要点计划和列车慢行计划，经运营单位批准后执行。

（4）每个工点均应准备足够的防护既有线的材料，准备一些用于抽换既有线轨道的材料，如枕木、钢轨及配件等。

（5）路基开工前应架设好与工点两端最近的既有线车站的专用联系电话，并办妥联系协议。

（6）按《铁路技术管理规程》要求及与运营单位商定事项，在施工地段设置作业标、鸣笛标、减速信号牌及停车信号牌。准备足够的信号灯、信号旗、口笛、扩音喇叭、响墩等器材，并按规定设置经培训合格的防护人员。

（7）选择好车站内存放工程用料的地点。

（8）进行施工安全教育，让施工人员学习并熟悉有关行车地段施工注意事项的规定。

2）改建既有线路基施工

改建既有线，通常不能一次完成，而是要经过几次逐层填挖方能完成，施工难度较大，尤其在降低路基高度时，在通车条件下，很难保证基床顶面的几何尺寸及平整度。所以，在改建设计中，应尽可能避免降低既有线路段的路肩高程。

改建既有线施工，应注意以下几点。

（1）原路基上的石砟要扒净，原道床下的陷槽、水囊及淤泥按规范进行处理。

（2）路基需帮宽土方时，必须清除原护坡，铲去草皮，挖除树根，然后挖好台阶，分层填筑夯实。

（3）做好排水设施，夯拍密实边坡。

3）增建第二线路基施工

（1）路堤施工。

①第二线与既有线的路肩高程基本相等，如图 3.18 所示。其施工程序为：先填 A 部位（包括既有线边坡挖台阶），并以第二线中线为准，进行断面和土方密实度及边坡修整，待全

区段填筑到设计高程后,再整修路堤顶面。

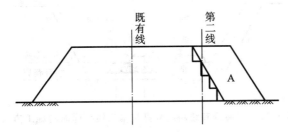

图 3.18　第二线与既有线路肩高程基本相等时的施工方法

②第二线设计路肩较既有线高时,既有线亦须抬高到设计路肩,如图 3.19 所示。其施工程序为:填筑第二线 A 部位,完成后铺轨开通第二线;拆除既有线股道,填筑 B 部位,完成后铺轨整道即可双线运行。

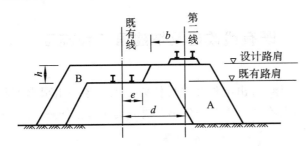

图 3.19　第二线设计路肩较既有线高时的施工方法

(2)路堑施工。

①土质路堑。

a. 第二线与既有线路肩等高或高差较小时,其施工程序为:可依设计中线放边桩开挖路堑,但要注意对既有线侧沟的处理,如铲除原侧沟内的草皮,清除可能形成水囊的坑内砂石等,如图 3.20 所示。

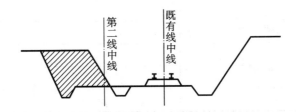

图 3.20　第二线与既有线路肩等高或高差较小时的施工方法

b. 第二线较既有线高,既有线路肩高程也要提高到与第二线相等时,其施工程序为:将既有线两侧的侧沟Ⅰ部位用优质填料回填夯实,再将既有线轨道拨向右侧,形成便线通车;开挖第二线路堑Ⅱ部位,同时回填第二线需要抬高的填方Ⅲ部位。待第二线填筑完毕铺轨通车后再拆除临时线,填土Ⅳ部位抬高到设计路肩高程,重铺既有线,如图 3.21 所示。

②石质路堑。

石质路堑开挖爆破应采用控制爆破或膨胀剂无声爆破法,以确保列车运行的安全,同时施工程序必须严格遵照经批准的施工组织设计和封闭施工作业方案。

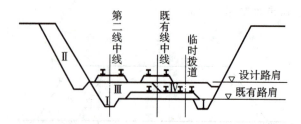

图 3.21 提高既有线路肩标高与第二线相同时的施工方法

任务工单

既有线改建及增建第二线施工

1. 任务描述

学生以3~5人为一组,选出组长并进行任务分工。各小组根据实际情况,查阅相关技术规范资料,收集、整理既有线改建及增建第二线的具体施工任务。

2. 数据资料准备

各小组查阅相关资料,包括既有线路的改造、第二线的增建以及相关配套设施的完善,并进行规划,将所需的各项数据资料填入表3.15。

表3.15 数据资料清单

名　称	内容描述	单　位	数　量	备　注

3. 制订方案

(1) 各小组针对工作规划展开讨论,制订实施方案。
(2) 指导教师对各小组的实施方案给出评价。
(3) 各小组根据指导教师的评价对实施方案进行调整。
(4) 调整合格后的实施方案即最终实施方案。

4. 工作实施

各小组按照最终实施方案,根据工程量和施工条件,制订详细的施工计划,包括施工起止时间、各阶段的施工任务和时间节点等。同时,根据施工进展情况及时调整施工计划,确保工程按期完成,进行统计,并将实施内容及完成情况填入表3.16中。

表 3.16 实施内容及完成情况

班级		组号		日期	
姓名		学号		指导教师	
实施内容					完成情况
任务总结					

课程思政

曹家湾车站位于六盘水市钟山区,是六盘水南编组站的前方站,线路原设计为顺沟槽侧山坡修筑路基,因坡脚拆迁无法达成协议,故向山内侧改移。改移后主要以挖方通过,路堑最大高度为 30 m,边坡坡率为 1∶0.5。受线路改移影响,路堑边坡出现了塌滑病害。设计过程中针对性地提出了"预应力锚索+钢轨桩+抗滑桩+防排水工程"的综合整治措施。运营实践表明,整治措施效果良好,整治后路堑边坡稳定,未见变形迹象。从中可以得出以下经验教训。

(1)线路改线前一定要摸清地形地质情况,严格控制边坡高度。难以避免的深路堑、穿过破碎岩层或岩层层面(或构造节理面)倾向线路的地段,应注意有无地下水活动和有无不利于边坡稳定的软弱夹层与结构面等因素,综合评价挖方边坡的稳定性。

(2)顺层地段应贯彻"宁填勿挖,控制边坡切层深度"的原则,采用提高顺层面抗剪强度、稳定边坡坡脚的综合处理措施,确保路基工程安全可靠。

(3)顺层深路堑地段在施工过程中,尤其是雨季,应加强边坡变形观测,争取做到事故发生前提前预警,以减少财产损失和人员伤亡。

现代工程项目中,团队协作非常重要。只有不同领域的专业人才紧密配合,才能克服各种困难,实现项目的成功。

课后练习题

一、填空题

1. 既有线改建和增建第二线的路基施工与新线路基施工的显著不同点是,施工要在保证既有线的_____的前提下进行。

2. 既有线中线不动,路基降低值小于 0.3 m 时,可采用_____或_____的办法施工,然后开挖基床顶面,并暂用道砟填充,待完成一定长度后,再统一降低。

二、判断题

1. 改建既有线,通常不能一次完成,而是要经过几次逐层填挖方能完成。（　　）

2. 在改建既有线设计中,应尽可能避免降低既有线路段的路肩高程。（　　）

引入案例

福厦铁路经过的福州至厦门一带,是福建省主要经济发达区。线路先后经过福州市、福清市、莆田市、泉州市、厦门地区。其中 DK61+150～DK81+800、DK75+000～DK75+360、DIK119+800～DIK123+000 段路堑挖方地层为凝灰岩,挖方弃土均用于各自段前后路堤填方,总方量达到 65 万立方米。根据室内试验资料,凝灰岩全风化及强风化填料定名为低液限粉土,为 C 组填料,现场填筑 K_{30} 不能满足要求。从该案例中可以得到以下体会。

(1) 凝灰岩主要由粒径小于 2 mm 的晶屑、岩屑及玻屑组成,碎屑物质小于 50%,分选很差,填隙物是更细的火山微尘,具有质软多孔隙、易风化、风化后呈粉土状的特性,填筑试验表明不能满足压实标准要求,特别是不满足强度指标,不能直接用作路基填料。即便是凝灰岩 W2 岩层,由于其特性,作为一般填料也应慎用。

(2) 填料设计不能仅仅以室内试验对填料级别分类设计,应充分了解和掌握填料的性能,根据其工程特性进行设计,对一些特殊填料必要时应进行填筑试验。

任务四　路基施工检测

一、工作任务

(1) 检测路基填料的密实程度及含水率。

(2) 检测路基填料的力学性能。

二、相关知识

铁路路基除要求有足够的强度外，主要是考虑路堤及堑坡的稳定性，防止道床病害的产生，减少路基下沉。路基施工过程中，往往需要快速、准确地检测填料的压实情况，保证填料的压实符合设计标准，提高路基工程施工质量。

压实度检测动画

检测路基压实质量的方法和仪器很多，大致可分为两大类，一类主要用于检测填料的密实程度，另一类主要用于检测填料的承载能力及稳定性。早期的检测以填料压实系数的大小作为控制填土压实效果的标准，施工现场压实质量检测常用环刀法、灌砂法和灌水法测定土的密度，据此推断土料的强度和变形特性；20世纪末，我国引进并推广了核子仪法，利用放射性同位素快速测定土的密度和含水率。为了了解填料的受力特性，直接检测填料的承载能力及变形模量等力学指标，在地基荷载板试验的基础上发展了 K_{30} 地基系数法及变形模量检测法，以反映填料的受力稳定性及变形特征。

(一) 密度试验

密度试验用于测定土的密度，可用于计算土的干密度、孔隙比、孔隙率、饱和度、压实系数等指标。

密度试验应根据土的类别，分别采用表 3.17 所示的方法。

表 3.17 密度试验方法

方法	适用范围
环刀法	适用于测定粉土和黏性土的密度
蜡封法	适用于测定环刀难以切削并易碎裂的土的密度
灌砂法	适用于现场测定最大粒径小于 75 mm 的土的密度
灌水法	适用于现场测定最大粒径小于 200 mm 的土的密度

1. 环刀法

(1) 仪器设备。

①环刀：内径 60～80 mm，高 20～54 mm，壁厚 1.5～2.2 mm。

②天平：称量 500 g，分度值 0.1 g；称量 200 g，分度值 0.01 g。

③其他：切土刀、钢丝锯、直尺、凡士林等。

(2) 试验方法与步骤。

①擦净环刀，称取环刀质量 m_2，准确至 0.1 g。

②在取土位置，铲除表层土至一定深度，修平土面。在环刀内壁涂一层凡士林。将环刀压入土中，使土样凸出环刀上平面 2～3 mm，取土后用削土刀将上下两面刮平，检查合格。

③擦净环刀外壁，称环刀与土的质量 m_1，准确至 0.1 g。

④自环刀中取具有代表性的土样，测定其含水率。

(3) 试验结果应按下列公式计算：

$$\rho = \frac{m_0}{V}$$

$$\rho_d = \frac{\rho}{1+0.01w}$$

式中：ρ——试样的湿密度（g/cm³），计算至 0.01 g/cm³；

ρ_d——试样的干密度(g/cm^3);

m_0——试样质量(g);

V——环刀容积(cm^3);

w——试样含水率(%)。

(4)本试验应进行两次平行测定,平行测定的允许差值应为±0.03 g/cm^3,取算术平均值。差值不满足要求时,应重新进行试验。

环刀法密度试验记录如表3.18所示。

表3.18 环刀法密度试验记录

试样编号	环刀号	湿土质量/g	环刀容积/cm^3	湿密度/(g/cm^3)	平均湿密度/(g/cm^3)	含水率/(%)	干密度/(g/cm^3)	平均干密度/(g/cm^3)
		(1)	(2)	(3)=$\frac{(1)}{(2)}$	(4)	(5)	(6)=$\frac{(3)}{1+0.01\times(5)}$	(7)

复核_____ ___年___月___日   试验_____ ___年___月___日

2.蜡封法

(1)仪器设备。

①天平:称量1 000 g,分度值0.01 g。

②其他:切土刀、石蜡、烧杯、温度计、细线、针及熔蜡加热器等。

(2)试验方法与步骤。

①切取约30 cm^3 具有代表性的试样,削去表面浮松土及尖锐棱角,系于细线上称其质量 m_0,准确至0.01 g,并取切削余土测定含水率。

②持线将试样缓缓浸入刚过熔点的蜡液中,待全部浸没后立即提出,勿与杯壁接触。仔细检查试样四周的蜡膜上有无气泡存在,若有气泡应用热针刺破,并涂平孔口。待冷却后,称蜡封试样在空气中的质量,准确至0.01 g。

③持线将蜡封试样吊在天平一端,全部浸没后,勿与杯壁接触,称蜡封试样在水中的质量,准确至0.01 g,并测记水的温度,准确至1 ℃。

④取出试样,擦干表面水分后再称一次质量,与第一次所称质量相比较。如果质量增加,则证明试样中有水浸入,若浸入水量超过0.03 g,应重新进行试验。

⑤用电子天平或电子秤测定时,先将盛水的烧杯放在秤盘上,当显示稳定后,按清零键。再将蜡封试样吊在固定支架上浸没于水中,不得与杯壁接触,称量,准确至0.01 g。该质量即为蜡封试样排开液体的质量。

(3)试验结果应按下列公式计算。

①采用吊盘天平测定时,试样的湿密度应按下式计算:

$$\rho = \frac{m_0}{\dfrac{m_n - m_{nw}}{\rho_{wT}} - \dfrac{m_n - m_0}{\rho_n}}$$

式中：m_n——蜡封试样质量(g)；

m_{nw}——蜡封试样在水中的质量(g)；

ρ_{wT}——水在 T ℃时的密度(g/cm³)；

ρ_n——蜡的密度(可采用 0.92 g/cm³)。

②采用电子天平测定时，试样的湿密度应按下式计算：

$$\rho = \frac{m_0}{\dfrac{m_{nf}}{\rho_{wT}} - \dfrac{m_n - m_0}{\rho_n}}$$

式中：m_{nf}——蜡封试样排开水的质量(g)。

(4) 本试验应进行两次平行测定，平行测定的允许差值应为±0.03 g/cm³，取算术平均值。差值不满足要求时，应重新进行试验。

蜡封法密度试验记录表如表 3.19 所示。

表 3.19 蜡封法密度试验记录表（蜡密度 $\rho_n = 0.92$ g/cm³）

试样编号	试样质量/g	蜡封试样质量/g	蜡封试样在水中的质量/g	水温/℃	水的密度/(g/cm³)	蜡封试样体积/cm³	蜡体积/cm³	试样体积/cm³	湿密度/(g/cm³)	含水率/(%)	试样干密度/(g/cm³)	平均干密度/(g/cm³)
	(1)	(2)	(3)	—	(4)	(5)	(6)	(7)	(8)	(9)	(10)	—
—	—	—	—	—	—	$\dfrac{(2)-(3)}{(4)}$	$\dfrac{(2)-(1)}{\rho_n}$	(5)-(6)	$\dfrac{(1)}{(7)}$	—	$\dfrac{(8)}{1+0.01\times(9)}$	—

复核_____ ____年___月___日　　　　　　　　　　　试验_____ ____年___月___日

3．灌砂法

(1) 仪器设备。

①灌砂筒(图 3.22)：灌砂筒由上部储砂筒、下部灌砂漏斗和底盘组成。储砂筒与灌砂漏斗之间设有开关，开关为一薄钢板，可使储砂筒与灌砂漏斗开合、关闭，控制储砂筒中量砂的下落。灌砂筒内径一般为150 mm，亦可根据试坑大小选择 100 mm、200 mm、250 mm、300 mm 内径。填料最大粒径大于 60 mm 时，采用边长 400 mm 的底盘。

路基施工检测(一)

②金属标定罐(图 3.23)：内径与灌砂筒内径一致，上端周围有一罐缘。

③台秤：称量 30 kg，分度值 1 g；称量 100 kg，分度值 5 g。

④分析筛：孔径 0.50 mm、0.25 mm。

⑤玻璃板：边长约 500 mm 的方形板。

⑥量砂：粒径 0.25～0.50 mm 的干燥清洁标准砂 10～40 kg。

⑦其他：铁锹、凿子、铁锤、长把勺、长把小簸箕、毛刷等。

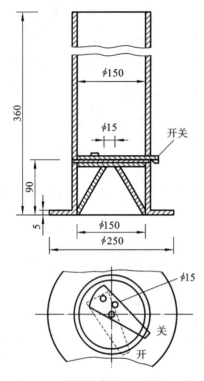
图 3.22 灌砂筒示意图(单位:mm)

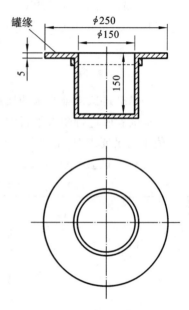
图 3.23 标定罐示意图(单位:mm)

(2)灌砂筒下部圆锥体内量砂质量的测定方法与步骤。

①在储砂筒内装满量砂,筒内量砂高度与筒顶的距离不宜超过 15 mm。称量灌砂筒和筒内量砂的总质量 m_1,每次标定及之后的试验都维持该质量不变。

②打开开关,让量砂流出,并使流出砂的体积与工地所挖试坑的体积相当(或等于标定罐的容积)。关闭开关,并称量灌砂筒和筒内剩余砂的总质量 m_5。

③将灌砂筒放在玻璃板上,打开开关,让量砂流出,筒内量砂不再下流时关闭开关,取走灌砂筒。

④收集并称量玻璃板上的量砂质量,该质量即为罐砂筒下部圆锥体内量砂的质量。

⑤重复上述测量,至少三次,最后取平均值 m_2。

(3)量砂密度的测定方法与步骤。

①用水确定标定罐的容积。

a. 将标定罐放在台秤上,使罐的上口处于水平位置,读记标定罐质量 m_7。

b. 向标定罐中注水,不应将水溅落至台秤上或标定罐外壁。将一直尺放在罐顶,当罐中水面接近直尺时,用滴管往罐中加水,直至水面接触直尺。移去直尺,读记标定罐和水的总质量 m_8。

c. 重复测量时,仅需用吸管从罐中取出少量水,并用滴管重新将水加满至接触直尺。

d. 标定罐的容积 V 应按下式计算:

$$V = \frac{m_8 - m_7}{\rho_{wT}}$$

式中:V——标定罐的容积(cm^3),计算至 0.01 cm^3;

m_7——标定罐的质量(g);

m_8——标定罐和水的总质量(g);

ρ_{wT}——水在 T ℃时的密度(g/cm³)。

②在灌砂筒中装入量砂(灌砂筒和筒内量砂的质量应为 m_1),并将灌砂筒放在标定罐上,打开开关,让砂流出,直到筒内的量砂不再下流时,关闭开关。取下灌砂筒,称灌砂筒和筒内剩余砂的质量。

③重复上述测量,至少三次,最后取平均值 m_3。

④填满标定罐所需量砂的质量 m_a 应按下式计算:

$$m_a = m_1 - m_2 - m_3$$

式中:m_a——填满标定罐所需量砂的质量(g);

m_1——灌砂入标定罐前,灌砂筒和筒内砂的总质量(g);

m_2——灌砂筒下部圆锥体内量砂的平均质量(g);

m_3——灌砂入标定罐后,灌砂筒和筒内剩余砂的总质量(g)。

⑤量砂的密度应按下式计算:

$$\rho_{sr} = \frac{m_a}{V}$$

式中:ρ_{sr}——量砂的密度(g/cm³),计算至 0.01 g/cm³;

V——标定罐的容积(cm³)。

(4)灌砂法试验步骤。

①根据试样最大粒径确定试坑尺寸,见表3.20。试坑深度不应大于该层填筑深度,且与标定罐高度接近或一致。

表 3.20 灌砂法试坑尺寸

试样最大粒径/mm	试 坑 尺 寸	
	直径/mm	深度/mm
15	100	200
20	150	200
40	200	250
60	250	300
75	300	层厚

②选定具有代表性的一块约 40 cm×40 cm 的场地并将地面铲平,将表面未压实土层清除,并将压实土层铲去一部分,使试坑底能达到规定的深度。称量灌砂筒和砂的总质量 m_5。如试坑表面的粗糙度较大,则将底盘放在试坑表面,将盛有量砂的灌砂筒放在底盘中间的圆孔上。打开灌砂筒开关,让砂流入底盘的中孔内,直到储砂筒内的量砂不再下流时关闭开关。取下灌砂筒,并称罐砂筒和筒内砂的总质量 m_6。

③取走底盘,将留在试验点的量砂收回,重新将表面清扫干净。将底盘放在清扫干净的表面上,沿底盘中孔凿洞,将挖出的土放入盛土容器内,并称量土的质量 m_t。然后取代表性土样测定含水率。

④将底盘安放在试坑上,将灌砂筒安放在底盘中间(灌砂筒和筒内砂的总质量应为 m_1),使灌砂筒的下口对准底盘的中孔及试坑。打开灌砂筒开关,让砂流入试坑内。关闭开关,取走灌砂筒,称量灌砂筒和筒内剩余砂的总质量 m_4。

⑤如清扫干净的平坦表面粗糙度不大,则无须安放底盘,可将灌砂筒直接安放在试坑上。打开灌砂筒开关,让砂流入试坑内。关闭开关,取走灌砂筒,称量灌砂筒和筒内剩余砂的总质量 m_4。

⑥取出试坑内的量砂,以备下次试验使用。若量砂的湿度已发生变化或量砂中混有杂质,则应风干、过筛处理。

(5)试验结果应按下列公式计算。

①灌砂时试坑上放有底盘时,填满试坑所需量砂的质量按下式计算:

$$m_b = m_1 - m_4 - (m_5 - m_6)$$

灌砂时试坑上不放底盘时,填满试坑所需量砂的质量按下式计算:

$$m_b = m_1 - m_4 - m_2$$

式中:m_b——填满试坑所需量砂的质量(g);
m_1——灌砂入试坑前,灌砂筒和筒内砂的总质量(g);
m_4——灌砂入试坑后,灌砂筒和筒内剩余砂的总质量(g);
$m_5 - m_6$——灌砂筒下部圆锥体内及底盘和粗糙表面间砂的总质量(g);
m_2——灌砂筒下部圆锥体内砂的平均质量(g)。

②土的湿密度按下式计算:

$$\rho = \frac{m_t}{m_b}\rho_{sr}$$

式中:ρ——试验地点土的湿密度(g/cm³),计算至 0.01 g/cm³;
m_t——试坑中取出的全部土样的质量(g);
m_b——填满试坑所需量砂的质量(g);
ρ_{sr}——量砂的密度(g/cm³)。

③土的干密度按下式计算:

$$\rho_d = \frac{\rho}{1 + 0.01w}$$

式中:ρ_d——土的干密度(g/cm³),计算至 0.01 g/cm³;
w——土的含水率(%)。

灌砂法密度试验记录表如表 3.21 所示。

表 3.21 灌砂法密度试验记录表

	试坑编号			
	试坑深度/cm			
锥体砂质量标定	筒+量砂质量/g			
	筒+剩余砂质量/g			
	圆锥体内砂的质量/g			
圆锥体内及底盘和粗糙表面间砂的总质量/g				
灌砂前筒+量砂质量/g				
灌满试坑后筒+剩余砂质量/g				
填满试坑所需量砂质量/g				
量砂密度/(g/cm³)				

续表

	试坑编号				
	试坑中湿土试样质量/g				
	土的湿密度/(g/cm³)				
土的干密度	盒号				
	盒+湿土质量/g				
	盒+干土质量/g				
	水质量/g				
	盒质量/g				
	干土质量/g				
	含水率/(%)				
	含水率均值/(%)				
	干密度/(g/cm³)				

备注：

复核_____ ___年___月___日　　　　　　　　　　试验_____ ___年___月___日

4．灌水法

（1）仪器设备。

①储水筒：直径应均匀，并附有刻度及出水管。

②台秤：称量 50 kg，分度值 5 g。

③塑料薄膜袋：由聚氯乙烯塑料薄膜制成。

④其他：盛土容器、水准尺、钢卷尺、挖土工具等。

（2）试验方法与步骤。

①根据土的最大粒径确定试坑尺寸，试坑尺寸应符合表 3.22 的规定。在选定的试坑位置处铲平略大于试坑直径的地面，并用水准尺检查。试坑深度不应大于该层填筑深度。

表 3.22　灌水法试坑尺寸

试样最大粒径/mm	试 坑 尺 寸	
	直径/mm	深度/mm
20	150	200
40	200	250
60	250	300
75	300	层厚
150	600	
200	880	

②按确定的试坑直径划出坑口轮廓线，在轮廓线内下挖至规定深度。边挖边将坑内的试样装入盛土容器内，称土的质量 m_p，并取具有代表性的土样测定含水率。

③试坑挖好后，将略大于试坑容积的塑料薄膜袋沿坑底、坑壁紧密相贴，到地面后沿环套内壁与地面紧贴，压牢固定。

④记录储水筒内初始水位高度,打开储水筒的注水管,让水缓缓流入坑内塑料薄膜袋内。当袋内水面上升到接近坑口地面时将水流调小,待水面与坑口地面齐平时立即关闭注水管,持续3~5 min至液面稳定,记录储水筒内水位高度。

(3) 试验结果应按下列公式计算:

$$\rho = \frac{m_p}{V_p}$$

$$V_p = (H_1 - H_2)A_w - V_{th}$$

式中:V_p——试坑容积(cm^3);

H_1——储水筒内初始水位高度(cm);

H_2——储水筒内注水终止时水位高度(cm);

A_w——储水筒横断面面积(cm^2);

V_{th}——套环容积(cm^3)。

路基施工检测(二)

灌水法密度试验记录表如表3.23所示。

表3.23 灌水法密度试验记录表

试样编号	试坑编号	储水筒水位/cm		储水筒横断面面积/cm²	套环容积/cm³	试坑容积/cm³	土的质量/g	土的含水率/(%)	土的湿密度/(g/cm³)	平均湿密度/(g/cm³)	平均干密度/(g/cm³)
		初始	终止								
		(1)	(2)	(3)	(4)	(5)=[(1)−(2)]×(3)−(4)	(6)	(7)	(8)=(6)/(5)	(9)	(10)=(9)/[1+0.01×(7)]

复核_____ ___年___月___日　　　　　　　　　　试验_____ ___年___月___日

(二) 力学指标检测

1. 地基系数试验

地基系数试验用于测定土体在荷载作用下,沉降量基准值所对应的荷载强度与沉降量基准值的比值。本试验规定沉降量基准值为1.25 mm。

(1) 适用条件。

路基施工检测(三)

本试验适用于粒径不大于承载板直径1/4的各类土和土石混合填料,测试有效深度约为承载板直径的1.5倍。根据填料的最大粒径可采用直径300 mm、400 mm或600 mm的承载板,对应地基系数分别以K_{30}、K_{40}及K_{60}表示,并应按下列公式换算:

$$K_{30} = 1.3K_{40}$$
$$K_{30} = 1.8K_{60}$$

(2) 仪器设备。

①承载板:圆形钢板,其直径分为300 mm、400 mm和600 mm。承载板直径允许偏差为±0.5 mm,厚度允许偏差为±0.2 mm。承载板表面粗糙度不应大于6.3 μm。

②加载装置:千斤顶与手动液压泵通过高压油软管连接,液压系统不得渗漏油。千斤顶

顶端应设置球铰,并配有可调节丝杆和加长杆件。直径 300 mm、400 mm 和 600 mm 承载板选用的千斤顶最大承载力应分别不小于 50 kN、65 kN 和 100 kN。高压油软管长度不应小于 1.8 m,两端应装有自动开阀门的快速接头,手动液压泵上应装有一个可调节减压阀,并可准确地对承载板实施分级加、卸载。千斤顶两边应固定,确保不倾斜,千斤顶活塞的行程不应小于 150 mm。千斤顶高度不应超过 600 mm。

③反力装置:承载能力应大于最大试验荷载 10 kN 以上。

④荷载量测装置:宜采用误差不大于 1% 的测力计、力传感器或精度不低于 0.4 级的防震压力表。测表量程应达到最大试验荷载的 1.25 倍。

⑤沉降测量装置:由测桥和沉降量测表组成。沉降量测表采用百分表或位移传感器,并应配有可调式固定支架,最大误差不应大于 0.04 mm,分辨力不应低于 0.01 mm,量程不应小于 10 mm。

⑥其他:铁锹、钢板尺、毛刷、圬工泥刀、刮铲、水准仪、铅垂、褶尺、干燥中砂、石膏、油、遮阳挡风设施等。

(3)试验方法与步骤。

①场地测试面应进行平整,用毛刷扫去松土,测试面应水平。

②安置地基系数测试仪。

a. 将承载板放置于测试面上,承载板应与地面完全接触,必要时可铺设一层厚 2～3 mm 的干燥砂或石膏腻子,同时利用承载板上水准泡或水准仪来调整承载板水平。

b. 将反力装置承载部分安置于承载板上方,并加以制动。反力装置的支承点与承载板外缘的距离不得小于 1 m。

c. 将千斤顶放置于反力装置下面的承载板上,利用加长杆和调节丝杆,使千斤顶顶端球铰座紧贴在反力装置承载部位上,组装时应保持千斤顶垂直。

d. 安置测桥,测桥支撑座与承载板外缘、反力装置支承点的距离不应小于 1 m。采用 2～3 只沉降量测表测量时,测表应沿承载板周边等分布置,并与承载板中心保持等距离。

③加载试验。

a. 预加荷载,30 s 后卸除荷载,然后等待 30 s 后,将沉降量测表调至零位或读取测表读数作为沉降量的起始读数。直径为 300 mm、400 mm 和 600 mm 的承载板预加荷载分别为 0.04 MPa、0.03 MPa 和 0.02 MPa。

b. 以 0.04 MPa 的增量逐级加载,每增加一级荷载,1 min 的沉降量不大于该级荷载产生的沉降量的 1% 时,读取荷载强度和沉降量读数,然后增加下一级荷载,每级荷载的稳定时间不得少于 3 min。试验中施加了比原定荷载值高的荷载时,应保持该荷载,并在试验记录单中记录该荷载和该荷载下的沉降量读数。

c. 达到下列条件之一时,试验即可终止。总沉降量超过规定的基准值 1.25 mm,且加载级数至少 5 级;荷载强度大于设计标准对应荷载值的 1.3 倍,且加载级数至少 5 级;荷载强度达到地基屈服点。

d. 试验过程中出现承载板严重倾斜、承载板过度下沉及试验数据异常等情况时,应查明原因,另选点进行试验,并在试验记录表中注明。

(4)以沉降量为纵坐标,以荷载强度为横坐标绘制荷载强度与沉降量关系曲线,如图 3.24 所示。从荷载强度与沉降量关系曲线中得出沉降量基准值 1.25 mm 对应的荷载强度,地基系数应按下式计算:

$$K_s = \sigma_s / S_s$$

式中:K_s——由圆形承载板测得的地基系数(MPa/m),计算至 1 MPa/m;
　　σ_s——荷载强度 σ 与沉降量 S 关系曲线中沉降量基准值对应的荷载强度(MPa);
　　S_s——沉降量基准值(mm)。

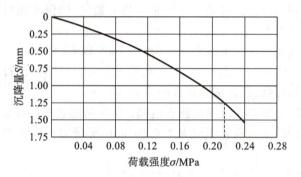

图 3.24　荷载强度与沉降量关系曲线

记录格式可按表 3.24 执行。

表 3.24　地基系数试验记录表

试验编号_____　　　　　　　　　　　　　　　　　　　　工程名称_____

检测里程_____　　　　　检测部位_____
填层厚度_____　　　　　检测高程_____
填料类型_____　　　　　填料最大粒径_____
仪器型号_____　　　　　承载板直径_____

加载顺序	荷载强度 σ/MPa	油压表读数 P/MPa	沉降量(百分表读数)/mm				承载板中心沉降量 S/mm
			表1	表2	表3	平均值	
预压							
复位							
1							
2							
3							
4							
5							
6							
7							
8							
9							
10							

荷载强度 σ 与沉降量 S 关系曲线:

续表

沉降量基准值 1.25 mm 对应的荷载强度 σ_s _____ MPa

地基系数 K_{30} _____ MPa/m

附注：

复核_____   ___年___月___日   试验_____   ___年___月___日

2. 二次变形模量试验

二次变形模量试验用于测定第二次加载承载板下应力和与之相对应的承载板中心沉降量，计算变形模量 E_{v1}、E_{v2} 及 E_{v2}/E_{v1} 的值。

(1) 适用条件。

本试验适用于粒径不大于承载板直径 1/4 的各类土和土石混合填料，测试有效深度约为承载板直径的 1.5 倍。

(2) 仪器设备。

①承载板：圆形钢板，其直径为 300 mm±0.5 mm，厚度为 25 mm±0.2 mm。承载板上应带有水准泡，表面粗糙度不应大于 6.3 μm。

②加载装置：千斤顶与手动液压泵通过高压油软管连接，液压系统不得渗漏油。千斤顶顶端应设置球铰，并配有可调节丝杆和加长杆件。直径 300 mm、400 mm 和 600 mm 承载板选用的千斤顶最大承载力应分别不小于 50 kN、65 kN 和 100 kN。高压油软管长度不应小于 1.8 m，两端应装有自动开阀门的快速接头，手动液压泵上应装有一个可调节减压阀，并可准确地对承载板实施分级加、卸载。千斤顶两边应固定，确保不倾斜，千斤顶活塞的行程不应小于 150 mm。千斤顶高度不应超过 600 mm。千斤顶的最大承载力应不小于 50 kN。

③反力装置：承载能力应大于最大试验荷载 10 kN 以上。

④荷载测量装置：宜采用力传感器、测力计或防震压力表，其量程应达到最大试验荷载的 1.25 倍，允许偏差应为 ±1%，显示值应能保证承载板上的荷载强度有效位至少达到 0.001 MPa。

⑤沉降测量装置：由测桥和沉降量测表组成。沉降量测表采用百分表或位移传感器，并应配有可调式固定支架，最大误差不应大于 0.04 mm，分辨力不应低于 0.01 mm，量程不应小于 10 mm。

⑥其他：铁锹、钢板尺、毛刷、刮铲、水准仪、铅垂、卷尺、干燥中砂、石膏、油、遮阳挡风设施等。

(3) 试验方法与步骤。

①场地测试面应进行平整，用毛刷扫去松土，测试面应水平。

②安置仪器：

a. 将承载板放置于测试面上，承载板应与地面完全接触，必要时可铺设一层厚 2~3 mm 的干燥砂或石膏腻子，同时利用承载板上水准泡或水准仪来调整承载板水平。

b. 将反力装置承载部分安置于承载板上方，并加以制动。反力装置的支承点与承载板外缘的距离不得小于 1 m。

c. 将千斤顶放置于反力装置下面的承载板上，利用加长杆和调节丝杆，使千斤顶顶端球铰座紧贴在反力装置承载部位上，组装时应保持千斤顶垂直。

d. 安置测桥时应将沉降测量装置的触点自由地放在承载板上测量孔的中心位置，沉降量测表应与测试面垂直。承载板外缘与反力装置支承点的距离不得小于0.75 m,测桥支撑座与反力装置支承点的距离不得小于1.25 m。试验过程中测桥和反力装置不得晃动。沉降测量装置应有遮阳挡风设施。

③预加0.01 MPa荷载约30 s后,卸除荷载,将沉降量测表读数调零。

④加载与卸载应符合下列规定:

a. 试验第一次加载应至少分6级,以0.08 MPa、0.16 MPa、0.25 MPa、0.33 MPa、0.42 MPa、0.50 MPa的荷载逐级加载,达到最大荷载0.5 MPa或沉降量达到5 mm后再进行卸载。当沉降量达到5 mm且该级荷载小于0.5 MPa时,该级荷载视为最大荷载。

b. 卸载时,应按最大荷载的50%、25%和0三级进行。

c. 卸载后,按照第一次加载的操作步骤,并保持与第一次加载时各级相同的荷载进行第二次加载,直至第一次所加最大荷载的倒数第二级。

d. 每级加载或卸载过程应在1 min内完成。

e. 加载或卸载时,每级荷载的保持时间应为2 min,荷载应保持恒定。

f. 试验中施加了比预定荷载大的荷载时,应保持该荷载并将其记录在试验记录表中,加以注明。

g. 试验过程中出现承载板严重倾斜,以致承载板水准泡上的气泡不能与圆圈标志重合或承载板过度下沉及量测数据出现异常等情况时,应查明原因,另选点进行试验,并在试验记录表中注明。

(4)试验结果应按下列公式计算。

承载板中心沉降量S应按下式计算:

$$S = S_M \frac{h_p}{h_M}$$

式中:S——承载板中心沉降量(mm);

S_M——沉降量测表读数(mm);

h_p/h_M——杠杆比。

以承载板中心沉降量为纵坐标,以对应应力为横坐标,绘制应力-沉降曲线,如图3.25所示。

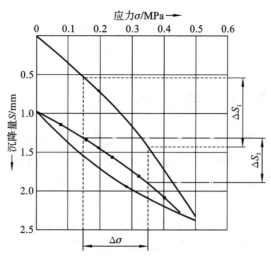

图3.25 应力-沉降曲线

变形模量是通过应力-沉降曲线在 $0.3\sigma_{1\max}$ 和 $0.7\sigma_{1\max}$ 之间割线的斜率确定的,变形模量应按下式计算:

$$E_{vi} = 1.5r \frac{1}{a_1 + a_2 \sigma_{1\max}}$$

式中:E_{vi}——变形模量(MPa),用第一次加载曲线计算的变形模量为一次变形模量,用 E_{v1} 表示,用第二次加载曲线计算的变形模量为二次变形模量,用 E_{v2} 表示;

r——承载板半径(mm);

$\sigma_{1\max}$——第一次加载最大应力(MPa);

a_1——一次项系数(mm/MPa);

a_2——二次项系数(mm/MPa²)。

记录表格可按表 3.25 执行。

表 3.25　二次变形模量 E_{v2} 试验记录表

试验编号_____　　　　　　　　　　　　　　　　工程名称_____

检测里程_____　　　检测部位_____
填层厚度_____　　　检测高程_____
填料类型_____　　　填料最大粒径_____
仪器型号_____　　　杠杆比 h_p/h_M _____

加载顺序		荷载 F/kN	应力 σ/MPa	沉降测表读数 S_M/mm	承载板中心沉降量 S/mm
预压					
复位					
第一次加载	1				
	2				
	3				
	4				
	5				
	6				
	7				
卸载	8				
	9				
	10				
第二次加载	11				
	12				
	13				
	14				
	15				
	16				

续表

应力 σ 与沉降量 S 关系曲线：	指标	第一次加载	第二次加载
	σ_{max}/MPa		
	a_0/mm		
	a_1/(mm/MPa)		
	a_2/(mm/MPa^2)		
	$E_{vi}=1.5r\dfrac{1}{a_1+a_2\sigma_{1max}}$/MPa		
	E_{v2}/E_{v1}		

复核_____ ___年___月___日   试验_____ ___年___月___日

3. 动态变形模量试验

动态变形模量试验用于测定土体在落锤冲击荷载作用下的沉陷值，计算土体的动态变形模量 E_{vd}。

（1）适用条件。

本试验适用于粒径不大于承载板直径 1/4 的各类土和土石混合填料，测试有效深度约为承载板直径的 1.5 倍。试验场地及环境条件应符合下列规定：测试面宜水平，其倾斜度不应大于 5°；测试面应平整无坑洞，试验时应远离震源。

（2）仪器设备，由加载装置、承载板、沉陷测定仪三部分组成（图 3.26）。

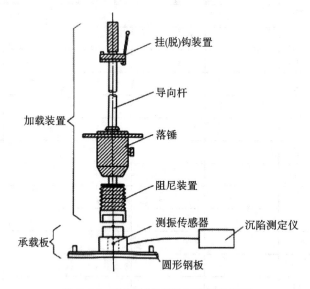

图 3.26　动态变形模量测试仪示意图

①加载装置：主要由落锤、挂（脱）钩装置、导向杆、阻尼装置组成。

a. 落锤重：10 kg。

b. 最大冲击力：7070 N±70.7N。

c. 冲击持续时间：18 ms±2 ms。

d. 导向杆应平直、光洁。

②承载板：圆形钢板，安装有测振传感器。承载板直径为 300 mm±0.5 mm，厚度为

20 mm±0.5 mm,承载板表面粗糙度不应大于 6.3 μm,测振传感器必须牢固密贴地安装在承载板的中心位置。

③沉陷测定仪:主要由数据采集装置、显示器和打印机组成。

a. 沉陷测试范围:(0.1～2.0) mm±0.04 mm。

b. 动态变形模量测试范围:10 MPa≤E_{vd}≤225 MPa。

④动态变形模量测试仪校验和落距检查应符合下列规定。

a. 每次投入新工点或每年应检定或校准一次。

b. 仪器在每次试验前应检查仪器标明的落距,落锤落距应与检定或校准标明的落距一致。

(3) 试验方法与步骤。

①场地测试面应平整,用毛刷扫去松土。测试面宜水平,其倾斜度不大于 5°,必要时可用少量干燥中砂补平。

②将承载板放置在平整好的测试面上,安装加载装置,并使导向杆保持垂直。

③将落锤提升至挂(脱)钩装置上挂住,然后使落锤脱钩并自由落下,当落锤弹回后将其抓住并挂在挂(脱)钩装置上。按此操作进行三次预冲击。

④正式测试时按步骤③的规定进行三次冲击测试,作为正式测试记录。测试时应避免承载板的移动和跳跃。

(4) 试验结果应按下列公式计算:

$$E_{vd} = 1.5r\sigma/S$$

可采用下式简化计算:

$$E_{vd} = 22.5/S$$

式中:E_{vd}——动态变形模量(MPa),计算至 0.1 MPa;

r——圆形刚性承载板半径(mm),r=150 mm;

σ——承载板下的最大动应力,它是通过在刚性基础上,由最大冲击力 F_s=7070 N 且冲击时间 t_s=18 ms 时标定得到的,取 0.1 MPa;

S——承载板沉陷值(mm)。

记录表格可按表 3.26 执行。

表 3.26 动态变形模量试验记录表

试验编号_____   工程名称_____

检测里程_____   检测部位_____
填层厚度_____   检测高程_____
填料类型_____   填料最大粒径_____
仪器型号_____

冲击顺序	沉陷值 S_i/mm	平均沉陷值 S/mm	动态变形模量 E_{vd}=22.5/S/MPa	备注

续表

动态变形模量测试仪打印的实测结果及实测 $S\text{-}t$（沉陷-时间）曲线：

复核_____　___年___月___日　　　　　　　试验_____　___年___月___日

路基施工检测（四）

任务工单

1. 任务描述

学生以 3～5 人为一组，选出组长并进行任务分工。各小组根据实际情况，查阅相关技术规范资料，收集、整理灌砂试验检测要点，并分析影响试验结果的因素。

2. 数据资料准备

各小组查阅相关资料，熟悉试验准备过程，测定灌砂筒下部圆锥体内量砂质量及量砂密度，并进行统计，将各项检测数据结果填入表 3.27。

表 3.27　数据资料清单

名　　称	内容描述	单　位	数　　量	备　注

3. 制订方案

（1）各小组针对工作规划展开讨论，制订实施方案。

（2）指导教师对各小组的实施方案给出评价。

（3）各小组根据指导教师的评价对实施方案进行调整。

（4）调整合格后的实施方案即最终实施方案。

4. 工作实施

各小组按照试验步骤，填写灌砂法密度试验记录表，并将实施内容及完成情况填入表 3.28 中。

表 3.28 实施内容及完成情况

班级		组号		日期	
姓名		学号		指导教师	
实施内容					完成情况
任务总结					

课程思政

(1) 路基试验检测在保障铁路工程质量和安全中具有重要作用,应树立强烈的责任意识。

(2) 在试验检测过程中注重培养团队协作能力。通过小组合作、分工协作等方式完成试验任务,认识到团队合作的重要性并学会如何与他人有效沟通和协作。

(3) 认识路基试验检测工作的精细化和严谨性,具备精益求精、追求卓越的工匠精神。通过实际操作和案例分析,培养耐心、细心和专注力。

(4) 通过学习路基检验方法及标准,深刻体会作为一名试验检测人员应该做到"一丝不苟,作风严谨",以践行我国"百年大计,质量第一"的方针政策,培养规范意识。

课后练习题

一、单项选择题

1. 环刀法检测压实系数对（　　）不适用。
   A. 粉土　　　　　B. 砂土　　　　　C. 黏性土　　　　D. 粉质黏土
2. 环刀法检测压实系数，若环刀取在碾压层的上部，则得到的压实系数会（　　）。
   A. 偏小　　　　　B. 偏大　　　　　C. 准确　　　　　D. 不确定
3. 灌砂法现场测定土的密度所用的标准砂应选用粒径在（　　）mm 之间的中粗砂，经过清洗洁净，烘干冷却后能自由流动且不胶结。
   A. 0.1～0.2　　　B. 0.15～0.25　　C. 0.25～0.5　　　D. 0.3～0.5
4. 地基系数 K_{30} 试验是采用直径（　　）cm 的承载板进行单向单循环荷载实验。
   A. 10　　　　　　B. 20　　　　　　C. 30　　　　　　D. 40
5. 采用直径 30 cm 的承载板进行单向单循环荷载试验确定（　　）。
   A. 压实系数　　　B. 地基系数　　　C. 变形模量　　　D. 动态变形模量
6. 高速铁路路基施工检测中地基系数 K_{30} 计算时选用的沉降量为（　　）。
   A. 0.15 cm　　　 B. 0.125 cm　　　C. 0.20 cm　　　 D. 0.255 cm
7. 土的密实程度是通过（　　）表示的。
   A. 密度　　　　　B. 干密度　　　　C. 粒径　　　　　D. 饱和密度
8. 路基压实系数反映了路基的压实效果，其大小与路基填料的（　　）有关。
   A. 天然密度　　　B. 最大干密度　　C. 填土高度　　　D. 土样含水率

项目四　特殊路基施工

学习目标

知识目标：

1. 了解各种地基处理方法的适用条件和基本原理；
2. 了解各种地基处理的施工工艺和控制条件；
3. 了解各种地基处理的质量检验项目和方法。

能力目标：

1. 能够根据地质情况或土壤的物理力学特性选择合适的地基处理方法；
2. 能够选择和配备相应的施工设备；
3. 能参与各类地基处理方法的施工管理和质量控制；
4. 能参与各类地基处理方法的质量验收工作。

素质目标：

1. 具有较强的团队协作精神；
2. 养成吃苦耐劳、严谨务实的工作作风；
3. 具备一定的协调和组织管理能力。

思维导图

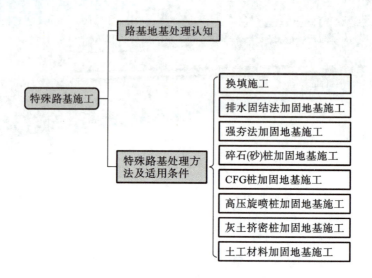

引入案例

京张高铁路基施工相关信息如下。

位置：北京市至河北省张家口市。

设计等级：高速铁路。

长度：约 174 公里。

路基处理方法如下。

技术应用：采用 CFG 桩复合地基、抛石挤淤法、水泥搅拌桩等技术。

地基加固：使用高压旋喷技术注浆加固软土层，提升承载力和稳定性。

材料与设备：使用土工合成材料进行排水和隔离；全线配备大型机械化设备和先进检测仪器。

区域适应：在软弱土地区用 CFG 桩和土工材料提升承载能力；在湿陷性黄土和软土地区用高压旋喷和水泥搅拌桩加固。

变形控制：使用软土固化剂和砂加固技术，确保列车运行安全。

监测系统：全线配备自动化监测系统，实时监测路基情况。

项目意义：京张高铁作为 2022 年北京冬奥会的重要交通项目，展示了在复杂地质条件下的高效、安全施工。多种技术的结合，显著提升了路基的承载力和稳定性，确保了铁路的运营安全，为未来铁路工程提供了宝贵经验。

任务一　路基地基处理认知

一、工作任务

（1）掌握铁路路基地基处理的常用方法和适用条件，能讲述每种方法的基本原理和步骤。

（2）能根据地质条件，选择合适的地基处理方法。在实际工程中，针对软土、湿地、砂土等环境，灵活运用不同技术，确保地基稳定和安全。

（3）具备基本地基处理技能，为未来从事铁路工程工作奠定基础。

二、相关知识

（一）地基与地基处理

地基定义：建筑物基础下承载荷载的土体或岩体称为地基。地基虽非建筑组成部分，但对建筑坚固性至关重要。

路基地基处理认知

地基分类：

天然地基——无须加固，自然状态下满足承载要求，主要包括岩石、碎石土、砂土和黏性土。

人工地基——通过人工处理或改良的地基，适用于软土、冻土或承载力不足的情况。

地基处理：通过人工方法提高地基承载力，改善变形或渗透性质。

（二）地基处理方法与适用范围

地基处理方法有多种分类方式：按照时间可以分为临时处理和永久处理；按照处理深度可以分为浅层处理和深层处理；按照处理土性对象可以分为砂性土处理、黏性土处理、饱和土处理和非饱和土处理。此外，还可以按照地基处理的加固机理进行分类，如换填、挤密、排水固结、注浆等。由于现有的地基处理方法种类繁多，并且新的地基处理方法还在不断发展，要对各种地基处理方法进行精确分类是相当困难的。《铁路工程地基处理技术规程》（TB 10106—2023）中的铁路工程常用地基处理方法及适用条件见表 4.1。

1. 浅层处理

经过人工处理的地基，根据处理深度的不同，可以划分为浅层处理和深层处理。虽然在实际应用中，地基浅层处理和深层处理的界限并不十分明确，但一般情况下，通常认为浅层处理的深度范围大致在地表以下 5 m 之内。浅层处理的方法主要包括换填垫层和冲击（振动）碾压等技术手段。

1）换填垫层

换填垫层是一种地基处理方法，具体操作是挖去地表浅层的软弱土层或不均匀土层，然后回填坚硬且粒径较粗的材料，并经过夯实密实处理，从而形成垫层，如图 4.1 所示。

换填垫层这一方法通常适用于各种浅层软弱地基的处理。当工程范围内上层软弱土层较薄时，可以采取全部换填的处理方案；但对于较深厚的软弱土层，可以通过技术经济比较，选择仅换填上层部分厚度的软弱土层，或者采用换填与其他地基处理措施相结合的综合方法。

表 4.1 铁路工程常用地基处理方法及适用条件

边界条件		地基处理方法																						
		浅层处理			排水固结		挤密						置换									注浆	结构物	
		换填垫层	振动碾压	冲击碾压	砂井、袋装砂井	塑料排水板	强夯	砂桩	沉管碎石桩	灰土与水泥土挤密桩	柱锤冲扩桩	预制桩	振冲碎石桩	强夯碎石墩	水泥粉煤灰碎石桩	水泥搅拌桩	素混凝土桩	旋喷桩	布袋注浆桩、碎石注浆桩	钢筋混凝土灌注桩	多桩型复合地基	注浆	桩网(桩筏)结构	钢筋混凝土桩板结构
处理目的	控制沉降	○	○	○	○	○	○	○	○	○	○	○	○	○	○	○	○	○	○	○	○	△	☆	☆
	提高稳定性	○	○	○	△	△	○	○	○	○	○	○	○	○	○	○	○	○	○	○	○	×	○	○
	提高地基承载力	○	○	△	×	×	○	○	○	○	○	○	○	○	○	○	○	○	○	○	○	△	○	○
	增强抗液化能力	○	△	×	×	×	○	○	☆	☆	△	×	○	○	○	○	○	○	○	×	○	×	×	×
	提高抗渗性	○	×	×	×	×	△	×	×	△	△	×	×	×	△	○	○	☆	○	×	△	☆	×	×
地基情况	淤泥及流塑状淤泥质土	○	×	×	○	○	×	×	×	×	△	○	△	△	○	○	○	○	△	○	△	×	☆	☆
	饱和黏性土	○	×	×	○	○	△	△	△	×	△	○	△	△	○	○	○	○	△	○	△	△	○	○
	非饱和黏性土	○	○	○	×	×	○	△	△	△	○	○	○	○	○	○	○	○	△	○	○	△	○	○
	松散砂土	○	○	△	×	×	○	☆	☆	×	○	○	○	○	○	○	○	○	△	○	○	△	○	○
	湿陷性黄土	○	○	△	×	×	○	△	△	☆	○	○	×	△	○	○	○	○	△	○	○	☆	○	○
	人工填土及杂填土	○	△	△	×	×	○	△	△	△	○	○	△	△	○	○	○	○	△	○	○	△	○	○
	岩溶、采空区、人为空洞	○	△	△	×	×	△	×	△	×	×	×	×	×	×	×	△	×	×	△	×	☆	○	○
环境影响	对邻近构造物的影响	○	△	△	×	×	×	△	△	△	△	○	△	△	○	○	○	○	△	○	○	△	○	○
	噪声、振动	○	△	△	×	×	△	△	△	△	△	△	△	△	○	○	○	○	○	△	△	○	○	○
	水质、泥浆污染	○	○	○	○	○	○	○	○	○	○	○	○	○	△	△	△	△	△	△	△	△	○	○
最大处理深度参考值/m		3	2	3	30	30	10	15	15	15	25	60*	15	8	20	25	25	25	30	25	60*	**	60	60

注：1. ☆为优先选用；○为适用；△为有条件适用；×为不适用；* 为按长细比确定；** 为参考相应桩型。
2. 最大处理深度为根据现有工程经验提供的参考值，随着机械设备的发展和改进，有可能提高。

2）冲击（振动）碾压

冲击（振动）碾压是一种常见的地基处理方法，具体操作是使用多边形压实轮非圆曲线滚动冲击碾压机（图 4.2）或滚动式振动压路机（图 4.3），对地基表层施加碾压、冲击等综合

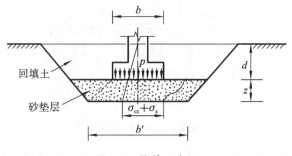

图 4.1 换填示意图

作用,使土体得以压实。

图 4.2 冲击碾压机

图 4.3 振动压路机

冲击碾压使用高振低频的冲击式压实机,配备压实轮。压实轮在牵引下滚动,将高位势能转为动能,对地面产生冲击,伴随滚压和揉压作用,使土石颗粒位移、变形、剪切。随着密实度增加,影响深度加深,土体深层更好地压实,减少工后沉降,改善不均匀沉降引发的道路病害,提高路基强度和均匀性,消除隐患,提高施工质量。

振动碾压依靠振动压路机,通过滚筒内旋转偏心轮产生惯性力,实现地面撞击和压实。振动力通常比压路机自重大数倍,以提高压实效果。

2. 排水固结

排水固结法通过排水和固结提高地基强度和稳定性。具体操作是在天然地基中设置竖向排水体(如砂井或塑料排水板),利用建筑物重量或预加载促使孔隙水排出,逐渐固结地基,提高强度。

1) 袋装砂井

袋装砂井排水固结法通过砂井垂直排水加固地基。首先在需加固区域铺设中粗砂排水垫层,然后将砂袋垂直放置于软土地基中。接着,逐步填筑和加载路基,形成增大的堆载,使地基水分通过砂井和垫层排出,加速固结。

图 4.4 为袋装砂井地基的横断面示意图,展示了袋装砂井及砂垫层在地基中的具体布置方式。施工现场图片如图 4.5 所示。

2) 塑料排水板

塑料排水板是专门用于软土和超软基加固的创新型材料,分为 SPB-A、SPB-B、SPB-C、SPB-D 系列。这种类型的排水板有多种形状,例如波浪形和口琴形等。

图 4.4　袋装砂井地基

图 4.5　袋装砂井施工现场

图 4.6 展示了塑料排水板的施工现场，而图 4.7 则为 SPB-A 型塑料排水板，具体展示了其结构和外形。

图 4.6　塑料排水板施工现场　　　　　图 4.7　SPB-A 型塑料排水板

根据插入软土基的深度不同，塑料排水板有 A、B、C、D 四种型号。A 型排水板适用于设计深度小于 15 m 的工程项目，B 型排水板适用于设计深度在 25 m 以内的工程，C 型排水板则适用于深度小于 35 m 的设计，而 D 型排水板则针对设计深度在 35 m 以上的项目。

3. 挤密法

挤密法是一种通过振动或冲击等方式直接将土体密实，或者在地基土中成孔，然后在孔中填入砂、石、土、石灰、灰土或其他材料，并加以挤实形成桩体，进而对土体产生横向挤密作用的地基处理方法。

1)重夯和强夯

将重夯锤提到高处使其自由落下,从而通过冲击和振动能量对地基土进行夯实,这是一种典型的地基处理方法,如图4.8所示。

图4.8 重夯、强夯施工现场

强夯法是一种高能量夯击方法,通过产生巨大的冲击能,使土体内部出现冲击波和高应力,迫使土颗粒重新排列,并排除孔隙中的气体和水分,从而提高地基的强度并降低其压缩性。强夯法具有动力固结和动力密实的双重机理,主要用于深层土的加固处理。

重夯法则是将重锤提升后自由落下,对浅层土进行击实加固,属于压实体积性处理,其有效深度较浅,主要依赖于重锤的重量和落距。重夯的夯击能量低于强夯,两者夯击能量不在一个量级,强夯法的夯击能量通常以1000 kN·m为分界点,因此,两种方法的加固机理也存在一定的差异。

2)挤密砂石桩

挤密砂石桩是一种用于地基处理的技术,采用振动、挤压等方式在地基中成孔,确保桩间松散的砂土得以充分挤密。该方法通过将砂石材料挤压填充到已经形成的孔中,构成密实的砂石桩体,并与周围的土体共同形成复合地基,从而大幅度提高地基的承载力和稳定性。

挤密砂石桩不仅兼具挤密和排水功能,还通过桩体和周围土体的共同作用,提高地基的整体强度和稳定性。打桩设备见图4.9,工艺流程及平面布设见图4.10。

挤密砂石桩的适用范围相当广泛,包括处理松散砂土、砾石土、粉土、素填土、杂填土等各种基础地基。这类处理方法尤其适用于可液化的地基,因其通过充分挤压和密实砂石材料,可以有效提升地基的抗液化能力。然而,对于地下水位以下的饱和松软土层,在应用之前必须通过现场试验确定其适用性和有效性,以确保地基得到充分的强化和加固。

3)沉管碎石桩

沉管碎石桩是一种用于地基加固的处理技术,它通过振动、冲击或振冲等方式在地基中形成孔洞,然后将碎石材料挤压填充到这些孔洞中,从而形成由碎石构成的密实桩体,并与周围的土体组成复合地基。

根据具体的施工方法,碎石桩法可以分为多种类型,包括振冲碎石桩法、干振挤密碎石

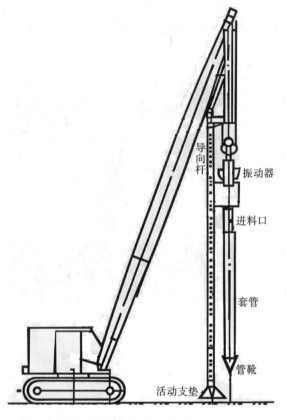
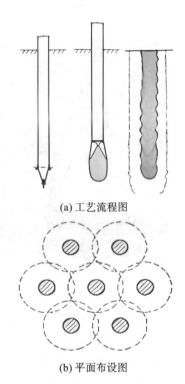

图4.9 打设砂石桩的设备(单位:mm)　　　　图4.10 砂石桩的施工工艺

桩法、沉管碎石桩法、沉管夯扩碎石桩法、袋装碎石桩法以及强夯置换碎石桩法等。其中,沉管碎石桩法是一种利用沉管制桩机械在地基中进行处理的工艺方法,如图4.11、图4.12所示。

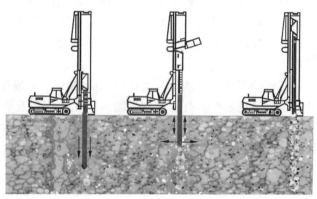

图4.11 碎石桩施工现场　　　　图4.12 碎石桩施工工艺

沉管碎石桩广泛应用于处理多种类型的地基,包括砂土、粉土、粉质黏土、松软土、素填土和杂填土等各种地质条件的地基。此外,沉管碎石桩还适用于处理具有液化风险的地基,通过形成密实的碎石桩体,可以有效增强地基的抗液化能力,提升地基的整体稳定性和安全性。

4）灰土与水泥土挤密桩

灰土挤密桩与水泥土挤密桩是加固地基的一种有效方法，借助横向挤压成孔设备在地基中形成孔洞，从而使桩间的土体得到挤密处理。然后，将灰土或水泥土填入这些孔洞中，并层层夯实，最终形成由灰土或水泥土构成的密实桩体，与周围的土体共同组成复合地基。

灰土或水泥土挤密桩的施工现场情况及桩体的结构见图 4.13 和图 4.14。

图 4.13　灰土或水泥土挤密桩施工现场

图 4.14　灰土或水泥土桩体

5）柱锤冲扩桩

柱锤冲扩桩是一种地基处理技术，通过使用柱状锤（简称柱锤）在地基中形成孔洞。具体方法是利用自行杆式起重机或其他专用设备将柱锤提升到一定高度，然后让柱锤自由下落，利用其冲击力在地基土中打出孔洞，如图 4.15 所示。

图 4.15　柱锤冲扩桩施工现场

柱锤冲扩桩适用于处理多种类型的地基，比如黄土、杂填土、粉土、黏性土和素填土等。需要注意的是，对于饱和的松软土层，在实际应用前应通过现场试验来确定其适用性，从而保证处理效果和工程安全性。

4. 置换

置换是一种地基加固技术，其核心是用物理力学性质较好的岩土材料替换部分或全部原有的软弱土体，以此形成双层地基或复合地基。

1）振冲碎石桩

通过振冲法在地基中设置碎石桩来加固地基的方法,称为振冲碎石桩法,如图 4.16 所示。

图 4.16　振冲碎石桩施工现场

振冲碎石桩技术通过高频振动和高压水流相结合的方法,不仅能有效松动和清除软弱地基土,还能使填入的砂石形成密实的桩体。这些桩体不仅大幅提高了地基的承载能力,还增强了其抗沉降和抗震性能,适用于多种地质条件下的地基处理。振冲碎石桩技术特别适用于地基土较为软弱的区域,这种方法能够显著改善地基条件,确保建筑物或其他工程结构的长期稳定与安全。

2）强夯碎石墩

强夯置换是一种地基处理技术,通过将重物(夯锤)提升至高处后自由落下,产生强大的冲击力,打造出夯坑。然后,不断夯击坑内回填的碎石等硬质粒料,使其形成密实的墩体。强夯置换法是一种从传统强夯法衍生出来的改良方法。

当地基承载力要求较高、场地含水率大,或者地下土质难以处理时,尤其是存在复杂成分的软黏土时,强夯置换法表现出明显的优势。

3）水泥搅拌桩

水泥搅拌桩技术是一种以水泥作为主要固化剂,通过深层搅拌机械将固化剂与地基土混合搅拌,使软弱土体硬化为具有整体性、水稳性和一定强度的柱状加固体。这些加固体与周围土体结合,形成复合地基,如图 4.17 所示。

(a) 水泥搅拌桩施工现场

(b) 成桩后的桩体

图 4.17　水泥搅拌桩

这种技术尤其适用于处理多种类型的地基土,如正常固结的淤泥、淤泥质土、粉土、饱和黄土、素填土等。此外,它还适用于无流动地下水存在的饱和松散砂土的地基。然而,对于泥炭土和有机质含量较高的淤泥质土,以及那些塑性指数大于 25 的黏性土,或夹有块石和较大粒径碎石、卵石的地基,在实际应用前应进行现场试验,以确定其适用性。

4) 水泥粉煤灰碎石桩(CFG 桩)

CFG 桩是水泥粉煤灰碎石桩的简称。它是由水泥、粉煤灰、碎石、石屑或砂加水拌合,采用各种成桩机械形成的高黏结强度桩体,并和桩间土、褥垫层一起形成复合地基,如图 4.18 所示。

(a) 钻孔施工

(b) CFG 桩体

图 4.18　水泥粉煤灰碎石桩

CFG 桩的加固原理:通过在地基中形成桩体,作为竖向加固体,并与桩间土组成复合地基,来共同承担基础、回填土以及上部结构的荷载。当桩体强度较高时,CFG 桩类似于钢筋混凝土桩(也称为刚性桩),其主要通过三种作用来加固软弱地基:桩体作用、挤密作用以及褥垫层作用。这三种作用共同发挥,使得 CFG 桩在地基加固中效果显著。

CFG 桩适用于处理黏性土、粉土、砂土和正常固结的素填土等地基。CFG 桩既可以用于挤密效果好的土(如砂土),又可以用于挤密效果差的土(如黏性土)。当天然地基土为具有良好挤密效果的砂土、粉土时,承载力的提高既有挤密作用,又有置换作用。

5) 素混凝土桩

素混凝土桩与 CFG 桩的区别主要体现在桩体材料的不同。CFG 桩通常由水泥、粉煤灰和石料混合而成,而素混凝土桩则是相对单一的混凝土材料。

6) 旋喷桩

旋喷桩是一种高度专业化的地基加固技术,利用钻机将旋喷注浆管及喷头钻到桩底的设计高程。在这个过程中,预先配制好的浆液通过高压发生装置获得巨大的能量,然后从注浆管边的喷嘴高速喷射出来。施工过程如图 4.19 所示。

高压旋喷法主要有四种基本类型:单管法、二重管法、三重管法和多重管法。单管法通常用于软土地基的加固,以提高其承载力。二重管法和三重管法则更常用于咬合桩防水帷幕等工程,特别是在城市地铁工程的地下车站出入口处,防水和基础加固效果尤为显著。

旋喷桩适用于处理多种类型的地基,包括淤泥、淤泥质土、黏性土、粉土、砂土、碎石土、黄土及各种人工填土。

5. 注浆

注浆是利用灌浆压力或浆液自重,将浆液通过预先钻好的孔注入岩石、砂砾层、混凝土

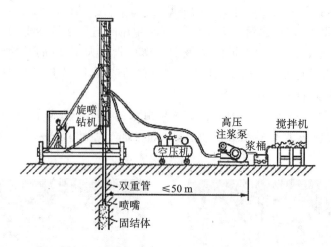

图 4.19 高压旋喷桩施工示意图

结构或土体的裂隙、接缝或空洞中。这种方法的主要目的是改良地基的水文地质和工程地质条件，从而提升建筑物整体的稳定性和安全性。注浆的具体操作过程是：通过钻孔将浆液压入需要处理的区域，如岩石裂缝或砂砾层中的空隙，通过填充这些空间，使地基的密实度和强度得到显著的提高。此技术如图4.20所示。

图 4.20 注浆加固施工

注浆技术在工程实践中的应用范围十分广泛。例如，在岩溶地区，地质条件多变且存在大量自然形成的空洞和裂隙，注浆是修复和加固地基的有效方法。此外，在人工坑洞地基处理中，注浆技术也发挥了关键作用，通过填充和加固，为上部建筑物提供更加稳固的基础支持。

6. 结构物

1) 桩网（桩筏）结构

桩网结构是一种由钻孔灌注桩或预制打入桩、桩帽以及加筋垫层组合而成的工程结构。这一结构形式见于图4.21(a)，其原理是通过钻孔或打入预制桩的方式，将钢筋混凝土桩安装在指定位置，并通过桩帽与加筋垫层实现上部建筑荷载的有效传递和支撑。

另一种相关的结构形式是桩筏结构。此结构由钻孔灌注桩或预制打入桩、垫层以及钢筋混凝土筏板组成，如图4.21(b)所示。

在天然地基上的褥垫层设计是为了在基础存在两种不同持力层时调节沉降差。它通过

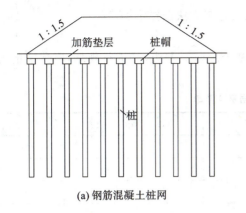 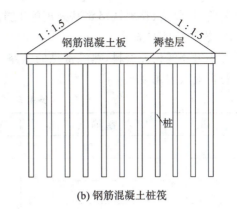

图 4.21 桩网结构与桩筏结构

在承载力较高的土层和基础之间填充一定厚度的砂卵(砾)石层,来调节承载力差异,确保基础的均匀沉降和稳定性。

在复合地基上的褥垫层则在基础底板下设置一定厚度的砂卵(砾)石层。这种做法的目的是调整基础底板下的桩与土之间的应力分布,使桩和桩间土能够共同作用,承受来自上部结构的荷载。

2)钢筋混凝土桩板结构

钢筋混凝土桩板结构是一种地基土、钢筋混凝土刚性桩以及桩顶钢筋混凝土承载板相结合的工程结构,如图 4.22 所示。这一结构形式的主要作用是提高地基的承载力,并减少地基变形,从而提供可靠的基础支撑。

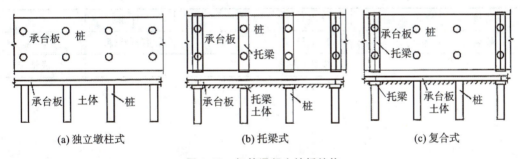

图 4.22 钢筋混凝土桩板结构

钢筋混凝土桩板结构可以广泛应用于那些对基础变形控制较为严格的深厚软弱地基、湿陷性黄土地基等地质条件较差的区域。此外,它在桥隧间短路基过渡段、岔区路基、既有路基加固、岩溶及采空区地基处理等工程项目中也得到了广泛应用。

任务工单

路基地基处理方法汇总

1. 任务描述

学生以 3~5 人为一组,选出组长并进行任务分工。各小组根据实际情况,查阅相关技

术规范资料,收集、整理铁路路基处理施工方法及施工方法选择依据。

2. 数据资料准备

各小组查阅相关资料,熟悉常见的铁路路基处理施工方法,并进行规划,将所需的各项数据资料填入表4.2。

表 4.2 数据资料清单

名 称	内容描述	单 位	数 量	备 注

3. 制订方案

(1) 各小组针对工作规划展开讨论,制订实施方案。
(2) 指导教师对各小组的实施方案给出评价。
(3) 各小组根据指导教师的评价对实施方案进行调整。
(4) 调整合格后的实施方案即最终实施方案。

4. 工作实施

各小组按照最终实施方案,结合不同的施工方法的优缺点及适用性,列出铁路路基处理施工方法,并将实施内容及完成情况填入表4.3中。

表 4.3 实施内容及完成情况

班级		组号		日期	
姓名		学号		指导教师	
实施内容					完成情况
任务总结					

课程思政

铁路路基地基处理方法中的精神内涵

一、工程案例：郑万高铁深厚软土路基地基处理

在我国的高铁建设中，郑万高铁是一项重要工程，这条铁路连接了中原和西南地区，不仅对于区域经济发展意义重大，更是对我国铁路技术的一次重大考验。尤其是郑万高铁的某些路段，地质条件非常复杂，地基是深厚的软土层，极大地影响铁路路基的稳定性和长久使用。在这样的背景下，施工团队决定采用复合地基处理方法来解决这一难题。

二、施工挑战与解决方案

施工过程中，团队首先遇到的是深厚软土层的高压缩性和低承载力问题。传统的地基处理方法无法满足高铁高速运行对路基稳定性和均匀性的要求。同时，该地区地质异质性强，地下水丰富，给施工带来了额外的难度。此外，工程时间紧、任务重，如何在保证质量的前提下高效完成也是一大难题。

面对这些挑战，施工团队展现了非凡的战斗力和智慧。他们采用了复合地基处理方法，包括使用水泥搅拌桩、CFG 桩（碎石桩和粉喷桩结合）以及高压旋喷桩等多种技术。针对软土层的高压缩性，团队选用了深层水泥搅拌桩，通过将水泥浆液和地基土充分混合，形成具有高强度和低压缩性的硬化土桩，极大提升了地基的承载力和稳定性。针对地下水丰富的问题，他们设计了科学的排水系统，利用预埋排水管和集水井，有效降低了地下水位，防止了施工过程中的地基沉降和不均匀沉陷。

在施工过程中，团队不断进行现场监测和数据分析，根据土层特性和水文条件实时调整施工参数，确保处理效果。在这个过程中，技术创新起到了至关重要的作用。施工团队通过引入国内外先进设备和工艺，如高精度的定位和监测仪器，确保每一个施工环节都达到预期的质量和效果。

三、施工精神内涵

这一工程不仅展示了施工团队在技术上的卓越能力，更深刻体现了他们的爱国精神和工匠精神。施工团队中的每一个人都怀着对祖国铁路事业的热忱和责任感，突破重重困难，献身于这项壮丽的工程。他们顶着烈日酷暑，身处泥泞不堪的施工环境，始终保持高昂的斗志和严谨的态度，这种精神正是我们新时代铁路工程师应有的风范。

与此同时，施工团队的团结协作也为工程的成功奠定了基础。在面对复杂地质条件和巨大的施工压力时，团队内部形成了紧密的合作和高效的沟通机制。各部门、各专业之间相互支持、共同攻关，形成了强大的合力，确保了工程的顺利推进和高质量完工。

通过郑万高铁深厚软土路基地基处理这个案例，我们可以清晰地看到，一项工程的成功不仅依赖于先进的技术和科学的方法，更依赖于团队成员共同的精神力量。在今后的学习和生活中，希望同学们能够以此为榜样，学习郑万铁路施工团队的爱国精神、工匠精神、团结协作和技术创新精神，努力提升自己的专业素养，为国家的建设和发展贡献自己的力量。让

我们以实际行动,迎接新时代赋予的伟大使命,为实现中华民族的伟大复兴不懈奋斗!

课后练习题

1. 什么是地基?地基可以如何分类?请描述不同类型地基的特点。
2. 什么是排水固结法?其适用条件和优缺点是什么?
3. 什么是挤密法?如何通过挤密砂石桩技术提高地基的承载力和稳定性?
4. 什么是沉管碎石桩?其适用范围和关键步骤是什么?

任务二 换填施工

一、工作任务

通过学习换填施工的相关知识,能够掌握并绘制出换填施工的主要工艺流程图,并能够简要描述各个步骤的具体实施细节和注意事项。

换填施工

二、相关知识

1. 施工准备

在进行换填施工之前,施工准备工作至关重要,具体需要从以下几个方面着手。

1)图纸核对

正式施工之前,必须仔细核对施工段落的设计图纸,包括比对路堤段或需要换填的地段的路基设计图纸,检查原地面的标高、土石方量、各土层的标高等各种参数。

2)人员和机械准备

施工前应根据具体的施工地段实际情况,配备足够的管理人员、技术人员和施工工人,同时还需要准备相应的施工机械和仪器设备。

3)换填材料准备

对于需要换填的地段,施工方需提前准备好各种换填材料。应对这些材料进行取样试验,并对运至施工现场的材料进行抽样检测。

2. 施工工艺

这里主要介绍换填施工工艺流程,如图4.23所示,用于细化每一步的具体操作,以确保施工过程顺利进行。

1)施工放样

施工放样是换填施工的第一步。在进行施工放样时,要确定需进行换填的具体范围,并在现场设置临时的防排水设施。防排水设施的建立,可以有效防止地表水的侵入,保证施工现场的干燥。

2)挖除需换填土层

对于需换填处理的地段,必须先进行土层的挖掘。施工方通常采用机械设备挖除换填深度内的土层。具体操作是先机械挖除,直至距离设计换填深度还有 30～50 cm 时停止机械操作,接下来,由人工清除剩余的软土层,以确保达到设计要求的高程。

3)废方弃运

挖出来的废土需要运输至指定的弃土场。施工方通常采用自卸汽车进行运输,以确保效率和环境的整洁。

4)基底检验

在挖掘到需要的深度和宽度后,需要对基底进行详尽的检验。施工检验的内容包括地质状况、标高等参数。

5)换填

正式的换填过程开始前,需要先排除施工区域内的积水,并防止地表水流入施工区域,以保证施工的正常进行,同时防止边坡遭受冲刷。如果边坡遭受冲刷,将影响其稳定性和承载力。换填施工采用自卸汽车运输换填材料进场,后倾法卸料。施工中,推土机进行初步摊铺和平整作业,然后通过压路机进行碾压。

6)换填料分层整平碾压、检验

在换填部位的开挖完成后,应及时进行回填作业。回填材料必须符合所处路基部位

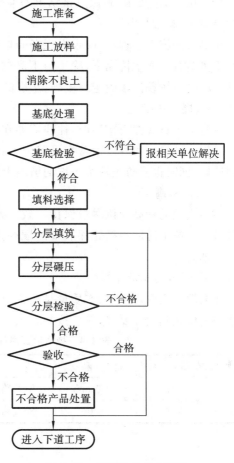

图 4.23 换填施工工艺流程

的设计要求。填筑过程应分层进行,并达到相应的压实度标准。质量检验过程中,主要依据换填层所处的路基部位进行质量检验,确保每一层都符合设计和施工规范要求。如果发现不符合设计要求的地方,应及时报监理单位确认后采取相应的处理措施,以避免施工质量问题。

7)换填完成后的后续工序

换填工作完成后,需要立即进行下道工序施工,防止雨水侵入地基,从而影响整个地基的承载力和稳定性。后续工序的及时进行,可以有效减少换填基底暴露在外的时间,降低地基受天气影响的概率,确保整个换填施工达到设计和规范要求,最终确保项目的质量和安全。

3. 施工要求

在换填施工中,必须遵循若干技术和操作规范,确保施工质量和安全。这些要求涵盖了从换填前的准备工作到施工过程中每一环节的具体操作细节,以保证工程达到预期效果。

1)施工前核对

首先,在进行换填施工前,必须对换填土层的范围、深度及地质条件进行详细核对。这些核对工作可以通过多种原位测试手段来完成,如探坑、探槽、静力触探、动力触探以及标准贯入试验等。特别需要注意的是,这些原位测试必须符合现行的《铁路工程地质原位测试规

程》(TB 10018)的要求,确保测试结果的准确性和可靠性。

2) 垫层施工方法

在垫层的施工过程中,应根据现场的具体条件,通过现场试验确定分层铺填的厚度和每层的压实遍数。通常情况下,除了与下卧软土层接触的垫层底部需要根据施工机械设备及下卧土层的具体条件来确定厚度外,垫层的分层铺填厚度一般宜取 200~300 mm。

3) 垫层防护措施

在施工碎石或卵石垫层时,往往需要在垫层底部设置一定厚度的砂垫层或者铺设一层土工织物。砂垫层的厚度通常宜设置为 150~300 mm,这样可以有效防止下卧土层表面的局部破坏,同时也能防止基坑边坡的坍塌土混入垫层。

4) 垫层标高

垫层底面的标高应该尽量保持一致。如果标高不同,则需要将基坑底面挖成阶梯状或斜坡搭接。施工时应遵循先深后浅的顺序进行垫层施工。在阶梯或斜坡搭接处,必须进行夯实处理。

5) 分层压实质量控制

在换填工程中,分层压实质量是决定工程整体质量的重要因素之一。换填顶面的高程和横坡需要达到设计要求,并应按照表 4.4 的标准进行检验。

表 4.4 换填顶面高程、横坡允许偏差及检查要求

序号	检验项目	允许偏差	施工单位检验数量	检验方法
1	高程	±50 mm	沿线路纵向每 200 m 抽样检验 10 处	仪器测量
2	横坡	±1.0%	沿线路纵向每 200 m 抽样检验 10 处	坡度尺测量

任务工单

路基换填施工安全技术交底

1. 任务描述

学生以 3~5 人为一组,选出组长并进行任务分工。各小组根据实际情况,查阅相关技术规范资料,收集、整理换填施工工艺流程以及施工要点和安全注意事项。

2. 数据资料准备

各小组查阅相关资料,熟悉换填施工工艺流程以及施工要点,根据换填施工内容,将所需的各项数据资料填入表 4.5,搜集和讨论换填施工安全注意事项,并写一份换填施工安全交底表单。

表 4.5 数据资料清单

名 称	内容描述	单 位	数 量	备 注

续表

名　称	内容描述	单　位	数　量	备　注

3. 制订方案

(1) 各小组针对工作规划展开讨论,拟订交底内容。
(2) 指导教师对各小组的实施方案给出评价。
(3) 各小组根据指导教师的评价对拟订交底内容进行调整。
(4) 调整合格后的拟订交底内容即最终交底内容。

4. 工作实施

各小组按照最终交底内容,列出铁路路基换填施工过程中主要危险源与危害因素、安全注意事项、重点强调内容,并将实施内容及完成情况填入表 4.6 中。

表 4.6　实施内容及完成情况

班级		组号		日期	
姓名		学号		指导教师	
实施内容					完成情况
任务总结					

课程思政

铁路路基换填施工中的精神传承

在我国铁路建设的辉煌历程中,广深港高铁这一重要工程项目尤为令人瞩目。作为连接广州、深圳和香港的高速铁路,该工程不仅将三地紧密相连,更展示了我国工程建设人员的卓越能力与智慧。在铁路路基换填施工过程中,项目团队遇到的困难重重,但正是这些挑战,激发了他们心中的爱国情怀和工匠精神,从而圆满完成了任务。

在广深港高铁的建设过程中,由于地理条件的复杂性,铁路路基的部分路段需要进行大规模的换填施工。面对复杂的地质条件,施工队伍并没有退缩,而是秉持强烈的爱国热情,勇敢迎接挑战。南方的一处施工段因地质松软,原有路基无法承载高铁的高速运行,团队必须进行地基加固与换填。当施工团队开始挖掘时,为防止塌方引起的潜在险情,他们周密考虑,科学决策,最终选用高强度的石材进行填补。施工团队克服恶劣气候、复杂地质等多重难题,用实际行动展现了他们的爱国精神。

工匠精神同样在这一工程中得到了充分体现。在路基换填的过程中,面对日益增大的施工难度,项目团队强调精益求精,不放过任何细节。每一块石材的选择,每一道工序的实施,工人们都严格按照标准执行,确保换填结果符合高铁运行的高标准需求。为了达成这一目标,团队多次邀请国内外专家进行技术分析和指导,经过反复试验和严格监控,最终形成了科学合理、高质高效的施工方案。他们细致入微、追求极致的态度,正是工匠精神的最好写照。

在解决施工难题的过程中,团结合作的力量得到了充分展现。面对高铁建设工期的严格要求,项目组各部门之间需要高度协同作战,才能确保工程按时完成。岩土工程师、材料专家和施工人员定期召开协调会议,交流工作进展,解决实际问题。正是这种无缝的合作与沟通,使因地质复杂性造成的多次反复换填工作在较短时间内顺利完成,体现出团结协作的重要性。

此外,创新精神也在这次路基换填施工中涌现。对于新的路基填料和工艺,项目团队通过不断的试验和技术优化,在确保安全和质量的前提下,高效地完成了施工任务。如在泥浆水混合物的处理上,他们设计并使用了先进的泥浆分离装置,大大提高了施工效率,降低了环境影响。同时,通过引入信息化管理系统,实时监控和调整施工参数,确保每一个换填环节都在掌控之中,体现了创新在现代工程中的重要作用。

总体来说,广深港高铁的成功建设不仅展示了我国在铁路工程中的技术和实力,更重要的是通过具体的施工故事,体现了爱国情怀、工匠精神、团结合作和不断创新的宝贵精神。通过这个案例,我们应理解实际工程项目的复杂性和挑战,激发爱国热情和工程道德,树立起为祖国贡献力量的坚定信念。

课后练习题

1. 在换填施工前,施工准备工作包括哪些方面?
2. 换填施工过程中的"基底检验"包括哪些内容?
3. 垫层施工中如何确定分层铺填的厚度?
4. 换填施工中的分层压实质量应该如何控制?

任务三 排水固结法加固地基施工

一、工作任务

(1)绘制并简要地解释袋装砂井施工的主要工艺流程。
(2)绘制并简要说明塑料排水板施工的主要工艺流程。

排水固结法
地基施工

排水固结法
地基施工动画

二、相关知识

(一)袋装砂井施工

1. 施工准备

1)图纸审核

在施工之前,必须对所有设计图纸进行审核和复核,确保设计资料无误。

2)原材料检验

对砂料的各项性能指标进行测试,确保使用符合设计要求的中粗砂。在砂井袋进场前,要检查其产品合格证及性能报告单。根据验标规定的检验批次、数量及检验方法对砂井袋进行各项质量指标的抽检,只有符合标准的产品才能投入使用。

3)施工机具准备

对所有到场设备的性能进行全面检查,确保其处于良好的运转状态。袋装砂井施工通常选用静压式砂井机。

4)地表处理

在施工前,清除地表的淤泥、草皮及杂物,并将这些杂物通过带密封槽的车运至指定位置进行处理。待地表晾干后,用推土机将地表大致整平,并使用符合设计要求的填料制作路拱。整平后,使用压路机进行碾压,确保其横坡、底宽、压实度达到设计要求。

5)砂垫层铺设

在修筑好的路拱上铺设检验合格的砂垫层,确保摊铺均匀、平整,形成满足设计要求的双向横坡。使用压路机静压到所需的密实度。

6)砂袋灌制

灌制砂袋时,采用风干的中粗砂,含泥量不得大于3%。砂袋由人工在现场灌制,搬运时禁止在地上拖拉,确保砂袋饱满、密实,灌砂率达到95%以上。砂袋应无裂纹、缩颈或鼓胀现象,其长度要满足设计要求。

7）施工工艺试验

在正式施工前,选定一段约 50 m 长的路基进行袋装砂井施工工艺试验。通过试验确定袋装砂井施工工艺参数及质量控制方法,并根据试验结果制定详细的实施性施工工艺细则。对现场施工人员及技术人员进行岗前培训,确保他们掌握施工工艺和技术要点。

2. 施工工艺

袋装砂井施工工艺流程见图 4.24。以下是施工的详细流程和步骤。

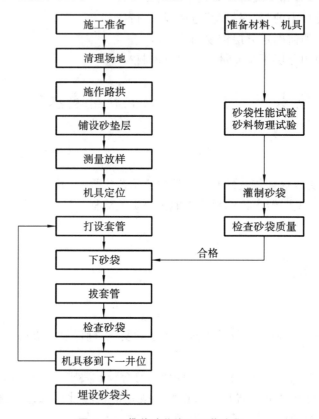

图 4.24　袋装砂井施工工艺流程

1）井位放样

施工开始前,首先要进行井位放样。这需要使用全站仪在路基两侧放出纵向控制桩。随后,根据井位布置图,使用钢尺测定每个桩位的位置,并做出明显的标志。

2）机具定位

在定位施工机具时,需要确保套管的中心与地面桩位完全对齐,桩位偏差必须控制在 100 mm 以内。同时,启动液压系统,以维持导向架的垂直度在 1.5% 的范围内。

3）安设套管与桩尖

接下来,根据砂井的直径选择适当的套管,其直径应略大于砂井的直径,但不宜过大。

4）套管打入

当套管吊起并定位后,可以启动液压系统,使导管下沉,直至达到设计深度。在下沉过程中,需不断控制导向架的垂直度,以确保袋装砂井的垂直度控制在 1.5% 的范围内,防止偏斜。

5）下砂袋

在下砂袋的过程中,需要在套管口设置滑槽,并将砂袋缓慢且顺直地放入套管中。

6）拔套管

当砂袋到位后，即可进行拔套管操作。拔套管时应保持缓慢和连续的动作，中途不得停顿，以防止因套管下坠而损坏砂袋。

7）桩头处理

拔出套管后，砂袋应至少露出井口 0.3 m，并将其竖直埋入砂垫层中。拔套管形成的孔洞用砂填埋并进行夯实，以保持地面的平整和稳定。在施工结束后，所有的施工废弃物都需要及时清理，并运至指定地点集中处理，避免对施工现场造成污染和其他不良影响。

3. 袋装砂井施工要求

袋装砂井是地基加固中的重要环节，施工过程中需要严格遵循相关要求，确保每一步操作精确无误。以下是袋装砂井施工的详细要求。

1）原材料质量控制

为了确保施工质量，必须严格控制原材料的质量。根据规定，要对砂料的含泥量进行检验，确保符合设计要求。对砂井袋的物理力学性能和缝制尺寸应按比例进行抽样检验，抽样比例为 5%。

2）套管检查

在安装套管之前，必须检查套管的长度和直径，确保其与设计要求相符。套管的直径不宜过大也不可过小，适当的直径能够确保施工顺利进行。

3）砂井袋的裁剪与灌制

根据设计要求，砂井袋的长度需要在设计长度的基础上增加 0.3 m，这样可以确保灌制后的砂袋长度符合设计规范。在灌制砂袋时，需仔细检查每一个砂袋，确保其饱满度，外观无裂缝、缩颈或鼓胀等不良现象，任何不合格的砂袋必须返工或更换，以确保施工质量。

4）套管成孔位置及垂直度检查

施工过程中，随时检查套管成孔的位置和垂直度，确保符合设计要求。

5）砂袋头检查及补砂

在拔出套管后，立即检查砂袋头部是否饱满。如果砂袋不饱满，应及时进行人工补砂，确保砂袋达到设计要求。当发现砂袋上拔深度超过 0.5 m 时，需重新打设以补足砂袋的长度，确保其埋入深度和稳固性。

6）施工监督及记录

在整个袋装砂井施工过程中，需要派遣专人进行全过程监督，记录每一个施工细节。

7）检验标准

打设完毕后的袋装砂井，其井位、井身的竖直度以及砂袋埋入砂垫层的长度，都应满足相关规范要求。具体的允许偏差及检验方法，应符合表 4.7 的规定。

表 4.7 袋装砂井施工允许偏差、检验数量及检验方法

序号	检验项目	允许偏差	施工单位检验数量	检验方法
1	砂井间距	100 mm	随机抽查	尺量
2	砂袋埋入砂垫层长度	+100 mm 0	按砂井总数的 2% 抽样检验	尺量

(二)塑料排水板施工

塑料排水板加固地基施工是一个系统而复杂的过程,为确保施工质量和安全性,必须严格遵循相关规范和标准。

1. 施工准备

1)分项工程施工组织设计

塑料排水板施工前,必须编制详细的分项工程施工组织设计。

2)施工技术人员的准备工作

施工技术人员在施工开始前需要进行全面的准备,以确保在实际操作中能够顺利展开工作。首先,要对施工现场的条件进行全面了解,掌握地貌、地质和气候等情况。施工区段划分也是准备工作中的一项重要内容,通常划分为面积在 $0.5 \times 10^4 \sim 3 \times 10^4 \ m^2$ 的施工区段,并明确标出分界线,安排合理的打设顺序。

3)塑料排水板施工现场的准备工作

在塑料排水板施工现场,需要做好一系列准备工作,以确保施工的顺利进行。首先,布设施工测量基线,并办理水准基点及施工测量基线验收手续。接下来,要平整场地,并根据建设单位提供的测量控制基准点进行场地高程测量。

根据施工图,布设施工区域边界线,并办理相关验收手续,以确保施工区域的准确定位。为了便于施工机械的进出,需铺设施工便道,使施工机械能够顺利进入和退出现场。结合施工机械的作业和行走需求,铺设排水砂垫层,并测量平整后的高程。

按照设计分区划分各区的边界线,进行分区测量,精确定出塑料排水板的位置并做好标记。在定板位时,需确保板位的偏差不大于 $\pm 30\ cm$,每个分区的塑料排水板总量应与设计要求相同。

2. 施工工艺

塑料排水板施工工艺如图 4.25 所示。

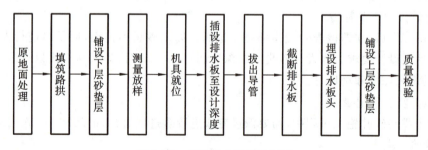

图 4.25 塑料排水板施工工艺

1)测量放样

在施工区域内,根据设计要求进行精确测量与放样,确定每一个塑料排水板的打设位置。通过详细的测量放样工作,可以保证每个排水板都能够正确定位。

2)插板机的进场及调试

在正式施工之前,需要将插板机设备运送到施工现场,并进行调试和试插工作。

3)插板机的定位

插板机的桩靴在落地定位时,其误差需控制在设计范围之内;在控制桩管下插过程中,需确保垂直度误差不超过 $\pm 1.5\%$。

4）安装管靴

在安装管靴时,需将塑料排水板的末端伸出导管底端,并用管靴将其固定在导管底端。在下沉过程中,管靴应能够有效地防止泥沙进入套管。

5）施插塑料排水板至设计深度

根据试插确定的深度,按要求施插塑料排水板。在施插过程中,必须确保排水板不会出现扭结、断裂或滤膜撕破等现象。

6）上拔桩管

在拔出桩管时,需仔细观察排水板有没有回带现象。如果回带长度超过 50 cm,则需在桩位旁 50 cm 处重新补打一根排水板。需要注意的是,回带的排水板数量不宜超过打设总根数的 5%,以避免影响整体施工效果。

7）切割排水板

拔管后,需确保排水板顶部至少伸入砂垫层 50 cm,并预留顶部外露长度大于 20 cm。这是为了保证排水板与砂垫层畅通连接,确保排水顺畅。

8）检查和验收

在每根排水板打设完成后,需对其施工情况进行检查。如果符合验收标准,则可以移机进行下一根排水板的打设。

9）打设区域的验收和填砂

一个施工区域内的塑料排水板打设完成并验收合格后,需及时用砂垫层的砂料填满施工过程中在板周围形成的孔洞,并将塑料排水板埋置于砂垫层中。

3. 塑料排水板的施工要求

1）打设深度的控制

塑料排水板的打设深度受到多种因素的影响,包括地质环境、插板机械类型、套管及管靴的形状等。在某些地质复杂的地段,尤其是淤泥质软土地段,用打设深度来控制施工效果可能会遇到更大挑战。尽管可以采用各种措施,但回带现象仍难以完全避免。因此,一般要求回带长度不超过 50 cm。

2）插板机的平衡调试

施工过程中,砂砾垫层通常有一定的拱度,这使得插板机在其上难以保持平衡。如果直接在这种情况下打设塑料排水板,不仅容易导致排水板扭曲,还可能无法满足垂直度要求。因此,打设排水板前,必须调正插板机,确保其在砂砾垫层上保持平衡,从而保证施工质量和工程效果。

3）测量和放样

在塑料排水板打设前,要根据施工图纸进行详细复核,确定并放出每一根桩的位置,确保间距正确,尤其对于边角部位,更要仔细检查,以免漏打。板间距的允许偏差为 100 mm,伸入砂垫层的长度允许偏差为 0~100 mm。通过精确的测量和布置,确保每一根排水板都能准确到位,从而保证地基加固的整体效果。

4）套管上拔时的泥土处理

在拔出套管时,套管带出的泥土通常会堆积在砂砾垫层与排水板上端周围,这会削弱排水板与垫层的有效连接,应及时清除堆积的泥土,并用砂填实。

任务工单

排水固结法加固地基施工安全技术交底

1. 任务描述

学生以3～5人为一组,选出组长并进行任务分工。各小组根据实际情况,查阅相关技术规范资料,收集、整理排水固结法加固地基施工工艺流程以及施工要点和安全注意事项。

2. 数据资料准备

各小组查阅相关资料,熟悉排水固结法加固地基施工工艺流程以及施工要点,根据排水固结法加固地基施工内容,将所需的各项数据资料填入表4.8,搜集和讨论施工安全注意事项,并写一份排水固结法加固地基施工安全交底表单。

表4.8 数据资料清单

名　称	内容描述	单　位	数　量	备　注

3. 制订方案

(1) 各小组针对工作规划展开讨论,拟订交底内容。
(2) 指导教师对各小组的实施方案给出评价。
(3) 各小组根据指导教师的评价对拟订交底内容进行调整。
(4) 调整合格后的拟订交底内容即最终交底内容。

4. 工作实施

各小组按照最终交底内容,列出排水固结法加固地基施工过程中主要危险源与危害因素、安全注意事项、重点强调内容,并将实施内容及完成情况填入表4.9中。

表4.9 实施内容及完成情况

班级		组号		日期	
姓名		学号		指导教师	
实施内容					完成情况

续表

任务总结

课程思政

地基加固中的匠心与团结

在我国南方,有一座新建的现代化铁路站点。这座站点的位置选在一片沼泽地带,这让基础工程难度陡增。为了确保地基的稳定,建设方决定采用排水固结法加固地基,这是一个复杂且耗时较长的过程。尽管面临诸多挑战,这一工程最终顺利完成,彰显了中国工程建设者的爱国情怀、工匠精神、团结精神以及创新能力。

当项目启动时,首先面临的是地质条件的复杂性。沼泽地带的土层含水量高,难以迅速固结。面对这一挑战,工程师们没有退缩。他们深入研究现有的各种加固技术,最终提出采用排水固结法。这种方法不仅能够有效降低土体含水量,还能提升地基的承载力,确保铁路站点的稳定和安全。工程师们的专业分析和问题解决过程展示了他们的工匠精神:对技术精益求精,不放过任何一个细节。

在实际施工过程中,还遇到了一系列新的难题。由于排水固结法需要在地基中布设大量的排水井和砂井,这些施工细节工作量大,且对技术要求非常高。施工现场的工人们日夜奋战,克服重重困难。在深厚的软土层中,精确布设每一个井管,本身就是对施工人员技能的重大考验。团队成员在施工过程中相互配合,精诚合作,体现了劳动者无私奉献、团结一致的精神。

在工程推进的过程中,突遇连续强降雨天气,这对施工进度和安全都构成了巨大的威胁。面对突发状况,项目团队采用雨季施工的应急预案,增设临时排水系统,同时调整施工计划。通过一系列有效措施,工程顺利克服了天气的不利影响。这种应变能力不仅是技术上的创新,更是一种深厚的责任感的体现,体现了建设者们对国家发展、交通建设的无私奉献。

在整个施工过程中,通过不断的技术改进和创新实践,工人们总结了一系列科学有效的排水固结方案。这不仅为此项目解决了技术难题,还为未来类似工程提供了宝贵的经验。工人们的智慧和创造力得到了充分的体现。项目尾声阶段,经过层层检验,地基承载力完全达到了设计要求,项目如期竣工。

这个案例不仅展示了中国工程建设者在面对复杂地质条件时的专业素养和卓越能力,

也体现了爱国主义精神。建设者们以国家利益为重,通过艰苦奋斗获得的成果,不仅仅是一座现代化铁路站点,更是对中国工程技术和团队力量的强力证明。

在这个项目的背后,隐藏着无数个默默奉献的身影。他们的精湛技艺和创新精神,不仅为我们呈现出一个坚实可靠的建设奇迹,也展示了中国工程建设者独有的爱国情怀和工匠精神。这种精神值得我们每一位建设者去学习和传承,为国家发展贡献自己的力量。

课后练习题

1. 袋装砂井施工准备包括哪几个关键步骤?
2. 在袋装砂井施工中,如何确保砂袋灌制质量?
3. 塑料排水板施工准备工作中需要完成哪些任务?
4. 在塑料排水板施工中,如何处理插桩过程中的回带问题?

任务四　强夯法加固地基施工

一、工作任务

(1) 掌握强夯法加固地基的施工技术。
(2) 准确画出并详细解释强夯施工的主要工艺流程。

二、相关知识

强夯法
加固地基施工

1. 强夯法施工准备

在强夯法加固地基施工之前,必须进行充分的准备工作,包括设备、劳动力和技术准备等。

1) 设备准备

为了保证强夯施工的顺利进行,必须准备足够且合适的设备。

(1) 夯锤:夯锤采用钢板制作外壳,内部结构则采用焊接骨架并灌注混凝土。

(2) 起重机械:选用履带式起重机,其性能必须满足夯锤的起吊重量和提升高度的需求。

(3) 自动脱钩装置:自动脱钩装置必须具备足够的强度,并且在起吊过程中不应出现滑钩情况。

(4) 铲车:铲车主要用于回填夯坑、整平地面以及作地锚等用途。

(5) 检测设备:包括标准贯入度检测仪、静力触探仪以及其他土工常规试验仪器。

(6) 测量仪器:全站仪和经纬仪等测量仪器。

2) 劳动力准备

在强夯法加固地基施工过程中,以机械作业为主,杂工辅助,因此对劳动人员的数量需求相对较少。一般情况下,单机单班所需劳动力配备如下:起重机司机1名,起重工2名,辅助工4名。根据实际情况,劳动力配置可以适当增加或减少。

3）技术准备

为了确保强夯施工能够顺利进行,并达到预期的加固效果,还需做好相应的技术准备工作。

（1）研究工程地质报告：详细研究工程地质报告,了解地基土层的分布和性质,画出强夯平面布置图。

（2）编写强夯施工方案：结合场地内的具体情况,编制详细的强夯施工方案。

（3）技术交底与培训：对施工现场的技术人员及操作人员进行技术交底,并安排专业工人进行短期技术培训。

（4）测量基准交底、复测及验收：在施工开始前,进行详细的测量基准交底工作,并对基准点进行复测。

2. 强夯法施工工艺流程

在强夯法加固地基施工中,严格遵循工艺流程是确保施工质量的关键。强夯法施工工艺流程如图4.26所示。

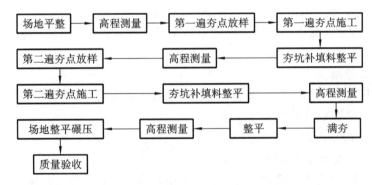

图 4.26 强夯法施工工艺流程

（1）清理并平整施工场地,强夯区域两边挖临时排水沟。

施工开始前,必须对场地进行清理和平整,确保施工区域没有杂物和障碍物。

（2）标设第一遍强夯点位置,并测量原地面高程。

在场地平整后,根据设计图纸标定出第一遍强夯点的位置,并对原地面的高程进行测量和记录。

（3）起重机就位,使夯锤中心对准夯点位置。

起重机应按计划就位,并调整至夯锤的中心对准既定的夯点位置。

（4）测量夯前锤顶高程。

在开始夯击之前,测量夯锤的锤顶高程并记录。

（5）将夯锤起吊到预定高度,开启脱钩装置,待夯锤脱钩自由下落后,放下吊钩,测量夯锤锤顶高程。

（6）重复步骤(5),按设计规定的夯击资料及控制标准,完成一个夯点的夯击。

按照设计要求的夯击次数和能量标准,重复步骤(5),直至完成一个夯点的处理。每次夯击后测量记录的高程数据,用于监控夯击效果和确定下一步的施工措施。

（7）换夯点,重复步骤(3)~(6),完成第一遍全部夯点的夯击。

在完成一个夯点后,移动到下一个夯点,然后重复步骤(3)至(6),依次完成第一遍所有夯点的夯击操作。这一环节要求施工人员仔细操作,确保每一个夯点都能得到均匀处理。

(8) 用推土机将夯坑填平,并测量场地高程。

在完成第一遍强夯后,用推土机将夯击产生的坑洞填平,使场地表面恢复平整状态。随后,对场地高程进行测量,记录数据,以便在下一遍施工进行调整。

(9) 在规定的间隔时间后,按上述步骤依次完成全部夯击遍数,最后用低能量满夯,将场地表层松土夯实,并测量夯后场地高程。

根据设计要求的间隔时间,依次完成后续的全部夯击遍数。在完成主要夯击工作后,最后使用低能量满夯对场地表层进行全面夯实,以消除表层的松散状态,确保整体地基的稳定性和均匀性。最终,对夯后场地高程进行测量和记录,确保满足设计要求。

3. 施工要求

强夯施工是一项技术要求高、操作复杂的作业过程。为了确保施工质量和安全,需要遵循一些关键要求。以下是关于强夯施工的具体要求的详细说明。

1) 场地平整及障碍清除

首先,施工场地必须经过平整处理,以便能够承受夯击机械的荷载。

2) 起重机械要求

用于强夯的起重机械必须符合夯锤的起吊重量和提升高度的要求,确保其具有足够的起吊能力和工作范围。

3) 技术参数控制

施工过程中,需要严格按照试验确定的技术参数进行控制。

4) 场地平均下沉量测量及夯坑整平

每进行一遍夯击后,必须测量场地的平均下沉量。

5) 夯锤中心检测及平衡调整

在强夯过程中,首先需要检测夯锤是否处于中心位置。如果发现夯锤有偏心现象,应及时采取措施进行调整。可通过在夯锤边缘焊接钢板或增减混凝土等方式使其平衡,防止夯坑倾斜。

6) 夯锤平稳落锤及夯位调整

夯击时,落锤必须保持平稳,夯位也要准确无误。夯坑中心的允许偏差不得超过 500 mm。

7) 振动控制及减震措施

强夯作业会使地基及周围建筑物产生一定程度的振动。为了避免影响周围建筑物,夯击点应距离现有建筑物 15 m 以上。

任务工单

强夯法加固地基施工安全技术交底

1. 任务描述

学生以 3~5 人为一组,选出组长并进行任务分工。各小组根据实际情况,查阅相关技

术规范资料,收集、整理强夯法加固地基施工工艺流程以及施工要点和安全注意事项。

2. 数据资料准备

各小组查阅相关资料,熟悉强夯法加固地基施工工艺流程以及施工要点,根据强夯法加固地基施工内容,将所需的各项数据资料填入表4.10,搜集和讨论施工安全注意事项,并写一份强夯法加固地基施工安全交底表单。

表 4.10 数据资料清单

名　　称	内　容　描　述	单　　位	数　　量	备　　注

3. 制订方案

(1) 各小组针对工作规划展开讨论,拟订交底内容。

(2) 指导教师对各小组的实施方案给出评价。

(3) 各小组根据指导教师的评价对拟订交底内容进行调整。

(4) 调整合格后的拟订交底内容即最终交底内容。

4. 工作实施

各小组按照最终交底内容,列出强夯法加固地基施工过程中主要危险源与危害因素、安全注意事项、重点强调内容,并将实施内容及完成情况填入表4.11中。

表 4.11 实施内容及完成情况

班级		组号		日期	
姓名		学号		指导教师	
实施内容				完成情况	
任务总结					

课程思政

强夯法加固地基施工的工匠精神与创新

在我国基础设施建设过程中,强夯法加固地基施工是一个重要的技术环节。以某大型机场扩建工程为例,该工程采用了强夯法处理复杂地基,确保跑道与停机坪的稳定性和安全性。这项工程不仅展现了我国施工团队的技术实力,更体现了工匠精神、团队合作和创新精神。

在该机场扩建工程中,施工区域地质情况复杂,土层松软且含水量高,无法直接承重。为满足工程质量要求,施工团队决定采用强夯法进行地基处理。然而,在实践过程中,团队遇到了诸多挑战。首先,地基土质异常复杂,常规的强夯工艺无法达到预期效果,需要对技术方案不断进行调整和优化。

为了突破技术难关,施工团队齐心协力,积极展开调研和试验。他们分析了不同地质成分和含水量对强夯效果的影响,并通过反复试验确定了适合当地情况的最佳夯击能量和夯击次数。这一过程中,施工团队体现了无比的耐心和严谨,展现了工匠精神,即对每一个细节的精益求精和追求卓越品质的工作态度。

在解决地基处理问题的过程中,团队的团结合作也是成功的关键。在施工现场,技术人员与工人们密切配合,及时交流施工中遇到的问题和心得,形成了良好的团队协同效应。通过多次技术研讨会和现场示范,大家的合作更加默契,确保了每个施工环节的顺利进行。正是这种团结协作的精神,让团队在面对巨大挑战时愈加坚不可摧,共同完成了这一艰巨任务。

此外,施工团队在传统强夯工艺基础上进行了创新。他们引入了先进的监测设备和智能施工技术,实时监控夯击过程中的土层变化和夯实效果。利用现代信息技术,团队能够迅速调整施工参数,确保每一次夯击都达到最佳效果。在此过程中,团队不仅解决了特定条件下的技术难题,还为强夯法加固地基施工积累了宝贵的经验和数据。这种勇于探索和不断创新的精神,是推动我国建筑行业技术进步的重要动力。

此次强夯施工的成功,不仅仅是一个工程项目的完工,更是我国施工团队在面对复杂工程条件时展现出的智慧和毅力的象征。这种不畏艰难、勇于创新、团结合作、追求卓越的精神,不仅推动了国家建设事业的发展,更是新时代爱国主义精神的生动体现。

通过这个案例,我们深刻认识到:无论是基础设施建设,还是其他领域的发展,都离不开团队的努力和创新精神。作为新时代的建设者,我们要以身作则,将这种爱国精神、工匠精神和创新精神融入每一个项目和工作的细节中,为国家的发展贡献自己的一份力量。

课后练习题

1. 强夯法施工前必须准备哪些设备?
2. 强夯法施工的劳动力配备是怎样的?
3. 在强夯施工过程中,如何控制施工的技术参数?
4. 如何处理强夯过程中可能对周围建筑物造成的振动影响?

任务五 碎石(砂)桩加固地基施工

一、工作任务

(1) 能画出并简要解释振冲碎石桩施工的主要工艺流程。
(2) 能画出并简要解释沉管碎石桩施工的主要工艺流程。

二、相关知识

碎石(砂)桩法按其施工方法的不同,可分为振冲碎石桩法、干振挤密碎石桩法、沉管碎石桩法、沉管夯扩碎石桩法、袋装碎石桩法、强夯置换碎石桩法,本处只介绍振冲法和沉管法的施工流程。

碎石桩加固
地基施工

(一) 振冲碎石桩施工

1. 振冲碎石桩施工概述

振冲法是一种常见且有效的碎石桩施工技术。该方法利用振冲器的高频振动和高压水流作用,将碎石逐层密实填入预先钻好的孔内,形成坚实的桩体结构。

2. 振冲碎石桩施工原理

振冲法通过起重机吊起振冲器,启动潜水电机后,振冲器内部的偏心块开始高速旋转,从而产生高频振动。在此过程中,水泵提供的高压水通过振冲器喷嘴喷射出高压水流,使得振冲器在边振动边冲击土体的联合作用下,逐渐沉入达到设计要求的深度。完成清孔后,从地面开始逐段填入碎石,每段碎石在振动作用下被密实,直到达到所要求的密实度,然后提升振冲器。

3. 桩身材料选择

用于砂桩桩体的砂应选择具有一定级配的中、粗、砾砂,且含泥量不宜超过5%。若砂桩用于排水,其砂中含泥量需控制在3%以内。对于碎石桩桩体,应选用级配合理且不易风化的碎石或砾石,其粒径宜在20~50 mm之间,含泥量应控制在5%以内。过大的粒径不仅会卡住孔洞,还会导致振冲器外壳的严重磨损。相较于卵石,碎石具有更好的咬合作用,能形成强度更高的桩体,虽然卵石在下料时较为方便,但碎石由于其强度优势,更适合用作桩体材料。

4. 施工机具配置

振冲法施工所需的主要机具有振冲器、起吊机械、水泵、泥浆泵、填料机械和电控系统等。起吊机械通常采用履带式起重机、汽车起重机或自行井架式专用吊机。起重机械的起重能力和提升高度必须满足施工要求，并符合起重安全值的规定。一般情况下，起重能力应在 10～15 t。

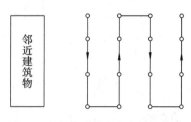

图 4.27　既有建筑物邻近施工顺序

5. 施工顺序安排

振冲碎石桩施工时，通常按照"先中间后周边"或"一边推向另一边"的顺序进行。在软黏土的地基中，为了减少对地基土的扰动，可采用间隔跳打的方式。而在靠近已有建筑物时，遵循图 4.27 所示的施工顺序，或使用功率较小的振冲器，以减少对周边结构的影响。

6. 振冲碎石桩施工工艺

振冲碎石桩施工是确保地基稳定性的重要环节，通过一系列精确操作和连续步骤来完成桩的施工，以下是对这一工艺的详细说明。

1) 设备和材料的就位

振冲碎石桩施工开始时，首先需将施工机具就位。将振冲器准确地对准桩位，并启动水泵。当振冲器下端的水口开始出水后，启动振冲器，并检查水压、电压及振冲器的空载电流是否正常，确保所有参数都处于预期范围内。准备工作如图 4.28(a)所示。

2) 成孔过程

启动起吊机械，使振冲器以 1～2 m/min 的速度下沉。在下沉过程中，要确保振冲器保持垂直状态，以避免孔道偏移或不均匀。当下沉过程中电流值超过额定值时，必须减速或停止下沉，或者将振冲器稍微向上提升，待电流恢复正常后再继续下沉。当振冲器达到设计深度以下 0.3～0.5 m 时，开始往上提升，直到孔口位置，如图 4.28(b)所示。

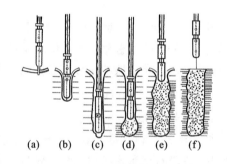

图 4.28　振冲法施工顺序

3) 清孔处理

成孔后，孔内泥浆比重较高，会导致填料在孔内的下降速度减慢，甚至可能造成淤塞。因此，成孔后需留出一定时间（一般 1～2 min）进行清孔处理，使孔内泥浆比重降低，确保后续填料顺利进行，如图 4.28(c)所示。

4) 填料操作

完成清孔后，将振冲器提出孔口，即可开始填料。填料方式主要有两种：一种方式是将振冲器完全提出孔口，然后往孔内加料，再次放入振冲器进行振密。每次倒入孔内 0.15～0.5 m 的石料，逐段填料逐段振密，直到桩体完成。另一种方式是振冲器不完全提出孔口，只是稍微向上提升，使其离开原先振密的部分，然后倒入石料，再放下振冲器进行振密处理。无论采用何种方式，均需确保填料和振密过程中的均匀性和密实度，如图 4.28(d)所示。

5) 振密加固

通过振冲器，将填入桩孔的石料不断挤入周围的侧壁土层，同时确保桩身填料的密实度。无论使用哪种填料方式，都应保证振密过程自孔底开始，以每段 30～50 cm 的长度逐段自下而上直至孔口。这样可以确保整个桩体的密实和稳定，如图 4.28(e)所示。

6) 成桩

振密加固到孔口时,桩体基本形成。这时需要依次关闭振冲器和水泵,确保桩体的完成,如图 4.28(f)所示。关闭设备后,桩体即已形成,标志着这一工序的顺利完成。

7. 振冲碎石桩施工要点

1) 水压与水量的精确控制

在振冲法施工时,控制水压和水量是至关重要的。水量必须充足,但不能过多,以防成孔过程中出现塌孔现象。

2) 填料的数量控制

填料的数量和频率需要严格控制。加料要频繁,但不能一次性加太多。

3) 在软土地基中的施工方法

在强度非常低的软土地基中施工时,需采用"先护壁、后制桩"的方法。

4) 桩顶部的处理

距桩顶约 1 m 范围内,由于该处地基土的上覆压力较小,施工过程中桩体的密实度难以达到设计要求,一般应予挖除,另做垫层或用振动碾压使之压实。

(二) 沉管碎石桩施工

沉管法是一种广泛应用于桩基施工的干法工艺,最初主要用于制作砂桩,但近年来其技术已被拓展应用于碎石桩的制作。沉管法包括振动成桩法和冲击成桩法两种主要形式。

1. 施工设备的选择与配置

为了确保沉管法施工的顺利进行,必须配置合适的施工设备。主要设备包括机架、卷扬机、电动机、导管和冲锤。

1) 机架

机架是沉管法施工的重要组成部分,常见形式有塔架式和桅杆式。机架高度应根据桩长进行选择,一般在 8～15 m。

2) 卷扬机

卷扬机在施工中用于提升冲锤和导管,常采用两套卷扬机,即主卷扬机和副卷扬机。卷扬机的提升能力应大于包括冲锤和导管的重力以及拔管阻力在内的总重力。一般而言,主卷扬机的提升能力应为 25～35 kN,而副卷扬机则为 15～25 kN。

3) 电动机

电动机作为卷扬机的动力源,其功率应与卷扬机的需求相匹配,以保证施工过程中设备的正常运行和操作的连续性。

4) 导管

导管是沉管法施工中的关键工具之一,通常采用厚壁无缝钢管制作。

5) 冲锤

冲锤在沉管法施工中用于冲击和振动,从而达到成桩的效果。

2. 施工工艺与步骤

沉管法施工工艺包括多道工序,每一步都需要细致进行,以确保最终桩体的稳定和质量。

1) 机架就位与导管置放

首先需要将施工机架准确就位,对准桩位并调平机架,如图 4.29(a)所示。

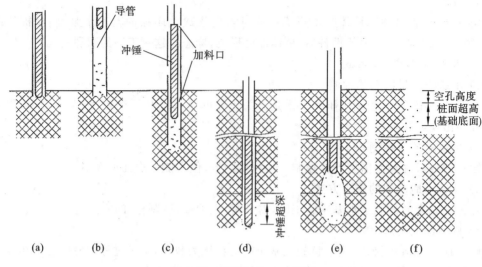

图 4.29 沉管法施工工艺图

2) 石塞的制作

在导管放置到位之后,向导管内投入一定量的碎石,通过投料产生一个稳定的石塞。这个石塞的高度必须适当,以确保在随后的施工过程中能够发挥其应有的作用,如图 4.29(b) 所示。

3) 沉管过程

采用冲锤对导管内的碎石石塞进行反复冲击,利用碎石与导管之间的摩擦力,将导管与石塞一同压入土中,直至达到设计深度。在此过程中,投料孔必须在入土前封闭,以确保沉管顺利进行,并防止泥土进入导管影响施工,如图 4.29(c) 所示。

4) 穿塞操作

当导管沉至设计深度后,将导管稍微提起(通常为 30 cm),然后以低冲程冲击石塞,使其脱离导管并冲入下方的土层中。为确保石塞已经穿出导管,可在提起导管后轻冲管底 1~2 次,观察导管是否继续下沉,如果导管保持稳定,则表明石塞已经穿出导管,如图 4.29(d) 所示。

5) 桩体制作

桩体的制作包括提管、投料和击实三个主要过程,如图 4.29(e) 所示。在这个过程中,需要严格控制每次提管的高度。在淤泥质土层中,每次提管高度应小于 15 cm,而在一般黏土层中则应在 30 cm 左右。每次投料量必须足够击出管口并保证桩体的连续性,同时要满足每米投石量的要求。击实操作一般先轻击后重击,确保锤底位置不超过管口。

6) 桩顶超高处理

为了保证基底处的桩体和桩周土获得足够的密实度,桩顶的高程一般应超出基础底面 0.5~1.0 m,这段高度被称为桩顶超高。在施工基础时,这部分超高需要进行挖除处理,如图 4.29(f) 所示。

7) 地基表面的处理

施工完成后,还需对地基表面进行处理,这是确保基础施工质量的重要步骤。对于条基和独立柱基,需将基底标高下 30 cm 厚的加固土挖除,回填同等厚度的碎石垫层并夯实,回填范围需超出基础边缘 50 cm。而对于片筏基础,则需将基底标高下 50 cm 厚的加固土挖除,回填 50 cm 厚的碎石垫层并压实,回填范围超出基础边缘 100 cm。

任务工单

振冲碎石桩施工安全技术交底

1. 任务描述

学生以 3~5 人为一组,选出组长并进行任务分工。各小组根据实际情况,查阅相关技术规范资料,收集、整理振冲碎石桩施工工艺流程以及施工要点和安全注意事项。

2. 数据资料准备

各小组查阅相关资料,熟悉振冲碎石桩施工工艺流程以及施工要点,根据振冲碎石桩施工内容,将所需的各项数据资料填入表 4.12,搜集和讨论施工安全注意事项,并写一份振冲碎石桩施工安全交底表单。

表 4.12 数据资料清单

名　称	内容描述	单位	数量	备注

3. 制订方案

(1) 各小组针对工作规划展开讨论,拟订交底内容。
(2) 指导教师对各小组的实施方案给出评价。
(3) 各小组根据指导教师的评价对拟订交底内容进行调整。
(4) 调整合格后的拟订交底内容即最终交底内容。

4. 工作实施

各小组按照最终交底内容,列出振冲碎石桩施工过程中主要危险源与危害因素、安全注意事项、重点强调内容,并将实施内容及完成情况填入表 4.13 中。

表 4.13 实施内容及完成情况

班级		组号		日期	
姓名		学号		指导教师	
实施内容				完成情况	

续表
任务总结

课程思政

碎石桩加固地基施工中的思政教育

在我国的桥梁和高层建筑的基础工程中,地基加固显得尤为重要。碎石桩加固地基施工就是一项关键技术,而在这项技术背后,蕴含着深刻的思政教育意义。

例如,在华北某省会城市的重大城市改造项目中,地基软土问题严重,影响到建筑物的稳定性和安全性。为此,项目团队决定采用碎石桩加固地基施工技术。然而,在施工的过程中,团队遇到了诸多挑战。其中一个最大的困难是施工区域的地下水位较高,导致施工过程中局部地基出现了沉降状况。这不仅影响着碎石桩加固地基的施工质量,还给施工进度带来了巨大压力。

面对这种情况,项目团队在爱国精神的驱动下,依然肩负起建设美丽家园的责任。他们夜以继日地工作,不断进行现场测量、设备调试,最终通过创新的施工工艺和技术改进,成功解决了地下水的影响。例如,采用一道道砂井设计,帮助排除地下水,保持地基的稳定性。这一方案体现了团队在艰难困境中坚持不懈、迎难而上的工作作风,真正体现了新时代的工匠精神。

施工过程中,团队齐心协力、密切合作,展现了极高的团结精神。在面对多变的地质情况和复杂的地质环境时,团队中的工程师、技术员和施工工人紧密配合,将所有可能的风险降到最低。特别是在一处地下暗河位置,他们前后进行了多次试验,最初的方案均未能理想解决该位置的稳定性问题。之后,施工团队一方面进行了详细的工程地质勘查,另一方面与多方专家进行讨论,共同寻找解决方案。最终,通过调整碎石桩的分布密度和优化施工方法,成功克服了这一难题。这不仅提升了工程的质量,也进一步巩固了团队成员之间的情感和信任。

通过这样一个案例,我们可以看到,碎石桩加固地基施工不仅是技术的展现,更是对精神和信念的考验。从这个角度看,它培养并激发了工程人员的爱国情怀、工匠精神以及团结协作的能力。同时,在这样的实践过程中,也充满了创新思维的碰撞与融合。工程建设不仅仅是对物质世界的改造,更是对精神、智慧和韧性的不断磨炼和提升。

因此,碎石桩加固地基的施工,不但可以用来解决实际的工程问题,更是培养爱国情操、工匠精神、团结合作精神和创新能力的生动实践。在未来的工程建设中,这种精神力量将继续支撑着我们,不断创造出一个个不凡的工程奇迹。

课后练习题

1. 振冲碎石桩施工时,为什么选择碎石而不是卵石作为桩体材料?
2. 在振冲碎石桩施工中,如何处理振冲器在下沉过程中电流超过额定值的情况?
3. 沉管法碎石桩施工需要采用哪几种设备?
4. 在沉管法施工中,为什么导管在入土前需要封闭投料孔?

任务六 CFG 桩加固地基施工

一、工作任务

学习并掌握 CFG 桩加固地基施工知识是非常重要的。通过系统的学习和实操训练,能够画出并简要解释 CFG 桩加固地基施工的主要工艺流程是本任务的核心目标。这一任务的完成将帮助我们更好地理解和执行 CFG 桩施工工艺,从而确保工程质量和稳定性。

二、相关知识

CFG 桩的施工是对地基进行加固的重要手段。CFG 桩的施工主要有两种方法:长螺旋钻孔、管内泵压混合料 CFG 桩施工和振动沉管 CFG 桩施工。每种方法都有其独特的适用范围和操作流程。

1. 长螺旋钻孔、管内泵压混合料 CFG 桩施工方法

长螺旋钻孔、管内泵压混合料 CFG 桩施工是由长螺旋钻机、混凝土泵和强制式混凝土搅拌机组成的一个完整施工体系。在这个施工体系中,长螺旋钻机是关键设备。其主要施工过程包括钻孔和管内泵压混合料灌注成桩。这种方法适用于多种地质条件,包括黏性土、粉土、砂土等,并且在对噪声和泥浆污染有严格控制的场地特别适用。

CFG 桩加固地基施工

CFG 桩加固地基施工动画

长螺旋钻孔、管内泵压混合料 CFG 桩施工的具体步骤如下。

(1)设置施工设备:将长螺旋钻机和混凝土泵等设备运输至施工现场。

(2)钻孔:利用长螺旋钻机在预定桩位进行钻孔。

(3)混合料灌注:当钻孔达到设计深度后,通过管内泵将预先配制的混合料(包括水泥、

粉煤灰和砂石等）灌注到孔内,形成桩体。

(4) 桩体成型:灌注完成后,进行桩体的养护和必要的质量检查。

2. 振动沉管 CFG 桩施工方法

这种方法属于非排土成桩工艺,主要适用于粉土、黏性土、素填土地基及松散砂土等地质条件,特别适合松散的粉土和粉细砂的加固。

振动沉管 CFG 桩施工的具体步骤如下。

(1) 准备工作:在施工前,进行现场勘察。将振动沉管机和其他辅助设备运至施工现场。

(2) 振动沉管:启动振动沉管设备,使钢管振动沉入到预定深度。

(3) 混合料灌注:当钢管达到设计深度后,通过管内泵将已配制的混合料灌注到孔内。

(4) 提升钢管:在灌注过程中,逐步提升钢管,使混合料在振动作用下形成密实的桩体。

(5) 桩体成型:提升钢管后,进行桩体的质量检测,并进行必要的表面处理。

3. 施工准备

(1) CFG 桩施工方法根据设计要求和现场地基土的性质、埋深、场地周边是否有居民点、有无对振动反应敏感的设备等多种因素选择施工机具。

(2) 清除障碍物,平整好施工场地,按设计准确测量放样,定出桩位。

(3) 严格控制 CFG 原材料的质量,按规范要求选定合适的配合比,严格按配合比施工。

(4) 正式施工前必须首先进行成桩工艺试验,复核地质资料及确定施工工艺参数,包括混合料配合比、坍落度、搅拌时间、拔管速度等,试桩数量应符合设计要求且不少于 2 根。

4. 施工工艺

CFG 桩施工工艺在现代建筑工程中起着至关重要的作用,它可以确保地基的稳定性和承载力。此处将详细介绍采用长螺旋钻孔、管内泵压混合料成桩的施工工艺,如图 4.30 所示。

1) 施工准备阶段

首先,CFG 桩施工涉及的混凝土混合料在中心拌合站进行拌制,然后使用混凝土运输车运输至施工现场。

(1) 原地面处理。

根据"少扰动地基及宁填勿挖"的原则,对原地面进行整平作业,并采用压路机进行碾压,以确保设备能够在安全的环境下进行施工。要做好排水工作,确保场地内不积水,及时排除地表雨水,保持施工现场干燥。

(2) 测量放线。

要采用全站仪根据设计先行放设 CFG 桩加固区域的边线。根据设计的加固范围,按布桩的形式进行桩位放样。

(3) 钻机就位。

钻机的自行就位是通过四个支撑腿与支撑平台的配合完成的。

(4) 钻机校正。

在钻机就位后,必须对钻机进行桩位和垂直度的校正。

①桩位校正。以钻机钻头中心为基点,挂线吊垂球来检查钻机钻头中心线与桩中心线的偏差。

②垂直度校正。先利用经纬仪在钻机钻杆中心准确标示垂直度线,钻杆垂直度需要从侧面和正面两个方向进行控制。确保各方向的垂直度偏差小于 1%。

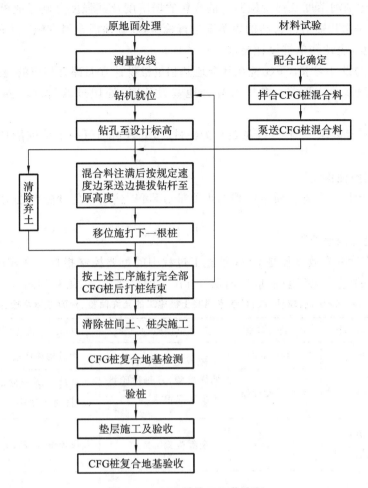

图 4.30 CFG 桩施工工艺流程

2) 钻孔和成桩

(1) 成孔。

在开始钻进前,确保混合料运输车已到达现场待命。钻杆上必须采用明显标志在每米的位置进行清晰标示,以便在钻进过程中对深度进行有效控制。

(2) 混合料泵送。

在完成成孔作业并得到监理工程师认可后,开始进行混合料的泵送。当钻杆芯管内充满混合料后,即可开始拔管操作。混合料泵送步调需与提管速度保持一致。采用静止提管方式,提管速度控制在 3 m/min 左右,以确保桩体均匀成型。

5. 施工要求

为了确保 CFG 桩施工的质量和效果,施工过程中需要严格遵守一系列的技术和质量要求,具体如下。

1) 原材料质量控制

CFG 桩施工中使用的混合料,其原材料的性能和特性必须经过严格检验。

(1) 材料检验。为了保障材料质量,需按一定检验批次进行产品质量证明文件的检查。

(2) 混合料的坍落度及强度检验。混合料的坍落度及其强度是确保成桩效果的关键指标。每个施工班次均需对混合料的坍落度进行检验,以确保混合料在施工中的工作性。

2) 复合地基设计和单桩设计要求

根据不同的设计需求,CFG 桩在复合地基和单桩设计方面都有相应的施工要求:

(1) 复合地基设计要求。在进行复合地基设计时,处理过的地基应满足设计要求的参数。

(2) 单桩设计要求。当 CFG 桩设计为柱桩时,处理后的每一个单桩都必须满足设计要求的承载力标准。

3) 桩体完整性检测

桩体的完整性也是施工质量管理的重要部分,可以使用小应变检测法对桩体完整性进行检验。

4) 施工允许偏差控制

桩位、垂直度和有效直径是 CFG 桩施工过程中的重要控制指标。在实际施工中,这些参数存在一定的允许偏差范围,应遵循现行标准中的允许数值(表 4.14)。

表 4.14 CFG 桩、螺杆(纹)桩等素混凝土桩施工的允许偏差、检验数量及检验方法

序号	检验项目	允许偏差	施工单位检验数量	检验方法
1	桩位	100 mm	按成桩总数的 10% 抽样检验,且每检验批不少于 5 根	测量桩体中心
2	桩径	不小于设计值		截桩后的桩顶尺量 3 个方向直径,计算平均值
3	孔位中心 (预引孔施工时)	100 mm	全部检验	仪器测量或尺量
4	桩孔垂直度 (预引孔施工时)	1%	全部检验	仪器测量或测斜仪、超声波检查

任务工单

CFG 桩加固地基施工安全技术交底

1. 任务描述

学生以 3~5 人为一组,选出组长并进行任务分工。各小组根据实际情况,查阅相关技术规范资料,收集、整理 CFG 桩加固地基施工工艺流程以及施工要点和安全注意事项。

2. 数据资料准备

各小组查阅相关资料,熟悉 CFG 桩加固地基施工工艺流程以及施工要点,根据 CFG 桩加固地基施工内容,将所需的各项数据资料填入表 4.15,搜集和讨论施工安全注意事项,并写一份 CFG 桩加固地基施工安全交底表单。

表 4.15　数据资料清单

名　称	内　容　描　述	单　位	数　量	备　注

3. 制订方案

(1) 各小组针对工作规划展开讨论,拟订交底内容。

(2) 指导教师对各小组的实施方案给出评价。

(3) 各小组根据指导教师的评价对拟订交底内容进行调整。

(4) 调整合格后的拟订交底内容即最终交底内容。

4. 工作实施

各小组按照最终交底内容,列出 CFG 桩加固地基施工过程中主要危险源与危害因素、安全注意事项、重点强调内容,并将实施内容及完成情况填入表 4.16 中。

表 4.16　实施内容及完成情况

班级		组号		日期	
姓名		学号		指导教师	
实施内容					完成情况
任务总结					

课程思政

从 CFG 桩加固地基施工案例看建筑工程的多重思政价值

在中国的基础工程建设中,CFG 桩加固地基施工技术作为一种新兴且高效的加固技术,广泛应用于各类大型建设项目。通过对国内典型工程案例的分析,我们可以深入了解这一技术在复杂施工环境下的应用,同时探讨其背后蕴含的爱国情怀、工匠精神、团结协作和科技创新。

某沿海城市新规划的高铁站项目在地基加固施工中面临极大挑战。该地区地质条件复杂,地基土层为深厚的淤泥质软土,传统的施工方案难以满足项目对地基稳定性的要求。为此,工程团队决定采用 CFG 桩加固地基的方案。在施工过程中,团队遇到了重重困难:地下水位高导致孔内稳定性差,施工设备频遭淤泥阻碍,现场操作环境极为恶劣。

面对这些困难,施工单位充分展现出不畏艰险、团结拼搏的精神。在项目初期,为了确保 CFG 桩成孔过程中的稳定性,施工团队综合考虑不同的地质条件,反复试验,最终确定了最佳的施工工艺参数。在解决高水位问题上,团队创新性地采用了水下混凝土护壁技术,并通过多次模拟试验不断完善,提升了施工效率和质量。这一过程不仅体现了施工团队顽强不屈的奋斗精神,也展现出他们勇于创新、敢于突破的精神风貌。

在施工的每一个环节,工匠精神始终贯穿其中。CFG 桩施工要求精准的工艺控制,每一项参数的细微变化都可能影响最终的施工质量。施工团队在每一次操作前,都会进行详细的准备和计算,确保每一个桩基的成型质量达到设计标准。他们精益求精,追求完美,正是在这种对工作的极致专注和严谨态度下,项目进展顺利,并最终成功完成地基加固,为后续的高铁站建设打下了坚实的基础。

这一项目的顺利实施也得益于团队成员的密切合作和互相支持。项目中,各部门之间配合默契,技术人员与一线工人协作无间,形成了强大的战斗集体。在地质勘测、施工工艺优化、设备维护等方面,大家齐心协力,克服了各种技术难题。这种团结协作的精神,是项目顺利完成的关键,也是国家重大工程建设中不可或缺的力量。

这不仅仅是一次技术上的突破,更是一种国家强大的体现。每一位参与者用他们的汗水和智慧,展示着新时代中国工程师精益求精的工匠精神和勇于创新的时代精神。这次工程承载的不只是建筑本身,更是民族自信和国家发展的希望。工程的成功不仅证明了自主科技的高超水平,更激发了我们迎接未来更复杂工程挑战的信心与勇气。

通过这个案例,我们看到的不仅是一个项目的成功,更是中国工程人在国家建设中所展现出来的爱国主义情怀、工匠精神、团结协作和科技创新。希望通过对这一案例的深入学习,激励更多的工程专业学生在今后的学习和工作中,不断践行这些宝贵品质,为祖国的繁荣富强贡献自己的力量。

课后练习题

1. 在 CFG 桩施工中,长螺旋钻孔、管内泵压混合料的方法主要适用于哪些地质条件?
2. 振动沉管 CFG 桩施工方法特别适合加固哪种类型的地基?
3. 在施工准备阶段,CFG 桩施工现场需要做好哪些准备工作?
4. CFG 桩施工过程中,如何确保混合料泵送和提管速度的协调?

任务七 高压旋喷桩加固地基施工

高压旋喷桩加固地基施工

一、工作任务

通过系统学习高压旋喷桩加固地基施工的知识,掌握如何绘制主要工艺流程图,并简要解释每个步骤的核心内容,确保理解施工过程的各个环节和技术关键点。

高压旋喷桩加固地基施工动画

二、相关知识

1. 高压旋喷桩施工的主要机具设备

在高压旋喷桩加固地基施工中,主要使用的机具设备包括高压泵、钻机和浆液搅拌器。为了更直观地了解某个工程的机具设备配置,表 4.17 列出了具体的设备方案。

表 4.17 某工程的机具设备方案

序号	设备名称	规格型号	单位	数量
1	地质钻机	XY-150	台	2
2	高喷台车	XP-30B	台	1
3	高压泵	3D2-SZ 柱塞泵	台	1
4	灌浆泵	HB-80	台	2
5	空压机	P-0.8 MPa	台	1
6	泥浆泵	BW-150	台	2
7	拌浆机	WJG-80	台	2

2. 高压旋喷桩加固地基施工准备详解

1)场地平整

在进行高压旋喷桩加固地基施工前,首先需要对施工场地进行全面的平整处理。这一阶段的主要任务是清除施工现场地面以下 2 米范围内的所有障碍物。

2)桩位放样

在正式施工前,必须进行精确的桩位放样工作。使用全站仪测定旋喷桩施工的控制点,并在测定点处埋设标石。

3) 修建排污和灰浆拌制系统

旋喷桩施工期间会产生大量废浆液,这些废浆液的处理是施工准备工作的重点之一。通常,施工过程中将有10%至20%的返浆量。

4) 试桩

为了确保正式施工的顺利进行,旋喷桩施工前必须进行试桩操作。通过试桩,可以根据实际地质和场地条件,确定浆液的最佳配比、喷射压力及喷浆量等技术参数,确保施工参数的科学性和精准性。试桩的数量不应少于3根,以确保数据的可靠性和代表性。试桩有助于预判施工过程中可能遇到的问题,调整施工方案,最终保障整个施工过程的顺利进行和桩体的施工质量。

3. 高压旋喷桩加固地基施工工艺详解

在高压旋喷桩加固地基的施工过程中,操作步骤必须按顺序严格执行。具体的施工工艺流程如下:送高压水、送水泥浆及压缩空气。施工开始时,首先需要送入高压水,其次是水泥浆,最后是压缩空气。喷射过程中,需达到预定的喷射压力和喷浆量后,才开始逐渐提升注浆管。注浆管的分段提升搭接长度不得小于100 mm。当注浆达到设计桩顶高度或者地面出现溢浆现象时,应立即停止当前桩的旋喷工作,迅速拔出旋喷管,并对管路进行清洗。高压旋喷桩施工工艺流程见图4.31。

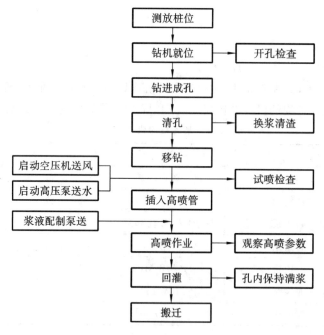

图 4.31 高压旋喷桩施工工艺流程

1) 钻机就位

在进行旋喷作业之前,钻机就位是首要任务。钻机就位后,需要对钻机进行调平和对中操作。钻机的偏差应控制在10 mm以内,同时钻孔的垂直度误差需小于0.3%。

2) 引孔钻进

在正式钻孔前,首先需要在地面进行试喷,通过机械的试运转检查设备是否正常。确认无误后,开始引孔钻进。钻孔过程中,需详细记录钻杆的节数,以保证钻孔深度的准确性。

3) 拔出岩芯管和插入注浆管

当引孔达到设计深度后,需要拔出岩芯管,并换上喷射注浆管插入预定深度。在插入注浆管的过程中,为防止泥砂堵塞喷嘴,需要边射水边插管,并确保水压不超过 1 MPa。

4) 旋喷提升

在喷射注浆管插入至设计深度后,连接泥浆泵,由下向上进行旋喷操作,同时将多余泥浆清理排出。为了确保桩底端质量,在喷嘴下沉到设计深度时,需在原位置旋转约 10 s,待孔口冒浆正常后再进行旋喷提升操作。在提升过程中,钻杆的旋转和提升操作应保持连续,中途不得中断。如钻机发生故障,应立即停止提升和旋转操作,以防止出现断桩现象,需马上进行检修。为提高桩底端的质量,在桩底部 1 m 范围内,需要适当增加钻杆喷浆和旋喷的时间。

5) 钻机移位

当旋喷提升至设计桩顶标高时,立即停止旋喷操作,并将钻头提升至孔口,然后清洗注浆泵及输送管道。完成这些步骤后,进行钻机的移位工作,为下一个桩体的施工做准备。

4. 高压旋喷桩加固地基施工要求

高压旋喷桩加固地基施工是一项具有高度技术性和复杂性的工程,施工要求如下。

1) 施工方法选择

在实际施工过程中,应根据地基的具体条件以及工程的具体要求,选择合适的施工方法,常见的有单管法、双管法以及三管法。单管法适用于一般地质条件下的地基加固,双管法主要用于需要加强固化效果的地层,而三管法则适用于需要高压水辅助切割土层的复杂地质条件。

2) 振动钻机与地质钻机的使用

在高压旋喷桩施工过程中,一般采用振动钻机进行成孔作业。振动钻机在普通地层中应用广泛,能够迅速、高效地完成钻孔。这种钻机具有较强的穿透能力,能够有效应对较为坚硬复杂的地质状况,确保钻孔工作的顺利进行。

3) 高压水泥浆和高压水的压力要求

无论是单管法、双管法使用的高压水泥浆,还是三管法使用的高压水,其压力都应保持在 20 MPa 以上。

4) 喷射孔与高压注浆泵的距离限制

为了确保喷射过程的稳定性和注浆效果,喷射孔与高压注浆泵之间的距离不宜超过 50 m。同时,桩位与设计位置的偏差不得超过 50 mm。

5) 注浆过程中的注浆管提升规范

在进行高压喷射注浆时,注浆管应自下而上均匀提升,确保注浆均匀分布。注浆管分段提升时的搭接长度不得小于 0.1 m,以保证每一段桩体连接紧密。

6) 应对异常压力变化

在高压喷射注浆过程中,如出现压力骤然下降、上升或冒浆异常等情况,应立即查明原因,并迅速采取相应的措施。可能的原因包括管道堵塞、设备故障或地层异常等。

7) 完工后的处理措施

高压喷射注浆完成后,应迅速拔出喷射管,防止浆液在管内凝固。如果需要,还可以在原孔位采取冒浆回灌或二次注浆等措施。

任务工单

高压旋喷桩加固地基施工安全技术交底

1. 任务描述

学生以 3~5 人为一组，选出组长并进行任务分工。各小组根据实际情况，查阅相关技术规范资料，收集、整理高压旋喷桩加固地基施工工艺流程以及施工要点和安全注意事项。

2. 数据资料准备

各小组查阅相关资料，熟悉高压旋喷桩加固地基施工工艺流程以及施工要点，根据高压旋喷桩加固地基施工内容，将所需的各项数据资料填入表 4.18，搜集和讨论施工安全注意事项，并写一份高压旋喷桩加固地基施工安全交底表单。

表 4.18 数据资料清单

名称	内容描述	单位	数量	备注

3. 制订方案

（1）各小组针对工作规划展开讨论，拟订交底内容。
（2）指导教师对各小组的实施方案给出评价。
（3）各小组根据指导教师的评价对拟订交底内容进行调整。
（4）调整合格后的拟订交底内容即最终交底内容。

4. 工作实施

各小组按照最终交底内容，列出高压旋喷桩加固地基施工过程中主要危险源与危害因素、安全注意事项、重点强调内容，并将实施内容及完成情况填入表 4.19 中。

表 4.19 实施内容及完成情况

班级		组号		日期	
姓名		学号		指导教师	
实施内容				完成情况	

续表

任务总结

课程思政

高压旋喷桩加固地基施工案例及其思政探讨

1. 案例介绍

在现代城市建设中,高压旋喷桩作为一种重要的地基加固技术,广泛应用于各类复杂工程项目中。一个典型的案例是沪通铁路长江大桥南通段的地基加固工程。该项目是世界上高铁中跨度最长的公铁两用桥,地基是大桥建设中的关键问题之一,采用高压旋喷桩技术对地基进行加固,既降低了施工风险,又保证了工程的稳定性和安全性。

另一个案例是北京新机场的建设项目。作为全球最大的机场之一,其地基的稳定性至关重要。由于地基中存在大量软土层,传统的加固方法无法满足要求。因此,项目团队采用高压旋喷桩技术,通过高压旋喷浆液,有效提高地基的承载力和稳定性,保障了整个机场建设的顺利进行。

2. 施工挑战与解决方案

在沪通铁路长江大桥南通段项目中,施工团队面对了多重困难。第一,长江江底淤泥层厚度变化大,地质条件复杂。为此,施工团队通过详细的地质勘查,制订了针对性的施工方案,预先排除和解决潜在的地质风险。第二,高压旋喷桩施工过程中浆液易扩散,控制难度大。为了解决这一问题,团队采用了多层次、多方位的监测系统,实时监控施工参数,确保浆液扩散均匀。

在北京新机场的地基加固工程中,施工团队同样遇到了巨大的挑战。首先,由于机场面积巨大,地基加固的施工量繁重。团队针对这一情况,合理安排施工进度,确保资源和人员的高效利用。其次,施工过程中环境保护要求高。团队采用环保型浆液材料,并配备先进的回收和处理设备,最大限度减少对环境的影响。

3. 综合分析

在这些高压旋喷桩施工案例中,我们不仅看到了技术的应用,更感受到了现代工程所承载的社会责任和集体智慧。每一个挑战的解决,都是团队合作、智慧结晶和创新精神的体现。

首先,这些工程项目展示了创新精神和工匠精神。施工团队不断探索和改进技术,克服困难,以极高的职业素养完成任务。这种精神鼓励我们在面对困难时,不退缩、不畏惧,勇于创新,精益求精。

其次,这些项目体现了以人为本的理念。无论是长江大桥还是北京新机场的建设,施工团队都始终将人们的生命安全和生活便利放在首位。不仅在技术上力求突破,在环保和资源利用上也做出了表率,体现了对社会和自然的高度责任感。

最后,这些案例中展现出的团队合作精神和集体智慧,正是团结协作精神。每一个工程的成功,都离不开团队成员的默契配合和共同努力,这种精神鼓舞我们在未来的工作和学习中,更加注重团队的力量,用集体智慧攻克难关。

课后练习题

1. 高压旋喷桩地基加固施工中,主要使用哪些机具设备?
2. 在进行高压旋喷桩施工准备时,为什么要进行试桩操作?
3. 高压旋喷桩施工中,钻机的偏差和钻孔的垂直度误差需控制在什么范围内?
4. 在高压旋喷桩注浆过程中,注浆管分段提升时的搭接长度需要满足什么要求?

任务八 灰土(水泥土)挤密桩加固地基施工

一、工作任务

通过全面学习和掌握灰土(水泥土)挤密桩加固地基施工的知识,能够绘制出并简要解释其主要施工工艺流程。理解并熟悉这一流程,有助于更高效地完成加固地基的施工任务。

二、相关知识

1. 主要机具设备

1)成孔设备

(1)常用的成孔设备包括0.6 t或1.2 t的柴油打桩机,这些机器能够有效地进行打桩作业。

灰土挤密桩加固地基施工

(2)除了打桩机,冲击钻和洛阳铲也是常用的成孔设备。冲击钻通过高频率的冲击动作,将土壤破碎并清理孔洞,非常适合较硬的土层。而洛阳铲则是一种传统的手工工具,它通过人力使用,非常适合小规模或精细工作的成孔需求。

2)夯实设备

(1)施工过程中,夯实设备至关重要,因为它能够确保地基的密实度。常用的夯实设备包括卷扬机、提升式夯实机和偏心轮夹杆式夯实机。

(2)梨形锤也是常用的夯实工具,其形状设计有助于集中压力,效果显著,适用于多种地基类型,特别是需要较深夯实的情况。

3)主要工具

在灰土(水泥土)挤密桩加固地基工程中,除了大型设备之外,还需要一些常规工具。这些工具包括铁锹、量斗、水桶、胶管、喷壶、铁筛以及手推胶轮车等。

具体而言,铁锹用于铲土和各种材料的运输;量斗用于准确测量土壤和水泥的比例;水桶和胶管则用于运输和灌注水以及配制灰土或水泥土浆液;喷壶用于湿润地基表面;铁筛用于筛除土壤中的大颗粒,确保灰土的均匀性和质量;手推胶轮车则用于在施工场地内运输各种材料和工具,便于施工人员的操作。

2. 灰土(水泥土)挤密桩加固地基施工准备

在进行灰土(水泥土)挤密桩加固地基施工之前,有许多细致且必要的准备工作需要完成,以确保施工过程的顺利进行和最终结果的质量达到预期标准。以下是施工准备要求。

1)完整的勘察报告与施工文件

首先,施工单位必须确保手头有完整的岩土工程勘察报告、基础施工图纸,以及详尽的施工组织设计。

2)场地障碍物的清理

在正式施工开始之前,建筑场地地面上的所有障碍物,包括地下管线、电缆、旧基础等必须全部拆除和搬迁。

3)场地平整与预压处理

施工场地必须进行适当的平整处理。对于桩机运行的松软场地,需要进行预压处理,以增强地面承载能力,避免因地基松软导致设备操作困难。在平整场地时,应注意在灰土(水泥土)挤密桩桩顶的设计高程以上预留一定厚度的覆盖土层。其中,如果采用沉管(振动、锤击)成孔,覆盖土层宜为 0.50~0.70 m;如采用冲击成孔,则宜为 1.20~1.50 m。

4)桩轴线和水准点设置

在开始施工作业之前,必须设置并标明桩轴线控制桩及水准点桩。这些控制桩要编号并进行复核,以确保其位置的准确性。

5)工艺试验与参数确定

正式施工之前,需进行成孔、夯填工艺及挤密效果的试验。这些试验的目的是确定具体施工工艺参数,例如分层填料厚度、夯击次数以及夯实后的干密度等。此外,需要确定打桩的顺序。

6)施工现场的基础设施

为了确保施工过程的顺利进行,施工现场的基础设施必须完善,包括供水、供电、运输道路等。同时,施工场地应设置临时小型设施,供施工人员使用和存放工具。

3. 灰土(水泥土)挤密桩加固地基施工工艺

在灰土(水泥土)挤密桩加固地基施工中,具体的施工工艺步骤和方法至关重要,直接影响到地基的加固效果和施工质量,如图 4.32、图 4.33 所示。

1)备料

在施工开始之前,首先需要准备好适宜的土料。所用的土体应选择干净的黄土或一般黏性土,严禁使用有机质含量超过 5% 的表层土,或含有砖块、瓦砾和生活垃圾的杂土。为了确保土料的均匀性,通常要对其进行过筛处理,筛孔尺寸不应大于 15 mm,且不得含有冻土块。

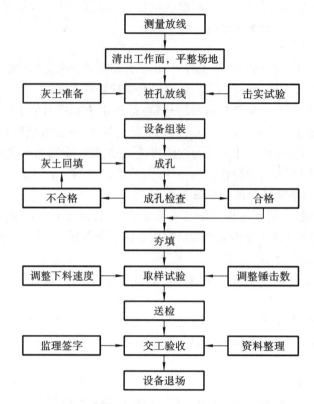

图 4.32　灰土(水泥土)挤密桩施工工艺图

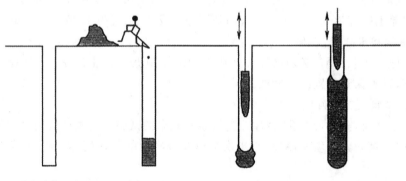

(a) 挤密或掏土成孔　(b) 填灰土(水泥土)　(c) 重锤分层夯实　(d) 直到成桩

图 4.33　灰土(水泥土)挤密桩施工

2) 成孔

成孔是施工过程中至关重要的一步,地基土的成孔方法有多种,包括沉管法、冲击法、爆扩法和钻孔法等。

成孔施工通常采用间隔法,如图 4.34 所示,即按预定的顺序和间距进行成孔作业。

3) 夯填成桩

夯填成桩是灰土(水泥土)挤密桩施工的最后一步,也是决定桩体质量和地基加固效果的关键步骤,具体施工流程如下。

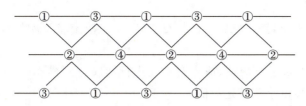

图 4.34 排距成孔间隔方法顺序

(1) 施工顺序:按照清底夯实、灰土拌合、虚填、夯击和成桩的顺序进行。首先清理孔底,然后将灰土拌合均匀,进行分层填充和夯实。

(2) 安装夯填机:安装和调整夯填机,确保其处于良好的工作状态。进行孔底夯实时,至少进行 5 次夯击以达到足够的密实度。在填料过程中,每 $0.05~m^3$ 的填料需夯实 6 次。

(3) 记录填写:施工过程中需要详细记录成孔和夯填情况,包括成孔采用的锤击次数、夯击次数以及灰土的填入量等。这些记录是施工质量的保证。

4. 施工要求

1) 灰土(水泥土)挤密桩质量控制点设置

为了确保灰土(水泥土)挤密桩的施工质量,需要合理设置质量控制点。具体的质量控制点设置可以参照表 4.20。

表 4.20 灰土(水泥土)挤密桩质量控制点

项 目	控 制 点	规 范 标 准	对 策 措 施	检查方法
成孔中位移	按轴线布置	±50 mm	按轴线拉尺布点,机械支设正确	尺量
垂直度	桩架垂直	1.5%	开扩前检查桩垂直度	靠尺
桩径	桩径满足	不小于设计值	划出桩径线	自制工具
桩深	桩深满足	≤300 mm	划出桩深线	
密实度	配料拌匀夯实	最大密度	保证含水率按规程要求	取样

2) 桩位放样

桩位放样是施工的基础环节,直接影响到后续施工的精度和效果。

(1) 严格执行规范要求:桩位放样过程中须严格按照相关规范进行操作。

(2) 一次性完成放样:根据场地情况,最好一次性完成桩位的放样工作,并且必须做好桩位的保护和标识。

(3) 确认后方可施工:放样工作结束后,需要经过现场监理的确认方可进行后续施工。

3) 成孔

成孔是灰土(水泥土)挤密桩施工的关键环节,需要确保成孔操作规范,质量达标。

(1) 场地平整:施工场地必须进行平整处理,高程误差应控制在规定范围内。

(2) 钻机对准:钻机就位后,锤中心应对准灰点,并且需要随班技术人员认可后方可开始锤击操作。

(3) 桩孔检查:成孔后需及时进行检查验收,检查内容包括桩径、孔深、垂直度,以及有无缩径、塌孔、回淤等现象。

4）夯填

夯填是灰土（水泥土）挤密桩施工的最终环节，也是决定桩体质量和地基加固效果的关键步骤。

（1）清底夯实：在灰土夯填前，应先对桩孔进行清底夯实操作，夯击次数一般不少于5次，直到孔内的回落厚度小于规定数值。

（2）参数控制：夯填时应严格按照试验确定的参数进行操作，包括下料速度和锤击次数。

（3）灰土拌合：灰土的拌合必须均匀，颜色一致。

（4）夯锤落距检查：夯锤落距需经常检查以确保在1000～2000 mm之间，夯锤直径应比桩孔直径小60～120 mm。

（5）填料均匀：由专人负责填料操作，确保填料均匀。

（6）不合格桩处理：对于不合格的桩，应现场立即处理。

任务工单

灰土（水泥土）挤密桩加固地基施工安全技术交底

1. 任务描述

学生以3～5人为一组，选出组长并进行任务分工。各小组根据实际情况，查阅相关技术规范资料，收集、整理灰土（水泥土）挤密桩加固地基施工工艺流程以及施工要点和安全注意事项。

2. 数据资料准备

各小组查阅相关资料，熟悉灰土（水泥土）挤密桩加固地基施工工艺流程以及施工要点，根据灰土（水泥土）挤密桩加固地基施工内容，将所需的各项数据资料填入表4.21，搜集和讨论施工安全注意事项，并写一份灰土（水泥土）挤密桩加固地基施工安全交底表单。

表 4.21 数据资料清单

名　称	内容描述	单　位	数　量	备　注

3. 制订方案

（1）各小组针对工作规划展开讨论，拟订交底内容。

（2）指导教师对各小组的实施方案给出评价。

（3）各小组根据指导教师的评价对拟订交底内容进行调整。

（4）调整合格后的拟订交底内容即最终交底内容。

4. 工作实施

各小组按照最终交底内容，列出灰土（水泥土）挤密桩加固地基施工过程中主要危险源与危害因素、安全注意事项、重点强调内容，并将实施内容及完成情况填入表 4.22 中。

表 4.22　实施内容及完成情况

班级		组号		日期	
姓名		学号		指导教师	
实施内容					完成情况
任务总结					

课程思政

灰土（水泥土）挤密桩加固地基施工的实践与思政教育融合

在我国改革开放和现代化建设的大潮中，基础设施建设如火如荼，地基加固技术的发展举足轻重。其中，灰土（水泥土）挤密桩加固地基技术因其经济有效、高效环保的特点，被广泛应用在各类建筑工程中，成为保障工程质量的重要手段之一。

1. 案例背景

2008年，北京某大型建筑项目的地基处理过程中，采用了灰土（水泥土）挤密桩加固地基技术。这一项目坐落于地质条件复杂的地区，其地下水位较高，土层多为松散的粉砂和粉质黏土。面对如此复杂的地质条件，传统的地基处理方法难以满足项目的需求。

2. 遇到的工程困难

在施工过程中，工程队主要遇到了以下困难。

（1）地下水对地基稳定性的影响：高地下水位导致土层容易饱和，影响基坑的开挖和桩体的成型。

（2）土层的不均匀性：地层中的粉砂和粉质黏土存在较大的不均匀性，土质的变化使得施工难度加大。

（3）施工设备和技术的限制造成施工效率低：传统设备在复杂地质条件下显得力不从心，施工速度缓慢，影响项目进度。

3. 解决方案与创新举措

面对这些困难，项目团队采取了以下解决方案和创新举措。

（1）合理设计排水系统：为了降低地下水位，施工团队先设计并建设了完善的排水系统，通过降水井、排水沟和排水泵将地下水导出，降低土层的饱和度，以确保基坑和桩体的稳定性。这一措施有效地解决了地下水对施工的影响。

（2）利用现代先进设备：借助现代化的施工设备，如高效钻机和灰浆搅拌桩机，项目组大幅提升了施工效率和质量。先进设备的应用不仅提高了施工速度，还保证了桩体的精度和质量，使施工进程更加顺畅。

（3）实施科学的土工试验与监控：在施工前后，团队利用科学的土工试验和监控方法，通过现场取样、试验分析和实时监测，掌握土层性质及变化情况。通过数据分析，及时调整施工方案，确保每一步操作都符合技术要求。

4. 综合分析

在项目实施过程中，项目团队不仅在技术上不断创新和攻克难关，同时也在思想政治教育方面实现了有机融合。

（1）践行工匠精神：项目团队始终秉持着"精益求精、追求卓越"的工匠精神，不因困难退缩，体现出了当代工程师的专业精神和职业操守。这种精神值得每一位即将从事建筑工程专业的学子学习和传承。

（2）爱国情怀和社会责任感：这一工程完全由我国自主设计与建造，展现了我国在基础设施建设方面的雄厚实力和科技水平。同时，施工团队在地基处理过程中，始终注意环保和节约资源，展示了对社会的责任感和使命感，这种精神风貌对于新时代大学生培养热爱祖国、服务社会的品质具有重要的示范作用。

（3）团队协作和创新精神：整个项目中，团队成员通力合作，发挥集体智慧，共同探讨和解决技术难题，形成了良好的协作氛围与创新机制。这一案例显示了团队力量和创新精神在工程建设中的价值，为学生们树立了团结协作、不断创新的榜样。

在该灰土（水泥土）挤密桩加固地基施工过程中，我们不仅看到了技术的进步和工程的成就，更看到了工程背后闪耀的人文精神和社会价值。这些都为工程学子提供了无穷的动力和正确的方向，正如习近平总书记所强调的，"新时代是奋斗者的时代"，让每一份奋斗都成为新时代的强音。

课后练习题

1. 在灰土(水泥土)挤密桩施工准备中,为了增加场地的承载能力,需要进行的处理是什么?
2. 夯实设备在灰土(水泥土)挤密桩施工中为何重要?常用的设备有哪些?
3. 灰土(水泥土)挤密桩施工时使用的土料有什么要求?
4. 在灰土(水泥土)挤密桩施工中,成孔完成后需要检查验收哪些内容?

任务九 土工材料加固地基施工

一、工作任务

(1) 说出土工材料的基本种类和功能。
(2) 说出土工合成材料加筋垫层的施工工艺流程。

土工材料
加固地基施工

二、相关知识

土工合成材料是土木工程应用的合成材料的总称。作为一种新型的土木工程材料,它是以人工合成的聚合物(如塑料、化纤、合成橡胶等)为原料,制成各种类型的产品,置于土体内部、表面或各种土体之间,发挥加强或保护土体的作用。

土工合成材料应用十分广泛,在铁路路基工程中,土工合成材料主要应用于防渗、隔离、加筋、反滤、排水、防护和保温等。

(一) 土工合成材料的分类与应用

按国际土工合成材料协会(IGS)分类法,土工合成材料产品分类如图 4.35 所示。

目前国内土工合成材料所用原材料主要有聚丙烯(PP)、聚乙烯(PE)、聚酯(PET)、聚酰胺(PA)、高密度聚乙烯(HDPE)和聚氯乙烯(PVC)等几种。

1. 土工织物

土工织物是具有透水性的土工合成材料,目前市场上主要有两种类型:有纺土工织物和无纺土工织物。

有纺土工织物通过两组平行的经线和纬线按一定角度交织而成,形成类似于传统编织布的结构,如图 4.36 所示。这种织物在经线和纬线方向上具有较高的强度,然而,它也存在一个显著的缺点,即在与经线和纬线斜交的方向上强度较低。因此,在具体应用中需要注意其受力方向,选择合适的铺设角度,以充分利用其强度优势。

无纺土工织物则是将纤维按定向或随意排列,然后通过不同的加工方法黏结布,如图 4.37 所示。这种土工织物按照黏结方式可以分为三种:化学黏结(使用黏结剂)、热力黏结和机械黏结。无纺土工织物的一个主要优点是其强度没有明显的方向性,不像有纺土工织物那样,需要考虑经纬线的方向。

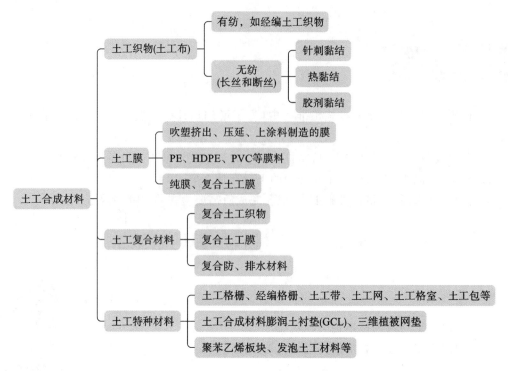

图 4.35 国际土工合成材料协会(IGS)分类

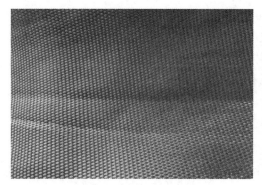

图 4.36 有纺土工织物

图 4.37 无纺土工织物

2. 土工膜

土工膜是一种基本不透水的材料,广泛应用于需要防渗、防水的工程项目。根据原材料的不同,土工膜主要分为聚合物土工膜和沥青土工膜两大类。

聚合物土工膜通常由高分子聚合物材料制成,具有很好的耐腐蚀性和抗老化性能,如图4.38所示。

沥青土工膜则是以沥青作为主要原料制成的防水材料,如图4.39所示。

3. 土工复合材料

土工复合材料是一类通过将土工织物、土工膜以及某些特种土工合成材料相互结合,用以满足具体工程需求的综合材料。例如,土工膜与土工织物结合形成的复合土工膜,如图4.40所示。

土工复合排水材料是另一种典型的土工复合材料,如图4.41所示。它是由无纺土工织

图 4.38 聚合物土工膜

图 4.39 沥青土工膜

物和土工网、土工膜或不同形状的合成材料芯材组成的。

图 4.40 复合土工膜

图 4.41 土工复合排水材料

4. 土工特种材料

土工特种材料是指通过特殊工艺制成,具有特殊用途的土工合成材料。

1) 土工格栅

土工格栅是一种由聚丙烯、聚氯乙烯等高分子聚合物经热塑或模压制成的二维网格状或具有一定高度的三维立体网格屏栅。它具有非常高的柔性、延展性和抗疲劳性能,如图 4.42 所示。土工格栅能够抵抗土壤和地下水的化学腐蚀,具有良好的耐霉性,与填料的联锁性良好,因而主要用于土体的加筋。它广泛应用于铁路、公路、桥台、引道、码头、水坝、渣场等的软土地基加固、挡墙以及路面抗裂工程中。

2) 土工网

土工网是由高密度聚乙烯(HDPE)添加抗紫外线助剂加工而成的平面网状结构的土工合成材料,如图 4.43 所示。这种材料具有优异的抗老化性能和耐腐蚀性,能够在不同的工程环境中保持稳定的性能。土工网主要应用在软基处理、路基增强、边坡防护、桥台加固以及海岸边坡防护、水库库底加固等工程中。

3) 土工模袋

土工模袋是一种由双层聚合物化纤织物制成的袋状材料,这种材料可以连续使用,也可以单独使用,具体如图 4.44 所示。它的一大优点是可以替代传统模板进行工程施工。

4) 土工垫

土工垫是一种由热塑性树脂经过挤出、拉伸等一系列工序形成的三维网垫材料,具体如图 4.45 所示。这种三维网垫结构使得土工垫在防护工程中表现优异。它不仅可以用作堤

图 4.42　塑料双向土工格栅

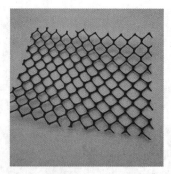

图 4.43　土工网

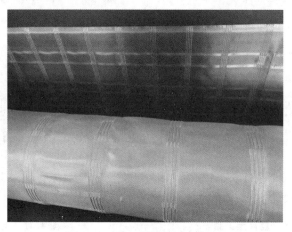

图 4.44　土工模袋及成形材料

坝、河道等水利工程的防护层，还能应用于山体滑坡、边坡防护等工程中。

图 4.45　土工垫

5）土工格室

土工格室是一种采用土工合成材料经过焊接或组装而成的蜂窝状三维结构的材料，具体如图 4.46 所示。

土工格室展开后能够保持其预定形状，由于蜂窝状结构对填充材料的侧向位移有很好的限制作用，从而大大提高了填充土体的刚度和强度。

图 4.46　土工格室

(二) 土工合成材料加筋垫层施工

在土木工程中,土工合成材料加筋垫层使用广泛,特别是在路基工程中。以下详细介绍土工合成材料加筋垫层的施工。

1. 施工准备

首先,我们需要对施工场地进行全面的清理与准备,以保证后续工作的顺利进行。

(1) 施工场地清理:在施工前,必须将路基范围内的原地表淤泥、树根、草皮以及腐殖土等全部挖除干净。

(2) 道路准备:对于新修或扩建的既有道路,需要提前准备好供垫层填料进场以及机械进场的临时道路。

(3) 电力供应:在施工现场,需要接通地方电网或者准备好备用发电机。

(4) 水源供应:为了满足施工中的用水需要,可以通过打井或者运水来保证水源充足。

(5) 材料储备:储备适量的土工材料、砂石垫层料。

(6) 机械设备的准备:使施工所需的机械设备提前进场,并进行检修、维护和试运转。

2. 技术准备

(1) 压实工艺试验:施工前应进行压实工艺试验,试验段长度原则上应不少于 100 m,以确定合理的机械配置、松铺厚度、压实遍数和压路机行驶速度等参数。

(2) 工程地质和水文地质资料的收集:对施工场地进行全面的工程地质和水文地质调查,收集相关资料。

(3) 地质资料的核查:必要时应利用试验设备对地质资料进行核查。

(4) 测量放样:根据设计提供的控制点,使用全站仪准确放出垫层施工的平面范围,并用水准仪准确测量需换填的厚度。在验收后的原地面上钉设控制高程的木桩。

(5) 原地面的整平处理:对原地面进行清理和平整,采用推土机和自卸汽车,配合人工完成清理和整平工作,并按照设计要求进行基底碾压。

(6) 土路拱的制作:采用平地机制作 2%~4% 的横向土路拱,以利于排水。

3. 垫层施工

土工合成材料加筋垫层的施工工艺流程参见图 4.47。

(1) 下承层的处理:在铺设土工合成材料之前,首先需要对下承层进行处理。具体操作包括将下承层表面整平、压实,并清除掉任何坚硬的凸起物。

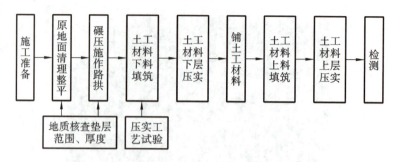

图 4.47 加筋垫层施工工艺流程

(2) 土工合成材料的铺设:在铺设土工合成材料时,应将材料强度高的方向置于路堤的主要受力方向。

(3) 材料的连接:土工合成材料的各个连接点必须牢固可靠。

(4) 拉紧展平:在铺设过程中,必须确保材料完全拉紧并展平,同时使用插钉固定土工合成材料,且必须与路基面密贴,不得出现褶皱和扭曲的现象。

(5) 多层材料铺设:如果需要铺设多层土工合成材料,那么上层与下层的接缝必须交替错开,且错开的距离应不少于 0.5 m。

(6) 保护层的铺设:土工合成材料不得直接铺设在碎石等坚硬的下承层上。在土工合成材料和碎石之间需要先铺设一层厚度为 5 cm 的中、粗砂保护层。

(7) 回折段的处理:土工合成材料铺设完毕后,应按照设计要求处理回折段,并及时覆盖上一层砂。

(8) 碾压和行走:严禁在土工合成材料上直接进行碾压或让运输设备在其上行走。

(9) 填料厚度的控制:只有在土工合成材料上的垫层和填料厚度大于 0.5 m 时,才允许使用重型压实机械进行碾压密实。

(10) 砂石保护层的介入:在碎石垫层和土工合成材料之间设置 5 cm 厚的中粗砂保护层,然后进行碾压密实。

4. 质量要求及验收标准

土工合成材料加筋垫层的施工质量要求极为严格,具体标准和要求参见表 4.23 和表 4.24。

表 4.23 土工合成材料加筋垫层的检测项目、方法、频次及允许偏差

序号	检验项目	允许偏差	检验数量	检验方法
1	铺设范围、层数、方向、连接方法	符合设计要求	沿线路纵向每 100 m,站场路基每 1×10^4 m² 抽样检验 5 处	尺量、观察
2	顶面高程	+50 mm,-20 mm	沿线路纵向每 100 m,站场路基每 1×10^4 m² 抽样检验 5 处	仪器测量
3	横坡	+1%,-0.5%	沿线路纵向每 100 m,站场路基每 1×10^4 m² 抽样检验 5 处	坡度尺量

表 4.24 土工合成材料铺设的允许偏差、检验数量及检验方法

序号	检验项目	允许偏差	施工单位检验数量	检验方法
1	垫层压实质量	符合设计要求	沿线路纵向每 100 m,站场路基每 1×10^4 m^2 抽样检验 3 点,其中路基中部 1 点,两侧距路基边缘 2 m 各 1 点	
2	搭接宽度	+50 mm,0	沿线路纵向每 100 m,站场路基每 1×10^4 m^2 抽样检验 3 处,且每检验批不少于 3 处	尺量,查施工记录
3	竖向间距	±30 mm		
4	上下层接缝错开距离	±50 mm		
5	回折长度			

5. 质量记录

(1) 及时做好试验、检测和测量记录。
(2) 需要变更工程量时,应及时做好施工、监理、设计及业主四方签认资料。
(3) 完成检验批交验资料。
(4) 做好施工影像资料。

6. 安全及环保注意事项

(1) 现场保护。伐树、拆除构筑物前必须检查现场环境,观察风向,排除地面和空中的危险物。
(2) 环境保护。应做好原地面临时排水设施,并与永久排水设施相结合。排出的雨水不得流入农田、耕地,亦不得引起水沟淤积和路基冲刷。

任务工单

土工材料加固地基施工安全技术交底

1. 任务描述

学生以 3~5 人为一组,选出组长并进行任务分工。各小组根据实际情况,查阅相关技术规范资料,收集、整理土工材料加固地基施工工艺流程以及施工要点和安全注意事项。

2. 数据资料准备

各小组查阅相关资料,熟悉土工材料加固地基施工工艺流程以及施工要点,根据土工材料加固地基施工内容,将所需的各项数据资料填入表 4.25,搜集和讨论施工安全注意事项,并写一份土工材料加固地基施工安全交底表单。

表 4.25 数据资料清单

名 称	内容描述	单 位	数 量	备 注

3. 制订方案

(1) 各小组针对工作规划展开讨论,拟订交底内容。

(2) 指导教师对各小组的实施方案给出评价。

(3) 各小组根据指导教师的评价对拟订交底内容进行调整。

(4) 调整合格后的拟订交底内容即最终交底内容。

4. 工作实施

各小组按照最终交底内容,列出土工材料加固地基施工过程中主要危险源与危害因素、安全注意事项、重点强调内容,并将实施内容及完成情况填入表 4.26 中。

表 4.26　实施内容及完成情况

班级		组号		日期	
姓名		学号		指导教师	
实施内容					完成情况
任务总结					

课程思政

土工材料加固地基施工案例解析与思政教育

1. 案例背景

在中国城市化迅速发展的过程中,土工材料加固地基施工技术在基础设施建设中扮演了重要角色。港珠澳大桥是其中最具代表性的工程案例之一。这一项目不仅展示了中国在工程技术方面的卓越能力,也体现了社会主义核心价值观在工程实践中的具体应用。

2. 工程挑战与施工实例

港珠澳大桥是世界上最长的跨海大桥,横跨珠江口,需在复杂地质条件下建设。大桥地基区域地质复杂,软基问题突出,存在大量流沙和软土层,给基础施工带来巨大困难。

地基加固技术:施工团队使用土工织物和土工格栅等新型土工材料加固软弱地基。结合砂石桩和灰土挤密桩,通过强力挤密和摩擦力支撑,达到了承载要求,提高了地基稳定性。

应对气候挑战:面对潮汐变化和恶劣气候,团队利用现代化监测系统和施工设备,实时监控地基加固效果,确保施工进度和质量。

3. 综合分析

(1) 工匠精神与创新。

这一工程实例展示了中国工程师不畏艰难、开拓创新的精神。在复杂地质条件下,他们寻找科学合理的解决方案,保障工程质量和人民安全,体现了顽强拼搏和精益求精的工匠精神。

(2) 团结协作与集体主义。

港珠澳大桥的顺利竣工凝聚了无数劳动者、技术人员和管理者的智慧和汗水,诠释了集体主义精神。团队成员各尽其职,确保工程如期完工和高质量交付,与社会主义核心价值观中的"敬业、诚信"精神相承。

(3) 教育意义与家国情怀。

这一工程的成功使学生认识到中国在基础设施建设领域的技术进步和综合实力。新时代的工程学生应将个人梦想与国家发展结合,学习先进技术,提升专业素养,为祖国建设贡献力量。这种家国情怀的传递是课程思政的重要目标。

通过这一案例,学生不仅能学习到技术知识,还能感受到工匠精神、团结协作和家国情怀的重要性,激励他们在未来的工程实践中践行社会主义核心价值观。

课后练习题

1. 土工合成材料的主要基本种类有哪些?
2. 在土工合成材料的铺设过程中,如何处理多层材料接缝的问题?
3. 土工膜的主要类型是什么?分别由哪种材料制成?
4. 土工合成材料加筋垫层施工前需要进行哪项试验以确定相关参数?

项目五　路基附属工程施工

学习目标

知识目标：

1. 掌握路基排水设施施工的相关知识并提出施工方案；
2. 了解一般地区路基边坡防护的类型和适用条件。

能力目标：

1. 根据防护的类型及适用条件，选择正确的路基冲刷防护措施，提高路基防洪标准；
2. 能对路基排水和路基防护进行维护施工。

素质目标：

1. 树立绿色发展观，理解"绿水青山就是金山银山"的深刻内涵；
2. 培养崇高的职业道德和职业素养。

思维导图

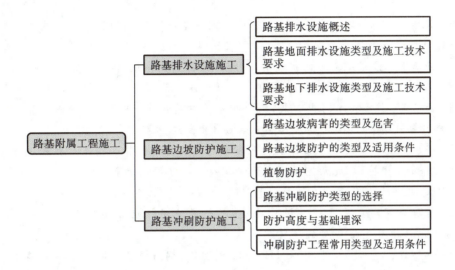

引入案例

路基排水沟施工法:中铁××局集团××工程有限公司第三项目部

1. 案例背景

某客运专线××至××路基施工起点里程DK41+200,终点里程DK49+300,全长8.1 km,线路与既有滨洲线并列,路基排水沟要求置于稳定的地层或碾压密实的填土层上,水流应引入线路两侧的排水系统,其排泄不得对路基产生危害,与不同的排水设施要紧密衔接。排水沟采用内径0.6 m×0.6 m矩形排水沟,排水沟流水方向坡度不得小于2‰。为了使排水沟达到技术精湛、质量可靠、安全适用,结合××铁路客运专线路基附属排水沟作业指导书及现场施工经验编制本工法。由于工期紧、线路长、任务重,为了加快施工生产进度,创新设计制作了排水沟模板移动车、排水沟模板特制夹具,施工过程中节省了时间,提高了效率。

2. 工法特点

(1) 本工法具有施工方便、操作简单、经济实用,便于有效地控制排水沟施工质量的特点。

(2) 本工法需要的机械设备较少,质量控制方便,可以节约施工成本,减少项目所需的运转资金。

(3) 在质量控制中,邻近营业线施工,开挖工作面小,模板支护难度大,采用特制夹具进行模板定位,保证了排水沟线条美观、混凝土振捣密实。

(4)针对模板繁多、空间狭小的排水沟,设计制作了模板移动车,实现简单、快捷地移动模板,加快了整体施工进度,提高了施工效率,为工程的施工节省了宝贵的时间。

3. 适用范围

本工法适用于工程施工场地狭小及其他地段的矩形排水沟施工。

4. 工艺原理

施工流程:施工准备→测量放线→基坑开挖→基坑夯实→钢筋绑扎→模板支护→混凝土浇筑→压光→养护→检查验收。

(1)施工准备。沿线路方向护坡基础外侧 3 m 范围内,使用挖掘机进行场地平整。

(2)测量放线。钢筋混凝土排水沟工程采用分段施工、分段放样。根据排水沟距护坡基础平面距离,放出排水沟中心线,根据排水沟结构尺寸,预留需要的工作面。基础开挖线距排水沟中线 1 m,在地面上用白灰标记出开挖线。

(3)基坑开挖。利用测量放样出的基础开挖线开挖及计算开挖深度。基坑采用人工配合挖掘机方式开挖;基坑开挖至距离设计深度 10~15 cm 时,改用人工挖掘,人工修整至设计深度,避免机械扰动沟底土层。

(4)基坑夯实。基坑开挖至设计深度后,基底使用振动夯实机夯实。压实系数≥0.90,夯实后回填 0.1 m 砂层找平层。

(5)钢筋绑扎。钢筋均采用 $\phi 8$ HPB235 型圆钢,钢筋根数、间距、保护层满足设计图纸要求,保护层垫块不少于 4 块/m^2,并且每 10 m 设置一道 0.02 cm 伸缩缝,缝内填塞沥青麻筋。

(6)混凝土浇筑。混凝土振捣采用插入式振捣棒,要求快插慢提,移动距离不得大于 50 cm,每一振点持续时间 20~30 s,不得碰触模板。

(7)混凝土养护。混凝土浇筑完成后进行压面收光,并在一个小时内对混凝土进行保温保湿养护,养护期为 10 天。

5. 材料与设备

(1)主要材料:钢模板、顶撑、木方、特制夹具、U 形卡扣。

(2)主要设备表:见表 5.1。

表 5.1 主要设备表

序号	名　称	规格型号	功　率	单　位	数　量
1	钢筋调直机	TZJ-11	1.5 kW	2	台
2	切断机	GJ40-1	5.5 kW	2	台
3	弯曲机	GF16	2.8 kW	2	台
4	溜槽	5~10 m		1	个
5	圆盘锯	MJ-106	3 kW	2	台
6	发电机		10 kW	1	台
7	冲击钻			1	个
8	振捣棒	ZN-50	1.1 kW	10	台
9	挖掘机	60		1	台

6. 质量标准

1) 质量保证措施

严格执行质量保证体系,明确质量岗位责任制,做到层层把关,实行施工班组进行质量自检,专职质检员对其质量进行复检,然后由质检工程师进行抽检的"三检"制度。自检合格并报监理工程师验收合格后,才能进入下一道工序施工。

2) 外观质量要求

(1) 纵坡顺直,曲线线形圆滑。

(2) 沟壁平整、稳定,无贴坡。沟底平整,排水畅通,无冲刷和阻水现象。

(3) 设有伸缝时应与墙身缩缝对齐,填缝材料饱满。

(4) 内侧及沟底应平顺、整齐,无裂缝、空鼓现象。

(5) 钢筋混凝土排水沟要求平整压光,无蜂窝麻面。

3) 质量检查控制

(1) 钢筋安装的允许偏差:见表5.2。

表5.2 钢筋安装及钢筋保护层厚度允许偏差和检验方法

序号	项目		允许偏差/mm	检验方法
1	受力钢筋排距		±5	尺量两端、中间各1处
2	同一排受力钢筋间距	基础、板、墙	±20	
		柱、梁	±10	
3	分布钢筋间距		±20	尺量连续3处
4	箍筋间距		±10	
5	弯起点位置(加工偏差20 mm包括在内)		30	尺量
6	钢筋保护层厚度	$c \geq 30$	0~10	尺量
		$c < 30$	0~5	尺量两端、中间各2处

(2) 模板安装的允许偏差:见表5.3。

表5.3 模板安装允许偏差和检验方法

序号	项目		允许偏差/mm	检验方法
1	轴线位置	基础	15	尺量,每边不少于2处
		梁、柱、板、墙、拱	5	
2	表面平整度		5	2 m靠尺和塞尺,不少于3处
3	高程	基础	±20	水准仪测量
		梁、柱、板、墙、拱	±5	
4	模板侧向弯曲	柱	$h/1000$,且小于15	拉线尺量
		梁、板、墙	$l/1500$,且小于15	
5	两模板内侧宽度		+10,−5	尺量不少于3处
6	相邻两板表面高低差		2	尺量

注:h为柱高;l为梁、板跨度。

(3) 排水沟各部尺寸允许偏差:见表5.4。

表5.4 排水沟各部尺寸允许偏差及检验数量、检验方法

序号	检测项目	允许偏差	施工单位检验数量	检验方法
1	沟底中心位置	±100 mm		尺量
2	沟底高程	±20 mm		水准测量
3	净空尺寸	±20 mm	每100 m抽样检验各5处	尺量
4	沟底坡度	不小于设计坡度		坡度尺量
5	排水沟铺砌厚度	−10 mm		尺量
6	沟底平整度	25 mm		3.0 m长直尺与钢尺量
7	沟顶高程	0,−20 mm		水准测量

7. 安全措施

(1) 严格执行安全保证体系,明确安全岗位责任制。坚持"安全第一,质量至上"的方针,严格按照各项安全规章制度要求,落实安全生产责任制。加强安全生产教育学习,增强安全意识,提高生产人员的自我安全保护能力。

(2) 邻近营业线施工必须有安全员、防护员,开挖水沟前必须先挖探沟。防护员的防护备品必须齐全,对地下光电缆采取保护措施,对操作手及防护员进行安全交底,安全员持证上岗。

(3) 现场施工人员一律佩戴安全帽,遵守现场的各项规章制度;在运输车辆经过的交通路口处,设置交通警示牌,并设专人指挥,非施工人员一律不准擅自进入施工现场。

(4) 在施工范围内做到文明施工、文明管理,以保证施工现场符合环境卫生、安全、保卫等各项要求,做到整齐、清洁、安全、美观。

(5) 做好文明施工宣传工作,在现场张贴文明施工的具体要求和措施。

8. 环保要求

在路基排水施工过程中,采取各种有效措施预防和消除施工造成的环境污染问题:

(1) 必须控制扬尘对空气的污染,对施工现场的车辆、筑路机械的运行和运转产生的扬尘,采取洒水、遮盖措施,防止扬尘污染环境。

(2) 保持施工现场的清洁,不随地丢弃烟头、饭盒、塑料瓶等杂物,设置垃圾桶集中垃圾,运至垃圾场处理。

(3) 在路基排水施工过程中,做好排水工作,并防止下雨泥水流入农田。

9. 效益分析

(1) 由于线路较长,采用分段施工,模板可重复周转使用,节省了现场模板制作时间,缩短工期,间接提高经济效益。

(2) 使用了模板运输车后,工作效率得到了大幅度的提高,节约了人工成本,节省了施工宝贵的时间,创造经济效益10万余元。

10. 应用实例

在××客专HQTJ-I标段××至××路基排水沟施工中,我们在模板支护和运输环节潜心研究,很好地保证了排水沟外观结构尺寸,获得宝贵施工经验,同时控制好排水沟

的坡度以及衔接处的标高;排水沟施工要求精细、严格,全面考虑排水系统水流方向问题。在组织全线排水沟施工中,确保工程施工质量、安全、施工进度的前提下,我们运用本工法施工,已见成效,如图 5.1 所示。

图 5.1 排水沟模板移动实例图

任务一 路基排水设施施工

一、工作任务

(1)掌握路基排水设施施工的相关知识并提出施工方案。
(2)参与方案实施工作。

二、相关知识

路基排水设施施工

(一)路基排水概述

路基各种病害和变形的产生,都与地表水和地下水的浸湿和冲刷等破坏作用有关。要保证路基的稳定,提高路基的抗变形能力,必须采取相应的排水措施,以消除或减轻地表水和地下水的危害,使路基处于干燥状态。

降落到地面的大气降水,一部分形成地表径流,另一部分渗入地层形成地下水。它们从高于路基的一侧,流经路基,然后流向路基的下侧,汇入各种沟渠或河道内。在此过程中,地表水浸湿和冲刷路基,削弱其强度、抗变形能力和稳定性;而地下水则使地基或坡面的岩(土)受到软化、潜蚀等破坏作用。设置路基排水系统的目的和作用是拦截路基上方的地表水和地下水,迅速汇集路基体内的地表水和地下水,并把它们导入顺畅的排水通道,通过桥涵将其宣泄到路基下方。路基排水根据排水设施的不同作用可分为地面排水和地下排水两大类。

路基上方、基身和下方,为完成各自的排水任务,需要采用不同的排水设施,而要完成整个路基的排水任务,就必须把各种排水设施组成一个排水系统。在进行路基排水设计时,应根据各段落的汇水面积、表面形状、地质情况、地下水状况和气候等条件,对地面排水和地下排水进行综合分析,合理确定各种排水设施的类型及位置。还应密切注意各种排水设施的衔接,使之构成统一、完整的排水系统。

路基排水系统的布置应与桥涵、隧道、站场等排水设施衔接配合,并具有足够的过水能力。此外,还应与水土保持及农田水利的综合利用相结合。城市地区的路基排水还应与地方排灌和排污系统密切配合。

(二)路基地面排水设施的类型、技术要求及施工

1.地面排水设施的类型

路基地面排水设施包括排水沟、侧沟、天沟、截水沟、跌水及急流槽等,如图 5.2 所示。

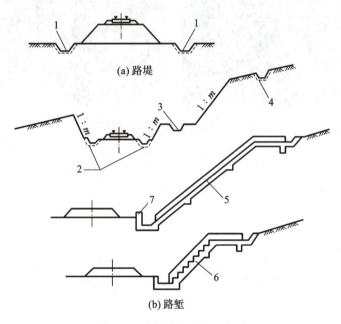

图 5.2 地面排水设施示意图

1—排水沟;2—侧沟;3—截水沟;4—天沟;5—急流槽;6—跌水;7—挡水墙

1)排水沟

排水沟设于路堤护道外侧,用以排除路堤范围内的地表水和拦截从田野方向流向路堤的地表水。在平坦地带,横坡不明显且路堤高度小于 2.5 m 时,宜在路堤两侧设排水沟;路堤高度大于 2.5 m 时,可只在横坡方向的上方设单侧排水沟拦截地表水。紧靠路堤护道外侧的取土坑,如能适当控制其深度,以连接上、下游的流水,则可用来排除地表水。

2)侧沟

侧沟位于路堑或路基不填不挖的路肩外侧,用以汇集或排泄从路基面和路堑边坡上流下来的地面水。

3)天沟

天沟设于路堑堑顶边缘以外,视需要可设一道或几道,用于截排堑顶上方流向路堑的地表水。天沟距堑顶边缘的距离不宜过大,否则未被截住的地表水较多,对边坡稳定不利;但也不宜过小,否则有因渗漏而影响稳定的危险。一般情况下不宜小于 5 m,当土质良好、堑坡不高或沟内铺砌时,不应小于 2 m。有遇水易于溶蚀和形成陷穴特性的土质,天沟距堑顶边缘的距离一般不应小于 10 m,并进行铺砌加固。若堑顶有弃土堆,天沟一般应设在弃土堆上坡方向以外 1~5 m。

4）截水沟

截水沟设在台阶型路堑边坡的平台上及排水沟、侧沟、天沟所在部位以外必须截除地表水的地方，用以截排边坡平台以上坡面的地表水或排水沟、天沟以外流向路基的地表水。

5）跌水和急流槽

跌水和急流槽亦称吊沟，设于高差很大而平距很短即坡度陡的排水地段，多设于天沟出口、排水沟或侧沟通往桥涵建筑物处。跌水沟底为台阶形，台阶的高度与宽度之比大致等于地面坡度。急流槽槽身坡度一般大于10%。为使通过急流槽的水流能贴着槽底流下而不发生飞溅，槽身坡度不应陡于1：0.75。急流槽的进口宜做成喇叭口；槽身一般为矩形，常设消力槛，以降低流速，防止冲刷与之相连的下游水沟。在吊沟靠路肩一侧，需设挡水墙，以防止水流冲刷路肩和道床。

2．地面排水设施的技术要求

（1）为保证排水通畅，不产生淤积，地面排水设施的纵坡不应小于2‰。地面平坦地带或反向排水地段，在困难条件下可减至1‰。

（2）侧沟、天沟、排水沟的横断面，应有足够的过水能力。除需按流量计算外，横断面可采用底宽0.4 m，深0.6 m。在干旱少雨地区和岩石路堑中，深度可减少至0.4 m；对土质等路堑，当基床表层换填A、B组填料时，其侧沟深度不小于0.8 m（含困难地段）。位于反坡排水地段或线路坡度小于2‰的路堑侧沟、天沟、排水沟，其分水点沟深可减至0.2 m。边坡平台截水沟尺寸，可采用底宽0.4 m，深0.2～0.4 m。侧沟靠线路一侧边坡可采用1：1，外侧边坡与路堑边坡相同。当有侧沟平台时，外侧边坡可采用1：1。在砂类土中两侧边坡采用1：1～1：1.15。天沟、排水沟、截水沟的边坡应根据土质及边坡高度确定。

（3）需按流量设计的侧沟、天沟、排水沟，其横断面应按1/50洪水频率的流量进行计算，沟顶应高出设计水位0.2 m。

（4）天沟不应向路堑侧沟排水。当受地形限制需修建急流槽向侧沟排水时，应在急流槽的进口处进行加固，出口处设置消能设施及防止水流冲刷道床的挡水墙。急流槽下游的侧沟应加大断面，按1/50洪水频率流量确定。

（5）路堑侧沟的水流不得流经隧道排出。当排水困难且隧道长度小于300 m，洞外路堑的水量较小、含泥量少时，经研究比较方可经隧道引排。

（6）为防止地面排水设施因水流流速过大而产生严重冲刷及因水沟渗漏而影响路基的稳定和产生基床病害，土质、软质岩、强风化或全风化的硬质岩石地段的侧沟、天沟和排水沟应采取防止冲刷或渗漏的加固措施。

3．地面排水设施的施工

地面排水设施施工要求如下：

（1）天沟、侧沟、排水沟、边坡平台截水沟等各类排水设施应按设计要求设置，并应将水引至路基以外。天沟不应向侧沟内排水。

（2）土质、软质岩、强风化或全风化硬质岩石地段的侧沟、天沟和排水沟均应采取防止冲刷或渗漏等加固措施。

（3）排水沟采用浆砌片石加固或混凝土预制构件砌筑，砌缝砂浆应饱满，沟身不漏水。

（4）路堤边坡上的排水沟均应在路堤处于稳定后施工。

（5）边坡渗沟的出水口宜设置端墙，端墙下部留出与渗沟排水通道大小一致的排水沟，端墙排水孔底面距排水沟沟底的高度不宜小于0.2 m。端墙出口的排水沟应进行加固，防止冲刷。渗沟的开挖宜自下游向上游进行,应随挖随即支撑并迅速回填,不可暴露太久,以免造成坍塌;支撑渗沟应间隔开挖。

(6) 截水沟应防止水流下渗冲刷。地质不良地段和土质松软、透水性较大或裂隙较多的岩石路段,对沟底纵坡较大的土质截水沟及截水沟的出水口,均应采取加固措施,防止渗漏和冲刷沟底及沟壁。

(7) 急流槽、平台截水沟应随路基防护圬工同步砌筑,排水坡度、沟槽断面不得小于设计要求。

(8) 当路堤基本成型或跨雨季填筑时,路堤边坡较高地段宜在路堤顶面边缘临时设置土埂,每隔30 m左右于路堤边坡上设置临时排水沟,以免冲刷路堤边坡。

(三) 路基地下排水设施的类型、技术要求及其施工

1. 地下水对路基稳定性的危害

路基范围内的地下水及其活动,往往给路基的稳定性带来破坏性影响。例如,对于一般的黏性土及泥质岩石的路堑,由于地下水的存在,增加了路基土体中的含水率,降低了其抗剪强度,在列车荷载及其他外力的作用下,产生路基病害或严重变形;地下水浸湿基床土,将引起翻浆冒泥、冻胀、路肩隆起等基床病害;地下水在边坡中的活动,可引起表土滑动、坍塌等边坡变形;地下水浸湿路堤下部及基床,引起路堤溃爬甚至沿倾斜基底滑动;路基傍山的土体中地下水的活动是促进滑坡、崩塌等山体变形的重要原因之一。因此,对路基范围内的地下水,必须给予足够的重视,及时采取排除措施。在地下水危及路基稳定或严重降低土体强度的情况下,应根据具体情况采用不同的地下排水设施来拦截、疏干地下水或降低地下水水位。

2. 地下排水设施的类型及其技术要求

常用的地下排水设施主要有明沟、排水槽、渗水暗沟、边坡渗沟、支撑渗沟、渗水隧洞、水平钻孔、立式集水渗井(渗管)等类型。

1) 明沟和排水槽

明沟和排水槽是敞开式地下排水设施,如图5.3所示,主要用于拦截、引排或降低埋藏不深(一般在2~3 m以内)的潜水及上层滞水,并可兼排地表水,常设置在山坡上较平缓的斜坡地带或路基两侧,严寒地区不宜使用。明沟的深度一般不宜超过1.2~1.5 m,排水槽的深度一般在2.0 m以内,最深不超过3.0 m,沟底均应埋在不透水层内。明沟通常采用梯

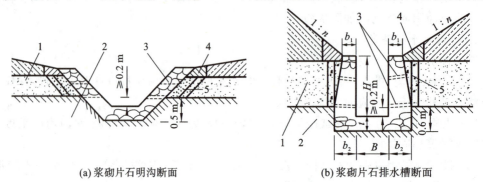

(a) 浆砌片石明沟断面　　(b) 浆砌片石排水槽断面

图5.3　明沟与排水槽

1—含水层;2—不透水层;3—渗水孔;4—黏土夯实;5—反滤层

形断面,底宽0.4~1.0 m,沟壁边坡按所在土层选用,并用厚约0.3 m的M5浆砌片石铺砌。排水槽通常采用矩形断面(表5.5),底宽0.6~1.0 m,用M5或M7.5浆砌片石砌筑。明沟和排水槽与含水层相接触的沟壁上需设置向沟内倾斜的渗水孔或缝隙;沟壁与含水层之间应设置反滤层;沿纵向每隔10~15 m应设置伸缩缝(兼沉降缝)一道。

表5.5 常用浆砌片石排水槽断面尺寸

沟岸边坡	断面尺寸/m			
	H	b_1	b_2	t
1∶1.5	1.0	0.4	0.4	0.4
	1.2	0.4	0.5	0.4
	1.5	0.4	0.65	0.4
	1.8	0.4	0.80	0.4
	2.0	0.4	0.85	0.4
1∶1.75 或 1∶2	1.0	0.4	0.4	0.4
	1.2	0.4	0.45	0.4
	1.5	0.4	0.60	0.4
	1.8	0.4	0.70	0.4
	2.0	0.4	0.75	0.4

2)边坡渗沟

边坡渗沟用以疏干边坡、引排坡面滞水,并起到支撑边坡的作用,适用于坡度不陡于1∶1的土质路堑边坡和易发生表土坍滑的潮湿土质边坡。边坡渗沟应垂直嵌入边坡。

边坡局部潮湿时可采用条带形及分岔形布置,边坡表土普遍潮湿时采用拱形布置,主沟间距6~10 m(图5.4)。渗沟的基底通常采用0.3 m厚的M5浆砌片石,埋置在潮湿土层以下较干燥而稳定的土层以内厚度不小于0.5 m,并按潮湿带的厚度做成带有泄水坡的阶梯形。出水口一般采用干砌片石垛的形式,根据坡脚到侧沟间的距离,设置在边坡线以内或以外。主沟纵断面及出水口的形式如图5.5所示。渗沟横断面通常采用矩形,其宽度不宜小于1.3 m,深度按边坡潮湿土层的厚度确定。渗沟的填料可全部采用干砌片石或只在底部约0.5 m的范围内用干砌片石,其余空间填充洗净的砂石(图5.6)。渗沟顶部为干砌片石并用M7.5水泥砂浆勾缝,其顶面与边坡面大致齐平。渗沟填料与土壁之间应设置反滤层,但渗沟分岔部分及拱部的断面下侧不应做反滤层,而采用厚约0.3 m的M5浆砌片石或夯填黏土隔渗。

3)支撑渗沟

支撑渗沟的作用是支撑可能滑动的不稳定土体或山坡,排除在滑动面附近活动的地下水,疏干潮湿的土体。它常与抗滑挡墙配合使用,作为整治滑坡的措施。支撑渗沟通常采用成组的条带形布置,并与山体(或土体)的滑动方向大致平行。

在采用矩形断面的情况下,各条渗沟的宽度不小于2 m,适宜间距见表5.6。渗沟沟底必须埋置到可能的滑动面(带)以下稳定地层中,埋置深度不小于0.5 m,采用M5浆砌片石砌筑并顺滑动面形状做成阶梯形。基顶应有1‰~2‰的流水坡,基底可做成石牙粗糙面以增加抗滑力。渗沟内用密度较大的石块充填。支撑渗沟的断面形式如图5.7所示。

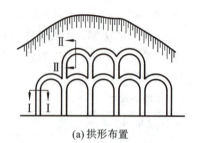 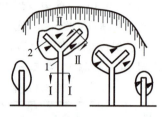

(a) 拱形布置　　　　　　　　(b) 条带形及分岔形布置

图 5.4　边坡渗沟布置示意图

1—主沟；2—岔沟（图中Ⅰ—Ⅰ、Ⅱ—Ⅱ断面见图 5.6）

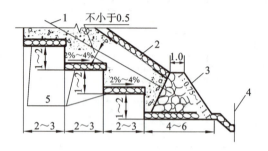 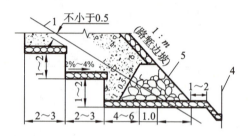

图 5.5　主沟纵断面及出口形式（单位：m）

1—潮湿与干燥土层分界线；2—单层干砌片石覆盖；3—干砌片石垛；4—侧沟中线；5—浆砌片石

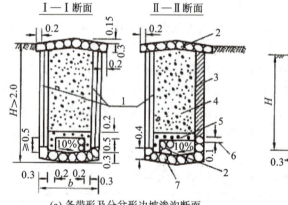 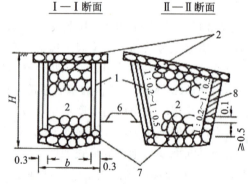

(a) 条带形及分岔形边坡渗沟断面　　　　　(b) 拱形边坡渗沟断面

图 5.6　边坡渗沟横断面示意图（单位：m）

1—丙种反滤层；2—干砌片石；3—夯填黏土或 M5 浆砌片石；4—填充洗净砂石；
5—卵碎石；6—干湿土层分界线；7—M5 浆砌片石封底；8—夯填黏土。
b—渗沟宽度；H—渗沟深度；Ⅰ—Ⅰ为图 5.4 中的主沟断面；Ⅱ—Ⅱ为图 5.4 中的分岔部分或拱部断面

表 5.6　支撑渗沟的适宜间距

滑体岩土性质	支撑渗沟的适宜间距/m	滑体岩土性质	支撑渗沟的适宜间距/m
普通黏土夹少量砂砾卵石	6~10	普通粉质黏土夹砂砾卵石	10~15
粉土夹砂砾卵石	8~10	破碎岩层	15

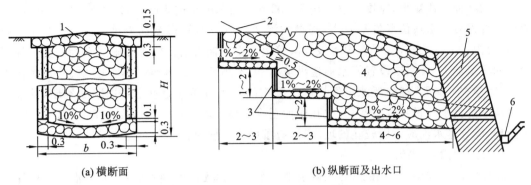

(a) 横断面 (b) 纵断面及出水口

图 5.7 支撑渗沟横断面示意图(单位：m)

1—单层干砌片石表面勾缝；2—表层滑动面线；3—反滤层；4—干砌片石；5—挡墙；6—侧沟。

b—渗沟宽度；H—渗沟深度

4）截水渗沟和引水渗沟

截水渗沟用于拦截地下水，不使其流入病害区。引水渗沟用于引排山坡、洼地或路基内的地下水，以疏干附近土体或降低地下水位。图5.8为截(引)水渗沟断面及出水口示意图。

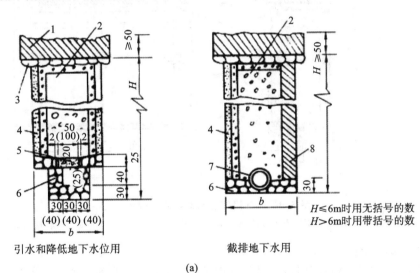

引水和降低地下水位用　　截排地下水用

(a)

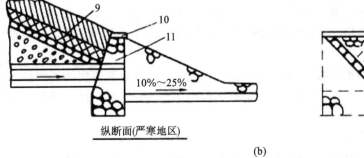

纵断面(严寒地区)

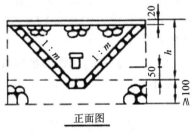

正面图

(b)

图 5.8 截(引)水渗沟参考图(单位：cm)

1—夯填黏土；2—填洗净碎(卵)石；3—单层干砌片石；4—反滤层；5—C15混凝土盖板；
6—M5浆砌片石；7—混凝土管；8—夯填黏土隔渗层；9—保湿层；10—混凝土帽石；11—浆砌片石端墙。

b—渗沟宽度；H—渗沟深度；h—出水口高度

渗沟断面采用矩形,宽度一般不小于 1.2 m。当深度超过 6 m 时,以 1.6~2.0 m 为宜。渗沟底部设置矩形或圆形排水通道,当渗沟深 2~6 m 时,矩形截面采用 0.8 m×1.2 m 以上,圆管内径为 1.0 m,矩形水沟盖板及圆管上应根据需要留出进水孔眼或裂隙。为了提高渗沟的排水能力,应采取设置排水通道纵坡(一般不小于 5‰,困难时不小于 2‰)、加大排水孔、缩短检查井间距、加强反滤层等措施。渗沟的出水口通常为重力式挡墙的端墙,其下部留出与渗沟排水孔径一致的水孔,此孔底面至少应高出墙外排水沟底面 0.2~0.3 m。为防止淤积,墙外排水沟应采用较陡的坡度,但应予以适当加固。

5)无砂混凝土渗沟

无砂混凝土渗沟主要用于排除、截引地下水。它由无砂混凝土壁板、钢筋混凝土横撑及盖板组装而成。无砂混凝土壁板由水泥浆和粗集料(级配卵砾石或碎石)黏结在一起,具有良好的透水性能和过滤能力,并可承受一定的荷载(土压力)。它可代替施工比较困难的反滤层和泄水孔。无砂混凝土渗沟结构如图 5.9 所示。

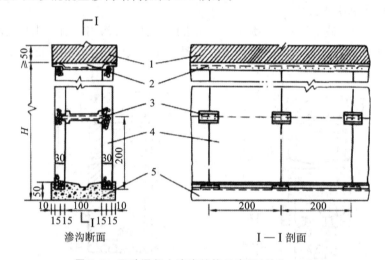

图 5.9 无砂混凝土渗沟结构示意图(单位:cm)

1—夯填土;2—钢筋混凝土盖板;3—钢筋混凝土横撑;4—无砂混凝土壁板;5—普通混凝土基础

6)渗水隧洞

渗水隧洞用以截排或引排埋藏较深的地下水,或与立式渗井(渗管)群配合使用,以排除具有多层含水层的复杂地层中的地下水。渗水隧洞的断面形式可分为直墙式和曲墙式。直墙式适用于裂隙岩层、破碎岩层及较密实的碎石类土层。曲墙式适用于松散的碎石类土层或有少量卵石、碎石的黏性土层。隧洞应埋入稳定地层内,在穿过不同的地层分界处时应设沉降缝。

隧洞穿过路基时,按铁路拱涵考虑。隧洞出水口底部宜高出当地天然河沟的设计洪水位,高差不小于 0.5 m,并至少高出洞门外铺砌的排水沟沟底 0.2 m。隧洞断面及构造如图 5.10 所示。

7)立式集水渗井(渗管)

立式集水渗井(渗管)用来集引具有多层含水层的复杂地层中的地下水或潮湿土体中的重力水和毛细水。渗井(管)一般成群布置,并与前述的平式排水设施配合使用,如图 5.11 所示。

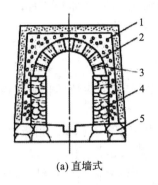 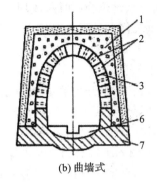

(a) 直墙式　　　　　　　(b) 曲墙式

图 5.10　渗水隧洞断面示意图

1—反滤层；2—C15 混凝土拱砖；3—M10 水泥砂浆灰缝 1 cm；
4—M10 浆砌片石墙；5—M10 浆砌片石底板；6—C10 混凝土；7—C15 混凝土

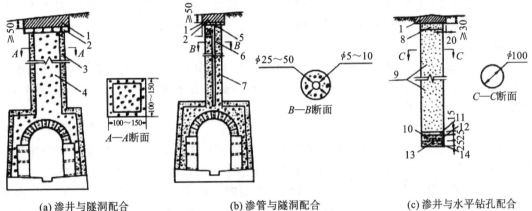

(a) 渗井与隧洞配合　　　(b) 渗管与隧洞配合　　　(c) 渗井与水平钻孔配合

图 5.11　集水渗井(管)与平式排水设施的配合示意图(单位:cm)

1—夯填土；2—单层干砌片石；3—反滤层；4—填卵石；5—圆形铁盖；6—钢滤管；7—填砾石卵石；
8—填细砂；9—填粗砂；10—泄水盖板；11—填砾石；12—填碎(卵)石；13—平式排水钻孔；14—C15 混凝土封底

一般渗井间距为 20～30 m，渗管间距为 10～15 m。渗井断面根据施工条件可采用直径 1.0～1.5 m 的圆形或边长为 1.0～1.5 m 的方形，渗管直径通常不小于 25 cm。渗井及渗管的顶部应用足够厚度的隔渗材料妥为覆盖，防止地面污水流入。

8) 水平钻孔

水平钻孔是用钻机在地层中钻出带有一定仰坡的平孔，然后装入滤水管及集水管所构成的地下排水设施，也可作为下卧通道和立式渗井配合使用。永久性的水平钻孔，其集水部分可用镀锌钢料或硬质韧性塑料的渗水滤管(管壁上除底部 1/4～1/3 留作流水槽外，其余部分均按梅花形排列凿出直径 12 mm 左右的渗水孔)加固，排水通道部分可用同样材料的套管加固。钻孔的平均仰坡一般可采用 10%～15%。临时或半永久性的水平钻孔，可不进行加固，而用风压吹砂填充其集水部分。

为加强排水设施的泄水能力，防止泥土堵塞泄水孔，一般在明沟、边坡渗沟、支撑渗沟、深埋和浅埋渗沟、挡墙等建筑物的泄水孔与墙后不渗水性土层间加设反滤层。反滤层的作用是让水流过，而把固体颗粒截留下来。反滤层种类很多，可采用级配砂卵石、无纺土工纤维等。使用时，可根据墙后土层情况具体选择。

当地下平式排水建筑物（如深、浅埋渗沟或渗水隧洞等）延伸较长时，一般每隔一定距离设检查井一个，供维修人员下去对排水设施进行检查和维修。

3. 地下排水设施的施工

1) 施工临时支撑

为了保证安全和减少开挖数量，地下排水建筑物施工时应使用临时支撑，通常采用木结构，渗井及检查井等也可用混凝土护壁支撑。

对于浅埋的渗沟或渗井等，可用由立柱（平均直径 12～15 cm）、挡板（厚 4～6 cm）和横撑（平均直径 10～12 cm）构成的普通支撑。对于深埋的渗沟、渗井或检查井等，须用较坚固的框架式支撑（亦称燕尾式支撑）。开挖渗水隧洞所用的导洞支撑，一般为梯形框架加纵撑、斜撑和顶部及侧壁的挡板或密排圆木（或半圆木）组合而成，各种支撑构件可根据其受力情况和材料强度简略计算后选用。

临时支撑既要有足够的稳固性，还要便于拆卸和安装，并可重复使用。

为节省木材，对于延伸较长的平式建筑物可分段施工，尽量重复利用支撑。对于不起集水作用的且下部不扩大的检查井，可采用随开挖随下井管或用沉井法施工。

2) 反滤层的施工

为了保持排水建筑物的效果良好，防止淤塞，必须做好反滤层。施工时应按设计要求选择填充料及各层反滤层材料，用薄隔板按各层厚度隔开，自下而上填筑并逐步抽出隔板，务求层次分明，不使混淆。

3) 施工方法及顺序

对于成组的边坡渗沟，特别是支撑渗沟，宜每隔 1～2 个分开施工，并随挖随支撑随回填，以免因同时开挖的面过大或暴露时间过久而引起坍塌滑动。

对于平式排除地下水的建筑物，一般宜自下游向上游进行开挖，以便于出渣、通风和排水。对于较短的隧洞，可一直开挖到尽头处后再自内向外逐步衬砌回填。对于较长的隧洞，可自外向内进行衬砌回填，对于渗沟，可按具体情况多开出几个工作面分段同时施工。

隧洞检查井宜安排在导洞开挖至该井位置时挖成，以便及时纠正设计纵坡并利用该井出渣。也可在确定井的位置后先行施工挖通，并增加开挖隧洞的工作面。

绝大多数地下排水设施均为隐蔽工程，因此应在地面上适当地点设置标志，并按竣工实际状况做好详尽的技术资料（包括设施示意图、起讫里程、埋置深度、设施类型等）登记，作为养护维修工作的参考。

（四）站场排水设施介绍

1. 站场排水设施的类型

站场排水设施包括设于股道之间的纵向排水沟、穿过股道的横向排水设施、站台墙脚排水沟和站坪内盖板沟等，如图 5.12、图 5.13 所示。

1) 站场纵向排水沟

站场纵向排水沟设在站场路基面横向坡度的坡底位置，用于集引和排除路基面上的地面水，常用砟底式或砟顶式盖板沟。

(1) 砟底式盖板沟设在不填道砟的股道间，水沟盖板面的高度略低于路基面或与路基面相平，以便路基面的水通过盖板泄水孔流入水沟。

(2) 当股道间填满道砟时，采用砟顶式盖板沟。水沟盖板面比轨枕底面低 2～3 cm。路基面的水通过水沟边墙上的泄水孔流入水沟。

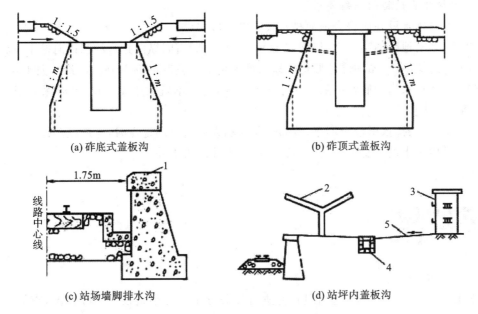

图 5.12 站场纵向排水沟示意图
1—站台;2—雨棚;3—站房;4—盖板沟;5—站坪

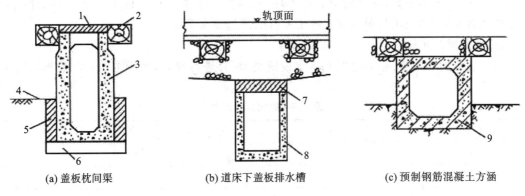

图 5.13 站场横向排水设施示意图
1—盖板;2—枕木;3—C20 钢筋混凝土;4—路基面;5—填黏土;6—碎石垫层;
7—钢筋混凝土盖板;8—钢筋混凝土排水槽;9—钢筋混凝土方涵

2)站场横向排水设施

站场横向排水设施用于将站场纵向排水沟内的水引过股道并将其排至站场外,常用的有盖板枕间渠、道床下盖板排水槽、预制钢筋混凝土方(圆)涵等。

3)站台墙脚排水沟

站台墙脚排水沟用于排除站台面及雨棚流下的水,当沟底低于路基时还可兼排由道床流至路基面的水。

4)站坪内盖板沟

站坪内盖板沟主要用来排除站内的水,一般设在雨棚和站房间的适当位置并平行于线路布置,站坪面宜做成向盖板倾斜的流水坡。

2. 站场排水设施的一般要求

（1）站场排水设施应符合地面排水设施的一般要求；

（2）在多雨地区的站场内，根据需要可适当增设股道间纵向排水沟和横向排水设施；

（3）为避免淤积，站内穿越股道的横向排水设施的坡度不应小于5%，最好大于8%；

（4）纵横排水沟的底宽一般不应小于0.4 m，沟深不宜大于1.2 m，当沟深大于1.2 m时，应适当加大沟宽；

（5）排水沟、排水槽位于调车、装卸作业区和人员通行的地点时，应加设盖板；

（6）纵横排水设施交汇点、转弯处，应设检查井或集水井。

任务工单

1. 任务描述

学生以3~5人为一组，选出组长并进行任务分工。各小组根据实际情况，查阅相关技术规范资料，收集、整理路基排水设施类型以及用途。

以某高速公路路基排水工程为例，该项目全长5.082公里，位于河南省洛阳市洛宁县，地貌为丘陵区，地形复杂，降水时空分布不均，雨季主要集中在6至9月。为了保障路基的稳定性和行车安全，该项目设计并实施了完善的路基排水系统。

2. 数据资料准备

各小组查阅相关资料，熟悉路基排水设施类型，并进行规划，将所需的各项数据资料填入表5.7。

表5.7 数据资料清单

排水设施类型	用 途	设 计 要 点	备 注

3. 制订方案

（1）各小组针对工作规划展开讨论，制订实施方案。

（2）指导教师对各小组的实施方案给出评价。

（3）各小组根据指导教师的评价对实施方案进行调整。

（4）调整合格后的实施方案即最终实施方案。

4. 工作实施

各小组按照最终实施方案，系统地对路基排水设施要点进行统计，并将实施内容及完成情况填入表5.8中。

表 5.8　实施内容及完成情况

班级		组号		日期	
姓名		学号		指导教师	
实施内容					完成情况
任务总结					

课程思政

中铁二十一局项目：罗布泊至若羌铁路项目米兰至若羌段桥涵路基工程加速推进

2024年6月，新疆罗布泊至若羌铁路项目（以下简称罗若铁路项目）米兰至若羌段迎来重要进展，桥涵路基工程正在加速推进，预计7月份具备铺架条件。

罗若铁路项目米兰至若羌段是新疆铁路建设的重要组成部分。该线路全长 60.741 km，由中铁二十一局承建，依托既有格库铁路进行增建，形成双线并行格局。该项目的主要工程量包括路基土石方 1.52×10^6 m^3、桥梁17座、涵洞172座（接长涵163座、新建涵洞9座），以及房屋16处和路基附属工程。

中铁二十一局罗若铁路 S2 标项目部五分部经理陈少辉介绍，中铁二十一局承建的罗若铁路米兰至若羌段自 2024 年 3 月 26 日开工，截至 2024 年 6 月中旬，桥涵工程完成设计总量的 60%、路基工程完成 45%，预计 6 月底桥涵工程完成 80%、路基工程完成 70%，确保 7 月份桥涵工程和路基工程全部完成。

罗布泊至若羌铁路 S2 标 K780+420 新建立交桥，采用 2-16 m 钢筋混凝土箱形桥，结构净高 6.5 m，桥宽 14.5 m，桥长 35.6 m，为后期地方公路修建预留而设。

中铁二十一局罗若铁路 S2 标项目部党工委副书记郝振涛表示，罗布泊至若羌铁路新建 2-16 m 钢筋混凝土立交箱形桥，采用顶进的方法施工，在既有格库线右侧坡脚以外开挖预制工作坑，后期将采用组合梁加固线路，挖孔桩加固防护既有线路路基，待箱形桥顶进施工完毕，开挖浇筑出入口八字翼墙等附属工程。

路基土石方工程是铁路建设的基础，对于保障铁路的安全运行至关重要。面对风沙、高温、干旱等恶劣环境的挑战，施工团队凭借无私的奉献精神和敬业的工作态度，确保了工程质量与进度的双重达标。

罗若铁路是一条以路网连接和国土资源开发为主要功能，补齐南疆铁路环线短板，完善进出疆通道，填补西部路网留白的客货共线区域干线铁路，是贯彻新时代党的治疆方略，共建"一带一路"、实施国家向西开放战略的重要交通基础设施。项目的实施不仅能提升线路运输能力，而且对促进地方经济发展、提高当地群众的生活水平等具有重要意义。

通过上述案例，同学们应追求技术精湛、精益求精的工匠精神，要不断学习和掌握新技术、新工艺，提升专业技能水平。通过实际案例和施工现场教学，要善于将理论知识与实际操作相结合，学会解决实际问题。

课后练习题

一、填空题

1. 铁路路基排水根据排水设施的不同作用可分为_____和_____两大类。
2. 路堑天沟内边缘至堑顶距离不宜小于_____ m。当沟内采取加固防渗时距离不应小于_____ m。
3. 跌水和急流槽亦称_____，设于高差很大而平距很短即坡度_____的排水地段，多设于天沟出口、排水沟或侧沟通往桥涵建筑物处。
4. 跌水沟底为_____形；急流槽槽身坡度一般大于_____%。
5. 为保证排水通畅，不产生淤积，地面排水设施的沟底纵坡不宜小于_____。侧沟、天沟、排水沟的横断面，除需按流量计算外，可采用底宽_____ m，深_____ m；沟顶应高出设计水位不小于_____ m。
6. 天沟不应向路堑的_____沟排水。路堑侧沟的水流不得流经_____排出。
7. 对于平式排除地下水的建筑物，开挖一般自_____游向_____游进行，以便于出渣、通风和排水。

二、单项选择题

1. 路基排水的目的是保证路基的（　　）。
   A. 强度　　　　　　B. 稳定性　　　　　C. 强度和稳定性　　D. 干燥
2. 为使路基稳固,排除影响路基的地表水和地下水,路基应设置（　　）。
   A. 排水设施　　　　B. 路面加宽　　　　C. 挡土墙　　　　　D. 加高路基
3. 路堑应于路肩两侧设置（　　）。
   A. 天沟　　　　　　B. 截水沟　　　　　C. 侧沟　　　　　　D. 挡水墙
4. 路基侧沟的深度和宽度均不应小于（　　）。
   A. 0.3 m　　　　　B. 0.4 m　　　　　C. 0.6 m　　　　　D. 0.8 m
5. 在路基地面排水设施中,排水沟用来排除（　　）的水流。
   A. 地表　　　　　　　　　　　　　　B. 路堤坡面
   C. 地表及路堤坡面　　　　　　　　　D. 路堑坡面
6. 对于路基地面排水,除地面平坦和反向排水地段外,其纵坡不应小于（　　）。
   A. 5%　　　　　　B. 4%　　　　　　C. 2%　　　　　　D. 3%
7. 侧沟沟底纵坡,困难地段不小于（　　）。
   A. 1%　　　　　　B. 2%　　　　　　C. 3%　　　　　　D. 4%
8. 路基地面排水设施不包括（　　）。
   A. 截水沟和天沟　　　　　　　　　　B. 排水沟和侧沟
   C. 急流槽和跌水　　　　　　　　　　D. 明沟和排水槽

引入案例

达成铁路 YHDⅡK190 工点位于遂宁站出站端,属残丘地貌,高程为 312～352 m,相对高差约 40 m,自然横坡陡缓相接。丘坡坡面多辟为旱地,坡面见零星灌木。地表水不发育。地下水主要为第四系孔隙水和基岩裂隙水,主要由地表水及土壤中水下渗补给。本段路基以挖方通过,右侧边坡最大挖深约 18 m,坡脚设置重力式挡土墙,最大墙高 4.0 m,墙顶边坡 10 m,一级,边坡坡率为 1∶1,坡面采用喷混植生防护。

本段路堑于 2006 年 4 月 2 日开挖,2006 年 8 月 15 日开挖结束,2006 年 11 月 5 日挡土墙浇筑完毕,2006 年 12 月 18 日天沟施作完毕,2007 年 2 月 5 日喷混植生施工结束,施工过程中未发现边坡异常现象。路堑侧沟未施工,临时排水措施未实施。

2007 年 7 月 2 日至 12 日连续降雨后,7 月 14 日发现本段堑顶附近出现约 5 cm 宽裂缝,挡土墙也出现轻微移动及裂纹;2007 年 7 月 16 日天降暴雨,下午 4 点左右坡面出现大范围滑坡。滑坡轴线与线路近正交,沿线路方向长约 120 m,轴向宽约 70 m,呈椭圆形。挡土墙断裂、天沟错断,堑坡鼓胀病害发生。

2008 年年初顺利地完成了本切层滑坡整治工程的施工,目前已经过数年时间的检验,施工完成后没有继续产生变形,工程稳定,状态良好,整治效果明显。

启示:

(1) 对陡倾节理发育的水平软质岩高边坡在设计、施工中应重视,高边坡宜结合骨架或框架梁进行坡面喷混植生。边坡开挖陡倾节理受卸荷影响张大,利于水的入渗,坡面开挖应及时防护。

(2) 周边须设置通畅的临时截排水设施,以便将坡面水引排至路基外。对无法避免的路基面基坑积水应备足抽水设备及时抽排,以防积水浸泡软化坡脚。

(3) 墙后反滤层应严格按要求设置,同时可采用渗水盲沟或深层水孔等措施引排基岩裂隙水。

(4) 应严格按照合理的施工顺序施工,尽量避免雨季施工。

任务二 路基边坡防护

一、工作任务

(1) 能说出一般地区路基边坡防护的类型和适用条件。

(2) 能针对路基所处地段水文、地质条件提出边坡防护的初步方案并能参与方案实施工作。

路基边坡面
防护施工

二、相关知识

由岩土修筑的路基,大面积暴露于自然中,长期遭受各种自然因素(如雨、雪、日晒、冲刷等)的强烈作用,在这种不利的水、温条件下,岩土的物理力学性质常发生较大变化,如路基浸水后含水量增大,强度降低,饱和后土的强度将急剧下降。岩性差的岩体,在水、温变化条件下,其风化过程会加剧,路基表面在温差作用下形成胀缩循环,在湿差作用下形成干湿循环,也可导致强度的衰减和剥蚀。雨水冲刷和地下水浸入,使路基浸水和表层失稳,易造成和加剧路基的水毁病害。在近旁河流的冲击、淘刷和侵蚀作用下,路基也会损坏。因此,路基的防护就显得非常重要。路基防护是保证路基强度和稳定性的重要措施之一,其防护的重点是路基边坡,必要时也包括路肩表面,以及同路基稳定有直接关系的近旁河流与山坡。

路基防护包含路基边坡防护、风沙及雪害地段平面防护、路基保温防护等。边坡防护是指为防止路基坡面发生溜坍等病害所采取的防护加固措施;平面防护是指对风沙、雪害地段路基两侧采取的防护加固措施;保温防护是指为保护冻土而采取的防护措施。

(一) 路基边坡病害的类型及危害

路基边坡破坏最主要的原因是水的影响。路基边坡的表面并不是绝对平整的,而总是有一些凹槽,水在边坡上流动时会使之逐渐被冲成小沟,水流也随之更加集中,造成小沟的加深和扩大,最后导致边坡的破坏。此外,温度和湿度的交替变化作用,再加上风吹日晒的影响,也会造成坡面的风化、剥落及坍塌等破坏。因此,路基边坡病害可归纳为边坡溜坍、边坡坍塌、风化剥落和坡面冲刷四种类型。

边坡溜坍是黏土质边坡的常见病害,主要有两种表现形式:一是在长期阴雨和暴雨后,雨水沿黏土质边坡上的裂隙下渗,致使边坡表层土的含水量增大,抗剪强度降低,失去稳定性,沿着下部未软化的土层发生溜坍;二是边坡表层为黏土质覆盖层,下部为倾斜岩层,表层的黏土受地表水下渗和地下水的影响,产生沿基岩面的溜坍。边坡溜坍,轻者堵塞侧沟,重者掩埋线路,病害继续发展将会造成整个边坡的破坏。

边坡坍塌常发生于边坡坡度陡于天然休止角的节理发育、岩层破碎、风化严重的石质路堑或土质路堑。这种病害发展过程时间较长,开始在堑顶附近出现裂纹,并缓慢地逐渐扩大,当扩大到一定程度时,在坡面水或地下水等自然因素以及列车振动等的配合下,突然顺边坡坍塌下来。在大坍塌之前,常有小的局部坍塌发生。每次坍塌都不按固定的面移动,但坍塌体的下缘均在临空面以上,一直坍到边坡坡度接近岩层或土层休止角为止。由于这种变形具有突然大量坍落的性质,常易造成行车事故。

风化剥落是指整个边坡比较稳定,但边坡表层由于风化作用,边坡表面的土层或岩层从坡面上剥离下来的变形现象。风化剥落常发生于易风化的岩质边坡、黄土路堑边坡的下部或软硬互层的松软层。这种病害,初期对行车影响不大,仅增加路基的养护维修工作量,但继续发展将会影响边坡的稳定。

坡面冲刷是指较高的土质边坡和风化严重的石质边坡,在地表水的冲刷作用下会形成冲沟、冲坑,边坡下部尤为严重。它不仅破坏了坡面的完整,暴雨时还往往堵塞侧沟,形成泥流漫道并影响边坡稳定。

(二) 路基边坡防护的类型及适用条件

边坡防护主要就是保护路基边坡表面免受雨水冲刷,减小温度及湿度变化的影响,防止或延缓软弱岩土表面的风化、剥落等演变过程,从而保护路基边坡的整体稳定性。边坡防护设施本身不承受外力作用,必须要求坡面岩土整体牢固。此外,边坡防护还应与排水设施相配合,以便雨水能尽快排出路基范围。

路基边坡防护应结合边坡的岩土性质、地质构造、水文地质条件、气候环境、边坡朝向、边坡坡率和高度等,采用植物防护或植物防护与工程防护相结合的措施。一般地区铁路路基边坡防护类型及适用条件见表5.9。

表 5.9 铁路路基边坡主要防护类型及适用条件

分类	防护类型	结构形式	适用条件
植物防护	边坡植草(灌)	坡面种植灌木和草,以灌木为主,灌草结合,必要时辅以横向排水槽	用于土质及全风化岩层路堑边坡,以及上述岩土填筑的路堤边坡,可与骨架、框架梁等防护组合使用
	土工网垫客土植生防护	坡面铺设土工网垫客土,种植灌木和草,必要时辅以横向排水槽	用于砂类土、碎石类土、软质岩等不适宜植物生长的路堑边坡,以及改良土、硬质岩和上述岩土填筑的路堤边坡,可与骨架、框架梁等防护组合使用
	空心砖内客土植生防护	坡面铺设正六边形预制混凝土空心砖,空心砖内客土种植灌木和草,必要时辅以横向排水槽	用于不太陡的路堑边坡和路堤边坡,可与骨架、框架梁、孔窗式护墙等防护组合使用
	生态袋防护	坡面码砌、叠铺生态袋,可采用联结扣或钢丝网固定,袋内填充种植土及有机肥等	用于风景区或景观要求高,砂类土、碎石类土、软质岩、硬质岩等不适宜植物生长的路堑边坡,以及改良土和上述岩土填筑的路堤边坡,路堑边坡一般不单独使用,应与框架梁、孔窗式护墙等防护组合使用

续表

分类	防护类型	结构形式	适用条件
植物防护	植生袋防护	坡面叠铺或平铺植生袋,袋内填充种植土、有机肥及草种、灌木种等,用于路堑时坡面设锚杆、外罩钢丝网	用于砂类土、碎石类土、软质岩、硬质岩等不适宜植物生长的路堑边坡,以及改良土和上述岩土填筑的路堤边坡,一般应与骨架、框架梁、孔窗式护墙等防护组合使用
	路堑边坡喷混植生防护	坡面设锚杆,挂镀锌钢丝网,喷射种植混合基材	用于碎石类土、软质岩、破碎或节理发育的硬质岩等不适宜植物生长的路堑边坡,可与骨架、框架梁、孔窗式护墙等防护组合使用
骨架护坡	人字形截水骨架防护	坡面埋设骨架,由主骨架与人字形支骨架组成,浆砌片石砌筑或混凝土现浇,骨架内种植灌木和草	用于路堤边坡,土质、全风化岩层及强风化软质岩路堑边坡,可与边坡植草(灌)、土工网垫客土植生及空心砖内客土植生等防护组合使用
	方格形截水骨架防护	坡面埋设方格形布置的骨架,浆砌片石砌筑或混凝土现浇,骨架内种植灌木和草	
	拱形截水骨架防护	坡面埋设骨架,由主骨架与拱形支骨架组成,浆砌片石砌筑或混凝土现浇,骨架内种植灌木和草	
实体护坡(墙)	干砌片石、浆砌片石或混凝土护坡(墙)	坡面采用干砌片石、浆砌片石砌筑或混凝土浇筑的实体式全封闭防护	用于风沙、浸水与受河流冲刷地段的路堤边坡及河岸和水库岸坡等的防护,也可用于土质和易风化剥落的岩石路堑边坡防护
孔窗式护坡(墙)	片石或混凝土预制块砌筑、混凝土浇筑	坡面采用浆砌片石砌筑或混凝土浇筑的带拱形孔窗的实体防护,孔窗内绿化	可用于易风化或风化破碎的岩石路堑边坡、坡面易受侵蚀的土质路堑边坡防护
锚杆框架梁护坡	锚杆框架梁结构护坡	坡面设现浇钢筋混凝土框架梁,正方形或菱形布置,节点处设置锚杆,框架梁内绿化	用于土质、软质岩及风化硬质岩路堑边坡防护,可与边坡植草(灌)、土工网垫客土植生、空心砖内客土植生、喷混植生、生态袋、植生袋、喷锚网、柔性防护网等防护组合使用
喷射混凝土(砂浆)护坡	在边坡上形成一层混凝土(砂浆)保护层	必要时可增加挂网措施	用于风化破碎、节理裂隙较发育或较高陡的岩石路堑边坡

续表

分类	防护类型	结构形式	适用条件
防护网	路堑边坡喷锚网防护	坡面设锚杆,挂柔性钢绳防护网及格栅网	用于景观要求不高,坡面干燥,节理发育、破碎的硬质岩及易风化的软质岩路堑边坡,可与框架梁防护组合使用
	路堑边坡柔性防护网防护	坡面设锚杆,挂柔性钢绳防护网及格栅网	用于景观要求不高,节理发育、破碎的硬质岩路堑边坡,可与框架梁防护组合使用
土工合成材料防护	路堤边坡加筋防护	沿路堤边坡浅层水平铺设土工格栅	用于细粒土、粉细砂及风化软质岩等非硬质岩块填筑的路堤边坡
	土工网、土工网垫、立体植被护坡网	在路基边坡铺设土工网、土工网垫、立体植被护坡网	可用于适宜植物生长的土质、风化岩、易风化软质岩路基边坡防护,以及粉细砂填筑的路堤边坡及粉质砂土地层路堑边坡的风蚀防护
	土工网方格沙障和高立式土工合成材料防沙网沙障	地面设置土方格网和距地面一定高度的土工合成材料防沙网	用于固定和阻延地表流沙
	土工合成材料石笼或沉枕、土工模袋	用土工格栅或土工网等制成箱形或圆柱形,笼内装块石、卵石形成条体或块体;土工布缝成管袋,内填砂石料等制成枕状物;土工模袋内充填流动性水泥砂浆或混凝土	用于覆盖冲刷防护工程的坡面或河底

1. 植物防护

植物防护是对路基坡面采取种植植物或种植植物与工程防护(土工合成材料、浆砌片石骨架、混凝土框格、坡脚矮挡墙等)相结合的边坡坡面防护措施。

植物防护应根据边坡岩土条件、种植目的、水源及周边环境条件等,结合边坡坡面情况、防护类型,合理确定植物种类及配置、建植方法、施工和养护要求。

土质路堤、路堑边坡高度较高时,一般采用土工网、土工网垫、立体植被护坡网、浆砌片石骨架、混凝土框架、混凝土空心砖等与植物相结合的防护措施,一般不单独采用植物防护。

植物防护的效益如下。

生态效益:植物防护能够防止水土流失,改善生态环境,提高生物多样性。

经济效益:相比其他工程防护措施,植物防护具有成本低、效果持久等优点,能够降低工程维护成本。

社会效益:植物防护能够美化路容,提升道路景观品质,增强公众环保意识。

植物防护是路基防护中一种重要且有效的技术措施。通过科学合理的植被种植与养护管理,可以充分发挥植物在固土护坡、改善环境等方面的作用,为道路工程的长期稳定运行提供有力保障。

1) 边坡植草(灌)

边坡植草(灌)适用于边坡坡率不陡于1∶1.25的土质及全风化岩层路堑边坡和边坡坡率不陡于1∶1.5的土质及全风化岩填筑的路堤边坡,如图5.14所示。单独使用时边坡高度一般不大于3 m,可与骨架、框架梁等防护组合使用。

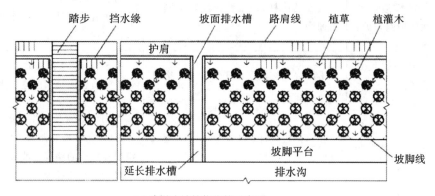

(a) 路堤边坡植物防护示意图

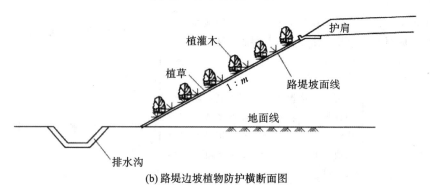

(b) 路堤边坡植物防护横断面图

图 5.14 一般地区路堤边坡植物防护图

植物防护宜采用灌草结合、灌木优先的方式。草种及灌木宜选择易成活、生长快、根系发达的多年生草本植物和木本植物,优先选择乡土植物。不应选择油脂性植物和名贵树种,不宜选择经济类植物。种植草的方式有撒播、喷播、铺种草皮等。

施工顺序:清理边坡→坡面覆土→均匀撒布草籽(或自上而下喷播草籽或铺草皮)→覆盖无纺布→草皮养护→灌木定点→放线→挖坑→灌木栽前处理→栽植灌木(或移植、插枝等)→浇定根水→补撒草种→养护(可根据现场环境条件、施工季节、工期要求等对施工工艺进行适当调整,确保绿化效果)。

2) 客土植生防护

客土植生防护是对不适宜植物生长的土质边坡,用一定结构措施,换填一定厚度适宜植物生长的种植土,然后在坡面种植草、灌植物,进行边坡防护。换填方式可采用人工铺设或采用泥浆机喷射,换填材料可选用种植土壤或混合材料,换填厚度通常为5~10 cm,植物种植方式可选用液压喷播植草、人工种草或贴铺草皮等。

(1)土工网垫客土植生防护。

土工网垫客土植生防护适用于砂类土、碎石类土、软质岩等不适宜植物生长,坡率不陡于1∶1.25的路堑边坡,以及砂类土、碎石类土、软质岩和硬质岩及改良土填筑的坡率不陡于1∶1.5的路堤边坡,如图5.15所示。土工网垫客土植生防护单独使用时边坡高度一般不大于3 m,可与骨架、框架梁等防护组合使用。

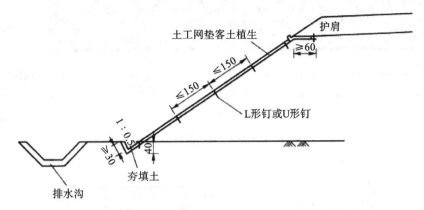

图5.15 路堤边坡土工网垫客土植生防护断面图(单位:cm)

施工顺序:整平坡面并适量洒水湿润边坡→覆盖种植土8 cm并润湿→铺设土工网垫→网穴内填种植土3 cm→覆盖表土9 cm→植草→覆盖无纺布→养护→植灌木→养护。

铺设前应整平坡面并适量洒水湿润,两块土工网垫之间搭接不应留有空隙,并加设L形钉或U形钉固定。铺设后应及时在网穴内撒播草籽,并用松散种植土填满(3 cm),再用表土(9 cm细颗粒土)覆盖网垫,并适当拍压。

(2)空心砖内客土植生防护。

空心砖内客土植生防护适用于边坡坡率不陡于1∶1.25的路堑边坡和边坡坡率不陡于1∶1.5的路堤边坡,如图5.16所示。

空心砖内客土植生防护单独使用时边坡高度一般不大于5 m,可与骨架、框架梁、孔窗式护墙、基础和镶边等防护组合使用。空心砖一般做成正六边形,尺寸与铺设数量有关。空心砖高度为8~20 cm,当边坡土体不适宜植物生长时,空心砖高度不应小于20 cm。空心砖强度等级不应低于C25混凝土。

施工顺序:平整坡面→铺设无纺土工布→铺设正六边形混凝土预制空心砖→回填种植土→撒播草籽→养护→种植灌木→养护。

3)生态袋防护

生态袋以聚丙烯、聚酯等为主要原料,采用无纺针刺工艺制成;具有抗紫外线辐射、抗酸碱盐、抗微生物侵蚀等功能;对植物友善,透水保土,有利于植被生长,且植物根茎能自由穿透袋体。

2.骨架护坡

土质和全风化的岩石边坡,当坡面受雨水冲刷严重或潮湿时,单纯采用草皮护坡或其他形式植物护坡易冲毁脱落时,可采用骨架护坡。骨架可采用片石砌筑、混凝土浇筑或预制混凝土构件拼装。

骨架护坡一般适用于边坡高度大于3 m,坡率不陡于1∶1.25的土质、全风化岩层及强风化软质岩路堑边坡,以及边坡高度大于3 m,坡率不陡于1∶1.5的路堤边坡,可与边坡植草(灌)、土工网垫客土植生、空心砖内客土植生等防护组合使用。

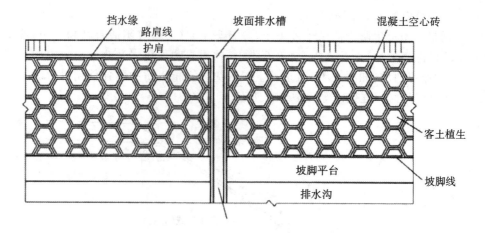

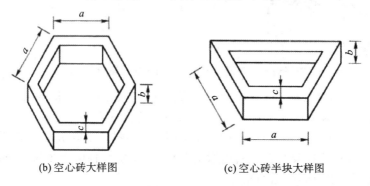

(a) 路堤边坡空心砖内客土植生防护示意图

(b) 空心砖大样图 (c) 空心砖半块大样图

图5.16 路堤边坡空心砖内客土植生防护图

1) 人字形骨架

人字形骨架护坡由主骨架与人字形支骨架组成,骨架体由浆砌片石砌筑或混凝土现浇,骨架内种植灌木和草(图5.17)。截水骨架的主骨架做成槽形,支骨架做成人字形。骨架及挡水缘混凝土强度等级不低于C25,骨架浆砌片石水泥砂浆强度不低于M7.5。

每隔50～100 m沿坡面设现浇混凝土或浆砌片石砌筑踏步一道,踏步台阶高度宜为15～20 cm,台阶深度不小于25 cm。

沿线路方向每隔15～20 m在支骨架与主骨架连接处及对应基础、镶边、护肩等位置设置一道伸缩缝,踏步处伸缩缝应结合踏步设置,缝宽2 cm,缝内全断面采用沥青麻筋填充。伸缩缝均为贯通缝,严禁切割设置假缝。

施工顺序:布置骨架位置→开槽→施工基础→浇筑或砌筑主、支骨架节点处→浇筑或砌筑主骨架→浇筑或砌筑支骨架顶点→浇筑或砌筑支骨架→浇筑或砌筑镶边→植物防护。

施工前应清刷坡面浮土,填补坑凹,使坡面大致平整。

施工时应自下而上浇筑(或砌筑)骨架,骨架应与边坡密贴,骨架流水面应平顺。踏步基础和骨架开槽底部应夯拍密实,骨架周边回填土应夯填密实。骨架表面应与骨架间植物防护良好衔接。

2) 方格形骨架

防护结构为坡面埋设方格形布置的骨架,骨架由浆砌片石砌筑或混凝土现浇,骨架内种植灌木和草。

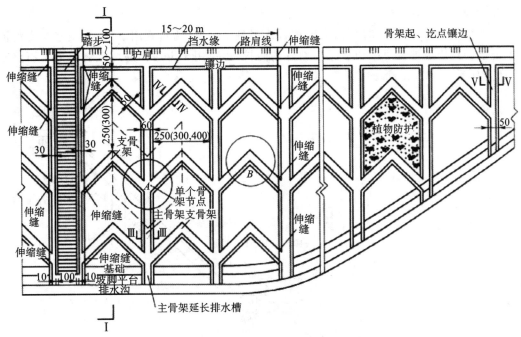

(a)路堤边坡人字形截水骨架防护立面示意图

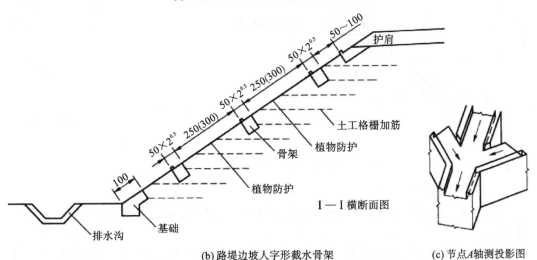

(b)路堤边坡人字形截水骨架   (c)节点A轴测投影图

图5.17 路堤边坡人字形截水骨架防护图(单位:cm)

方格形骨架材料可选用混凝土或浆砌片石,骨架及挡水缘混凝土强度等级不低于C25,骨架浆砌片石水泥砂浆强度不低于M7.5。台阶踏步、伸缩缝、排水槽等设置要求同人字形骨架。

施工顺序:布置骨架位置→开槽→施工基础→浇筑或砌筑骨架节点处→浇筑或砌筑骨架→浇筑或砌筑镶边→植物防护。

3)拱形骨架

坡面埋设骨架,由主骨架与拱形支骨架组成,浆砌片石砌筑或混凝土现浇,骨架内种植灌木和草。

施工顺序:布置骨架位置→开槽→施工基础→浇筑或砌筑主、支骨架节点处→浇筑或砌筑主骨架→浇筑或砌筑支骨架顶点→浇筑或砌筑支骨架→浇筑或砌筑镶边→植物防护。

3. 实体护坡(墙)

实体护坡(墙)包括干砌片石、浆砌片石或混凝土护坡(墙),宜用于风沙、浸水与受河流冲刷地段的路堤边坡及河岸和水库岸坡等的防护,也可用于土质和易风化剥落的岩石路堑边坡防护(图5.18)。

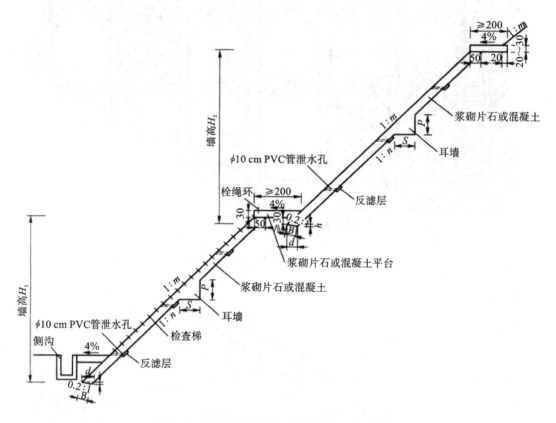

图 5.18 实体护墙边坡防护横断面图(单位:cm)

1) 主要技术要求

实体护坡(墙)用于路堑边坡防护,单级高度不宜超过 12 m,超过时宜设平台、分级砌筑或浇筑。

干砌片石护坡厚度不宜小于 0.25 m,浆砌片石护坡厚度不宜小于 0.3 m,现浇混凝土护坡厚度不宜小于 0.15 m,预制混凝土护坡厚度不宜小于 0.08 m。浆砌片石或混凝土护墙厚度不宜小于 0.4 m。

护墙采用等截面或变截面,墙身采用浆砌片石砌筑或混凝土立模浇筑,水泥砂浆强度不低于 M7.5,混凝土强度不得低于 C25,根据环境作用等级选用相应标号。

护墙基础埋深不应小于侧沟平台顶面以下 1 m,并应低于侧沟砌体底面。当无侧沟平台时,基础埋深应低于侧沟砌体底面以下不小于 0.3 m。为增强护墙的稳定性,高度大于 8 m 的护墙,于墙背中部设置耳墙一道,耳墙底宽 100 cm。

2) 主要施工要求

施工顺序:边坡开挖→清除浮土和松动岩石→基坑开挖→铺设反滤层→预留泄水孔→分段砌筑护墙→勾缝(支模浇筑护墙)。

护墙施工时墙背必须与路堑坡面密贴,边坡有局部超挖或凹陷时,应先挖台阶然后用与墙体相同材料浇筑或砌筑,不应以松散材料直接回填。严禁使用易风化岩石做砌体材料。如墙顶上一级边坡设置护脚,墙顶平台应与护脚一起施工。

同一级挡墙分层浇筑时,应在水平施工缝处设置接茬钢筋或接茬石。坡面有地下水出露时,应做好引水设施。

4. 孔窗式护坡(墙)

孔窗式护坡(墙)可用于易风化或风化破碎的岩石路堑边坡、坡面易受侵蚀的土质路堑边坡防护。孔窗式护坡(墙)可采用片石或混凝土预制块砌筑、混凝土浇筑。

1) 主要技术要求

护坡(墙)单级高度不宜超过12 m,超过时宜设平台,分级砌筑或浇筑。孔窗式护坡(墙)坡率不宜陡于1∶0.75,开孔尺寸宜选用2~4 m,窗孔内宜喷混植生或种植植物。

孔窗式护坡(墙)的基础埋深应不小于1 m。

2) 主要施工要求

施工顺序:边坡开挖→清除浮土和松动岩石→基坑开挖→分段砌筑护墙、勾缝(支模浇筑护墙)→孔窗内绿化。

护墙采用等截面或变截面,墙身采用浆砌片石砌筑或混凝土立模浇筑。水泥砂浆强度不低于M7.5,混凝土强度不低于C25。孔窗内可采用空心砖内客土植生、喷混植生、植生袋等防护。

其施工要求同实体护墙。

5. 锚杆框架梁护坡

锚杆框架梁护坡可用于土质、软质岩及风化硬质岩路堑边坡防护,可与边坡植草(灌)、土工网垫客土植生、空心砖内客土植生、喷混植生、生态袋、植生袋、喷锚网、柔性防护网等防护组合使用,如图5.19所示。

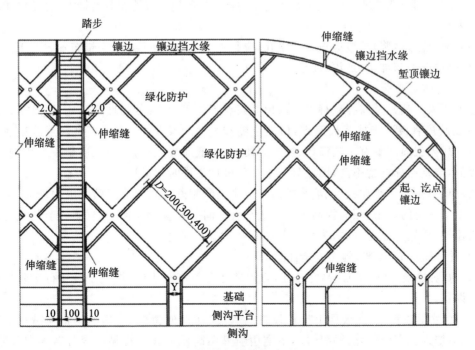

图 5.19 锚杆框架梁护坡(单位:cm)

1) 主要技术要求

锚杆框架梁护坡可多级设置,边坡坡率不宜陡于 1:0.75,单级高度不宜超过 15 m。坡面设现浇钢筋混凝土框架梁,正方形或菱形布置,节点处设置锚杆,框架梁内绿化。框架梁自下而上布置,采用现场立模施工,混凝土强度等级不低于 C30。

2) 主要施工要求

施工顺序:边坡开挖→清除浮土和松动岩石并平整坡面→确定孔位→钻机就位→调整角度→钻孔→清孔→安装锚杆→注浆→开槽(非硬质岩地段)→绑扎钢筋→立模板→浇筑混凝土→框架梁内绿化防护。

锚杆施工前应先进行施工工艺试验,确定施工参数。

框架梁应采用混凝土整体浇筑,挡水缘与框架梁混凝土一体浇筑,框架梁浇筑混凝土时,嵌入坡面以下部分采用土模,外露部分及其挡水缘宜立模施工。

6. 喷射混凝土(砂浆)护坡

喷射混凝土(砂浆)护坡是在边坡上形成一层保护层,可用在高而陡的边坡上,尤其对于上部岩层破碎而下部岩层完整的边坡,以及需要大面积防护,且较集中的边坡,采用喷浆或喷混凝土的防护更为经济。为保证喷射混凝土防护的稳定,通常结合挂网使用。

1) 主要技术要求

重力喷射砂浆宜采用纯净的细砂,粒径应为 0.1~0.25 mm;机械喷射砂浆和喷射混凝土宜采用纯净的中粗砂,粒径应为 0.25~0.5 mm,含土量不应超过 5%。喷射砂浆厚度不宜小于 5 cm。

喷射混凝土时,需进行分层喷射,单层厚度主要由喷射混凝土颗粒间的凝聚力和喷射层与受喷面的黏结力决定,一般根据岩性、围岩应力、裂隙及其他形式支护的配合情况确定,以保证混凝土层不错裂、不脱落。厚度太小,将增大回弹率;厚度太大则会削弱混凝土颗粒间的凝聚力,特别是拱顶喷射时会引起大片坍落。通常一次喷射厚度为粗骨料最大粒径的 2 倍。

喷射混凝土厚度宜为 7~10 cm。

喷射混凝土(砂浆)护坡应设置泄水孔,应每隔 2~3 m 上下左右交错布置。地下水发育时,应根据情况适当加密、加深、加粗。

2) 主要施工要求

重力式人工喷浆是将拌浆桶置于高出喷浆点不少于 15 m 的山坡平台处,用内径为 25~32 mm 的胶皮管接通于拌浆桶底部,借助位能和灰浆自重压力,使灰浆喷射至需喷射的部位。重力式人工喷浆具有工具简单、操作方便、造价低廉等优点,但施工质量不易控制,防护层强度低,与基层黏结力不高,因此只在不具备机喷条件时才采用。

机械喷浆是使用水泥枪(或喷浆机),将按比例配制好的灰浆通过喷嘴喷向坡面,由于喷射时产生了一定的压力,相应提高了保护层与坡面间的黏聚力及保护层的强度,与重力式人工喷浆比较,质量有显著提高,为目前主要的喷浆施工方法。

3) 喷射混凝土(砂浆)施工安全注意事项

(1) 喷射混凝土(砂浆)系高空作业,必须遵守有关安全规则,按规定设置行车防护和各种安全设备。

(2) 在喷射过程中,在坡面上操作设备的人员,在任何情况下,均不得将喷嘴对向其他人员,以免伤人。在电气化铁路区段,不准用喷嘴向高压电线和接触网设备射水和灰浆,以免触电伤人。

(3)在初凝后第一次喷水养护时,要注意防止压力水冲坏喷浆面。

7.路堑边坡喷锚网防护

路堑边坡喷锚网防护适用于对景观要求不高,单级边坡高度一般不大于10 m,坡率不陡于1∶0.5,坡面干燥、节理发育、破碎的硬质岩及易风化的软质岩路堑边坡,可与框架梁、绿化槽等防护组合使用。

1)主要技术要求

坡面设锚杆,挂镀锌钢丝网,喷射混凝土。

喷射混凝土采用机械喷射,混凝土强度不低于C25。护坡结构为喷射混凝土层中间夹一层镀锌钢丝网,并用锚杆与边坡连接,如图5.20所示。喷射混凝土厚度不小于10 cm,分两次喷射。

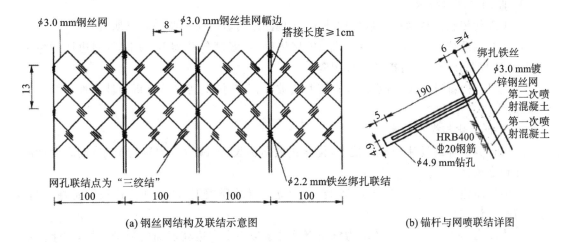

图5.20 路堑边坡喷锚网防护图(单位:cm)

镀锌钢丝网所用钢丝符合现行《一般用途低碳钢丝》(YB/T 5294)规定,镀锌等级不低于B级,钢丝直径不小于3.0 mm,网孔的联结点采用三绞结,严禁焊接。

2)主要施工要求

(1)施工顺序:清除浮土和浮石→钻孔→清孔→安装锚杆→注浆→安装泄水孔→第一次喷射混凝土→铺挂钢丝网→第二次喷射混凝土→养护。

(2)喷射混凝土前应将坡面浮土碎石清除并用高压水冲洗,边坡地下水出露时,应用泄水孔引出。机械喷射作业前应进行试喷,调节水灰比,使喷射表面光洁平整,骨料分布均匀,回弹量小。严禁在雨中进行喷射作业。

(3)喷射作业应自上而下分层喷射,不应漏喷、脱层、网材露出、锚杆露头,周边应封严,钢丝网与锚杆应牢固连接。灰体达到初凝后,立即洒水养护,持续7~10天。

8.路基边坡防护工程技术创新

路基边坡防护工程的技术创新主要聚焦于提高防护效果、环境适应性、成本效益以及维护的便捷性。以下是一些关键的技术创新内容。

1)生态防护技术

近年来,生态防护技术受到了广泛关注,它不仅能有效防止水土流失,还能恢复和保护自然植被。具体技术创新包括以下方面。

生态袋防护:使用由特殊材料制成的、具有透水不透土功能的生态袋,内填土壤和肥料,种植草本植物或小灌木,形成稳定的绿化边坡。

生物网格技术:在边坡上铺设生物网格,网格中填充土壤并播种草种,既能加固土壤,又能促进植被生长。

2)先进材料的应用

随着新材料技术的发展,各种高强度、耐久性强的新型材料被开发出来用于路基边坡防护。

复合材料:例如使用玻璃纤维、碳纤维等增强的复合材料进行边坡加固,这些材料具有轻质高强、耐腐蚀的特点。

特种混凝土:比如使用轻质混凝土、透水混凝土等,在边坡表面形成坚固的保护层,同时允许水分通过,减少水流对边坡的侵蚀。

3)监测与预警技术

利用现代传感器技术和信息处理技术,实现路基边坡的实时监控和早期预警。

智能监测系统:集成土压力传感器、位移传感器、湿度传感器等,实时监测边坡的稳定性,并通过数据分析预测可能的滑坡风险。

无人机巡检:使用无人机定期巡查路基边坡,结合图像识别技术分析边坡表面的微小变化,及时发现潜在危险。

4)设计优化与模拟技术

采用计算机辅助设计和模拟技术,优化边坡防护设计,减少人力物力成本,提高设计的科学性和准确性。

三维地质建模:基于 GIS 和 BIM 技术,建立三维地质模型,准确评估边坡稳定性,优化防护措施设计。

流体动力学仿真:通过流体动力学仿真软件模拟雨水在边坡表面的流动特性,优化排水设施的设计。

5)施工技术的创新

改进传统施工方法,采用更为高效、环保的施工技术。

喷播技术:采用喷射播种技术快速覆盖坡面,适用于陡峭边坡的绿化。

无开挖施工:运用顶管、定向钻等非开挖技术进行排水管道等设施的铺设,减少对边坡稳定的影响。

这些技术创新不仅提高了路基边坡防护的效率和效果,还增强了道路系统的可持续性,减少了对环境的负面影响。随着技术的不断进步,未来路基边坡防护将更加智能化、绿色环保。

任务工单

1. 任务描述

学生以 3~5 人为一组,选出组长并进行任务分工。各小组根据实际情况,查阅相关技术规范资料,收集、整理路基边坡防护相关知识。本次任务旨在设计一份路基边坡防护施工方案,以确保路基边坡在自然环境中的稳定性和安全性。通过合理选择和运用防护技术,提高边坡的耐久性,同时兼顾经济性和美观性。

2. 任务目标

(1) 了解边坡情况:分析边坡的地形地貌、水文地质条件,确定边坡的稳定性及潜在风险。

(2) 设计防护方案:根据边坡的具体情况,设计合理的防护方案,包括材料选择、施工方法、防护措施等。

(3) 编制施工计划:制订详细的施工计划,包括人员配置、机械设备、施工步骤、时间安排等。

(4) 质量控制与安全措施:制定质量保证措施和安全保障措施,确保施工质量和人员安全。

3. 数据资料准备

各小组查阅相关资料,熟悉路基边坡防护规范内容,并进行规划,将所需的各项数据资料填入表5.10。

表 5.10 数据资料清单

列举边坡情况	防护方案 (材料、施工方法、 施工措施)	施工计划 (人员、机械配置、 施工步骤、时间安排等)	质量控制与安全保障措施

4. 制订方案

(1) 各小组针对工作规划展开讨论,制订实施方案。

(2) 指导教师对各小组的实施方案给出评价。

(3) 各小组根据指导教师的评价对实施方案进行调整。

(4) 调整合格后的实施方案即最终实施方案。

5. 工作实施

各小组按照最终实施方案,系统地对路基边坡防护施工过程及质量控制要点进行统计,并将实施内容及完成情况填入表5.11中。

表 5.11 实施内容及完成情况

班级		组号		日期	
姓名		学号		指导教师	
实施内容					完成情况

续表

任务总结

课程思政

(1) 培养安全意识：通过分析边坡病害对铁路安全的影响，强调边坡防护的重要性，培养学生的安全意识。

(2) 弘扬工匠精神：在边坡防护的设计和施工过程中，需要精益求精、注重细节。可以引导学生理解并践行工匠精神，追求卓越和完美。

(3) 强化社会责任感：铁路是国家重要的基础设施，边坡防护直接关系到铁路的安全运行。通过课程学习，使学生认识到自己在铁路建设中的责任，培养他们的社会责任感。

(4) 关注生态保护：在介绍边坡防护措施时，强调生态保护的重要性。引导学生思考如何在确保铁路安全的同时，减少对自然环境的破坏，培养他们的环保意识。

课后练习题

一、单项选择题

1. 种草或液压喷播植草适用于（   ）。

A. 土质边坡，坡率缓于1∶1.25

B. 土质和强风化、全风化的岩石边坡，坡率不陡于1∶1

C. 土质、软质岩和全风化的硬质岩石边坡，坡率不陡于1∶1.5

D. 漂石土、块石土、卵石土、碎石土、粗粒土和强风化、弱风化的岩石路堑边坡，坡率不陡于1∶0.75

2. 种植灌木适用于（   ）。

A. 土质和强风化、全风化的岩石边坡，坡率不陡于1∶1

B. 土质、软质岩和全风化的硬质岩石边坡，坡率不陡于1∶1.5

C. 土质边坡，坡率缓于1∶1.25

D. 漂石土、块石土、卵石土、碎石土、粗粒土和强风化的软质岩及强风化、全风化的硬质岩石路堑边坡，或由其弃砟填筑的路堤边坡，坡率不陡于1∶1

二、多项选择题

1. 下列关于边坡病害产生的原因说法正确的是（　　）。

A. 地下水浸湿软化路基边坡土体，使其抗剪强度降低，引起表土滑动、坍塌等边坡变形

B. 岩性差的岩体，在湿度、温度变化条件下，其风化过程会加剧，路基表面在温差作用下形成胀缩循环，在湿差作用下形成干湿循环，也可导致强度的衰减和剥蚀

C. 在近旁河流的冲击、淘刷和侵蚀作用下，路基也会被冲刷损坏

D. 边坡进行了植草和种树导致边坡失稳

E. 边坡设置浆砌石导致边坡重力增加而破坏

2. 边坡病害常见的类型有（　　）。

A. 边坡溜坍　　　B. 边坡坍塌　　　C. 风化剥落

D. 边坡冲刷　　　E. 土质边坡

3. 边坡防护的作用有（　　）。

A. 保护路基边坡表面免受雨水冲刷

B. 减小温度及湿度变化的影响

C. 防止或延缓软弱岩土表面的风化、剥落等演变过程

D. 保护路基边坡的整体稳定性

E. 加速边坡的稳定性进程

4. 常见的植物防护形式有（　　）。

A. 种草或液压喷播植草　　　B. 铺草皮

C. 植树　　　D. 喷混植生

E. 客土植生

5. 常见工程防护措施有（　　）。

A. 喷护和挂网喷护　　　B. 干砌片石护坡

C. 浆砌片石护坡　　　D. 浆砌片石护墙

E. 浆砌片石或混凝土骨架护坡

6. 下列液压喷播植草效果说法正确的是（　　）。

A. 具有良好的固种保苗效果——混合液中的纤维、防土壤侵蚀剂形成半渗透覆盖层，加之外铺无纺布的防护作用，保证了遇刮风、降雨时植物种子不会流失

B. 具有良好的适生初始条件——覆盖层减少水分蒸发，给种子发芽提供了水分、养分和遮阴条件，促使其生根发芽、生长发育

C. 利用植物生长特性养护——"土生土长"，"劣境锻炼则生命力强"，向光、向水、向土、向肥四个"向性"，以及植物生长的连续性和长期性

D. 具有施工简单、适用性广的特点

E. 具有施工质量高、防护效果好、工程造价低的特点

7. 坡面防护一般种灌木（土质路堤上宜植生长快、枝多叶茂而根系发达的树种），多采

用（　　）、山楂等灌木。在风沙干旱地区宜采用花棒、柠条、黄柳、沙棘、怪柳。

A. 紫穗槐　　　　B. 夹竹桃　　　　C. 黄荆

D. 二色胡枝子　　E. 野蔷薇

8. 喷混植生是适用于岩质边坡坡面植草的绿色防护技术，它将种子、（　　）和水等材料按一定比例搅拌均匀后，利用强力压缩机喷射于岩石边坡坡面作为植生基材层，再铺设无纺布覆盖，然后依靠基材层使植物生长发育，形成坡面植物防护。

A. 肥料　　　　　B. 黏结剂　　　　C. 土壤改良剂

D. 种植土　　　　E. 保水剂

引入案例

2022年10月，山西省部分地区遭遇持续强降雨，南同蒲铁路祁县至东观间的昌源河铁路桥桥台尾部路基被洪水冲毁，导致双向线路中断。这一事件凸显了铁路路基冲刷防护的重要性。

1. 冲刷情况

持续强降雨导致昌源河铁路桥下行线桥梁护锥被洪水冲垮，土方不断坍塌。在危急关头，铁路部门果断采取停运客车、货车停车避险等措施，并启动应急抢险预案。

2. 防护措施

（1）紧急抢险：

・铁路部门立即组织抢险队伍，调集大型救援设备，对昌源河铁路桥进行紧急抢险。

・通过炸开拦水坝改变水流方向、填充决口、加固桥台路基等措施，成功修复了受损的路基。

（2）长期防护：

・在抢险完成后，铁路部门对昌源河铁路桥及其周边区域进行了全面的评估和规划。

・采取了更加有效的冲刷防护措施，如增设拦挡坝、导流墙等，以提高路基的抗冲刷能力。

3. 效果与启示

（1）效果：

经过紧急抢险和长期防护措施的实施，昌源河铁路桥的路基冲刷问题得到了有效解决。铁路线路恢复了正常通行，确保了运输安全。

（2）启示：

铁路路基冲刷防护是确保铁路运输安全的重要环节。在设计和施工过程中，应充分考虑地质、水文等因素对路基稳定性的影响。应加强日常巡查和维护工作，及时发现并处理潜在的安全隐患。在面对自然灾害等突发事件时，应果断采取应急措施，确保人员和物资的安全。

任务三　路基冲刷防护

一、工作任务

（1）掌握路基冲刷防护类型。
（2）掌握各类路基冲刷防护类型的适用条件。
（3）掌握各类路基冲刷防护的施工要点。

路基冲刷防护施工

二、相关知识

河流在其演变过程中会产生对河床及沿岸的冲刷作用。当路基本体或部分边坡伸入河床范围，对水流产生约束，改变水流特性时，将导致更严重的冲刷。河滩路堤、滨河路堤及水库路基都必须妥善解决路基的冲刷防护问题，从而提高铁路路基的抗洪能力，确保路基安全、稳定。寒冷地区冬季还存在着河流或水库冰封、流冰产生冰压力的作用。

汛期洪水是路基的严重威胁，水流对路基的冲刷乃至冲毁，都会造成铁路设施不同程度的损毁和破坏，从而对列车安全运行构成严重威胁。每年七八月份我国南北方相继进入主汛期，也是铁路水害多发时段。每次水害的发生，轻者冲坏、冲毁路基、桥梁，中断行车；重者则导致车毁人亡，给人民生命财产造成重大损失。因此，必须采取正确的路基冲刷防护措施，提高路基防洪标准，确保行车安全、畅通。

1. 路基冲刷防护类型的选择

路基冲刷防护工程分为边坡防护、导流和改河工程三类。

边坡防护是对河岸或路堤边坡直接加固，以抵抗水流的冲刷和淘刷作用。其特点是可以尽量不干扰或少干扰原来水流的性质，因而对防护地段上下游及其对岸的影响轻微。但由于这类工程直接建筑在受冲的河岸或路堤边坡上，一旦遭受破坏，铁路立即受到威胁，故其性质是被动的，因此必须具有足够的坚固性与稳固性。在水流流速不太大、流向与河岸接近平行的地段，或在宽阔的河滩、凸岸、台地边缘等水流破坏作用较弱的地段，宜于采用。在山区地带，河床呈"V"形，河道狭窄，纵坡陡，受地形、地质条件限制，此时防护工程应以顺乎自然为主，若企图改变河流水性，往往失败多、收效少，也多采用直接防护。

导流是借助于沿河布置丁坝来改变水流的性质，或者迫使主流流向偏离被防护的地段，或者降低被防护地段的流速，或者改变河槽中冲刷和淤积的部位，以间接地防护河岸或路基。这类防护建筑物都要或多或少地侵占一部分河床断面，因而不同程度地压缩和紊乱了原来的水流，其受冲刷部分所受到的冲刷和淘刷作用特别强烈，必须有相应的坚固加固措施。当间接防护建筑物的布置部分不适当或者加固措施不够坚固时，可能被水冲毁一部分，但一般不致立即危害路基，可以认为已起到了一定的防护作用。洪水期过后，可通过分析研究找出水毁的原因，在修复时加以改善，所以这类防护方法的性质是比较主动的。在平原区或山区下游，河床类型处于"U"形和"V"形之间，冲刷与淤积往往平衡，河性较易改造，在条件适合时宜于采用。但应注意修建这类防护建筑物对被防护地段上下游及其对岸的影响，防止对农田水利、居民点及重要建筑物造成损害。一般用于河床较宽，冲刷和淤积大致平衡，水流性质易改变的河段。在山区河谷地段，不宜设置挑水导流建筑物。

改河是将水流引入新的河道而避免其冲刷路基、坡岸的一种措施。当路堤侵占河床较多或水流直冲威胁路基安全,在地形地质条件有可能时,方可采用局部改移河道的措施。但峡谷、泥石流、非稳定性的河段,不应轻易改移河道。

防冲刷的坡面防护类型有植物防护(铺草皮、种植防水林、挂柳)、抛石防护、干砌片石护坡、浆砌片石护坡、石笼防护和浸水挡土墙等。导流工程有丁坝(又称挑水坝)和顺坝等。

水流冲刷是影响沿河地段路基稳定的主要因素,应慎重地选用适宜的坡面防护、导流、改河等防冲刷措施。

2. 防护高度与基础埋深

1) 防护高度

(1) 冲刷防护工程顶面高程,应为设计水位加波浪侵袭高加壅水高加0.5 m。

(2) 桥头河滩路堤堤顶高程,当水流纵坡较大、河滩较宽阔时,还应在上述基础上再加上桥前水面横坡所形成的附加高度。

(3) 高水位坝的坝顶高程,应为设计水位加波浪侵袭高加壅水高加0.5 m。

2) 基础埋深

防护工程基底应埋在冲刷深度以下不小于1 m或嵌入基岩内。冲刷深度应根据公式计算、河床地层冲淤分析和类似工程的实践资料综合分析确定。当冲刷深度较深、水下施工困难时,可采用桩基、沉井基础或适宜的平面防护,或与设桥方案进行比较。

3. 冲刷防护工程常用类型及适用条件

1) 路堤边坡与河岸岸坡的冲刷防护工程

(1) 植物防护。

受季节性水流浸泡、流速小于1.8 m/s地段的路堤边坡,应采用根茎发达、缠绕性强和耐湿、耐水淹的灌木防护。沿河路堤的下部边坡或坡脚,可采用栽植乔木、灌木的防冲刷措施。

(2) 干砌片石护坡。

干砌片石护坡适用于水流方向较平顺的河岸滩地边缘,不受主流冲刷的路堤边坡以及无漂浮物和滚石的河段。干砌片石护坡的容许流速为2~3 m/s。

干砌片石护坡通常采用等厚截面。单层干砌时厚0.25~0.35 m;双层干砌时,应注意上、下层之间的石块咬合嵌紧,上层用较大石块,上层厚0.25~0.35 m,下层厚0.25 m。边坡为砂类土时,在护坡和边坡间铺设砂砾垫层。边坡为黏性土时,垫层下尚需铺设10 cm的杂粒砂。

护坡基础应埋置于最大冲刷深度下。当冲刷深度小于1.0 m时,可采用墁石铺砌基础;冲刷深度大于1.0 m时,宜采用浆砌片石脚墙基础,如图5.21所示。

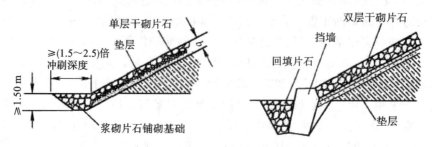

图5.21 干砌片石护坡示意图

(3)浆砌片石护坡。

浆砌片石护坡除可用于周期性浸水的路基边坡防护外,还适用于经常浸水的、受主流冲刷或受强烈波浪作用或有封冰、流冰的路基边坡以及河岸和水库边岸的防护,其容许流速一般为 4~8 m/s。

护坡通常采用等厚截面,厚度 0.3~0.6 m。当流速较大或波浪作用十分强烈时,厚度可达 0.6 m,并采用双层砌筑。护坡在非严寒地区用 M7.5 浆砌片石砌筑,在严寒地区用 M10 浆砌片石砌筑。对可能发生冻胀变形的土层边坡,必须设置垫层。当护坡较厚时,可采用 15~25 cm 厚的级配砂砾卵石垫层,或采用由 10 cm 厚的粗中砂和 15 cm 厚的卵砾石组成的垫层;当护坡较薄时,可采用 10~15 cm 厚的级配砂砾卵石垫层。

护坡沿纵向每 10~15 m 设伸缩缝一道,缝宽 2 cm,用沥青麻筋或沥青木板填塞。为排泄护面层背后可能的积水,一般在护坡的中下部设交错排列的泄水孔,泄水孔为 10 cm×15 cm 的矩形或直径为 10 cm 的圆形,间距 2~3 m,呈梅花形交错设置,孔后设反滤层。

护坡基础多用脚墙形式。当冲刷深度在 3.5 m 以内时,基础一般直接埋置在冲刷深度线以下不少于 1.0 m,并使其底面低于河槽最深处。当冲刷深度更深时,基础可埋置在冲刷深度线以上,但须在基础脚墙前采取适当的平面防淘措施,如图 5.22 所示。

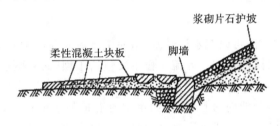

图 5.22 浆砌片石护坡示意图

(4)混凝土板及柔性混凝土块板护坡。

混凝土板护坡的板厚 0.08~0.2 m,边长不小于 1 m,内设钢筋,板下铺设砂砾垫层,适用条件与浆砌片石护坡相同。其容许流速为 4~8 m/s,在缺乏石料地区尤为适宜,但造价高,并须防止坡面下沉失稳。

柔性混凝土块板以 0.5 m×0.5 m~1 m×1 m 为宜,铺设时拼接安装成整体,由于具有柔性,可紧贴防护土体下沉,防止进一步淘刷。

(5)抛石防护。

抛石防护是选用一定粒径的坚硬、耐冻、不易风化的岩石,按照一定的断面形式抛掷或堆砌于路基边坡、坡脚或河床内,用以防止路基或岸坡冲刷的防护措施。它适用于水流方向稳定、无严重局部冲刷且河床地层承载力较高的路基边坡下部及河岸的防护。此外,它还常用作水库边岸和海岸的防浪建筑物和防洪抢险的临时加固工程。其容许流速由抛投石块的粒径而定,一般不宜超过 3 m/s。石块尺寸根据流速、波浪大小计算,不宜小于 0.3 m。

(6)石笼防护。

石笼防护是将装满石块的铁丝笼,按照一定的断面形式抛掷或堆砌在路基边坡、坡脚或河床内,用以防止路基或岸坡被冲刷的防护措施。石笼有较高的强度和柔性,不需用较大的石块,适用于受洪水冲刷但无滚石的河段和大石料缺少的地区。其容许流速可达 4~5 m/s,容许浪高为 1.5~1.8 m。石笼内的填充石料宜选用浸水不崩解、密度大、未风化的石块。

石笼用于防止岸坡受冲刷时,可用垒砌形式,当边坡坡率等于或缓于1∶2时,可用平铺形式。用于防护基础淘刷时一般采用平铺于河床并与坡脚垂直安放的形式,同时将其与基础连接处钉牢固定,但容许石笼本身能自由弯曲,其铺设长度宜不小于河床冲刷深度的2倍。用于垒砌的石笼宜用长方体;用于平铺的石笼宜用扁长方体。防洪抢险的石笼一般采用有骨架的圆柱体。

石笼一般用直径为6~8 mm的钢筋组成框架,用直径为2.5~3.5 mm的镀锌铁丝编成六角形网格。

(7) 浸水挡土墙。

在需要设置坚强防护的地段,或因地形限制不宜设置其他类型冲刷防护建筑物的峡谷急流和冲刷严重的河段,采用浸水挡土墙比较经济合理。其容许流速为5~8 m/s,容许浪高大于2 m。

浸水挡土墙通常采用重力式或衡重式,用M10浆砌片石砌筑,石料应具有一定的耐水能力。墙的端部与河岸要圆顺连接,切不可挤压河道,以免造成严重的局部冲刷。

浸水挡土墙的基底应埋置在冲刷深度线下不少于1.0 m,最好埋在不致被冲刷的完整的基岩上。如冲刷深度很深,则可根据河床及地质情况采用桩基或沉井基础,或者在采用浅基的同时采用其他平面防淘措施。

2) 导流工程

采用导流或阻流的方法可改变水流性质,迫使主流流向偏离被防护的路段;亦可减小流速,缓和水流对被防护路段的影响。导流工程主要包括丁坝(又称挑水坝)和顺坝两种。

(1) 丁坝。

丁坝也称挑水坝,坝身伸向河心,横向约束水流而迫使水流转向,使防护的路基岸坡流速减缓,避免或减少冲刷并淤积成新岸。由于对天然水流性质干扰严重,对上下游河段和河岸影响较大,水流对坝体,尤其是坝头的作用强烈,所以丁坝很少采用单个的,一般设置多个丁坝形成坝群。

按照河水流向与丁坝交角的大小,丁坝分成垂直、上挑、下挑三种布置形式。

根据坝身的长短,丁坝又可分为长丁坝和短丁坝。长丁坝一般深入河床约1/3稳定河床宽,挤压河床水流断面大,挑水力量大;短丁坝挤压河床水流断面小,挑水力量也小,但能起到紊乱近岸水流、减轻水流对路基岸坡冲刷力的作用。

丁坝由坝头、坝身和坝根三部分组成,其断面是梯形,迎水面坡度缓于背水面,坝头缓于坝身。坝头顶面高程按设计水位加上壅水高、波浪侵袭高和0.5 m的安全高度计。整个坝顶轴线,由坝头向着坝根,具有1/40~1/80的纵向缓和升坡。

面对水流,丁坝的坝头首当其冲,而且易受水上漂浮物的撞击,因此必须要坚固,常将背水面放宽(总宽是坝身顶宽的1.5~2.0倍),并做圆滑曲线形,横坡放缓至1∶3。

丁坝的坝身为不对称梯形断面,其顶宽一般不小于2.0 m。丁坝的坝根与坝岸相接,是结构的薄弱部分,易被水流冲毁,导致丁坝失效。当岸坡较易冲刷或渗透系数较大时,坝根处应开挖基槽,将坝根嵌入岸内,嵌入深度为坝长的0.15~0.20,并不超过2.0 m,上下游适当铺设护坡;如果岸坡不易冲刷或渗透系数较小,仅上下游需要适当防护,坝根可不必嵌入岸内;当坝根处于淤积区时,坝根亦可不予防护。丁坝受水流冲击力大,需验算其稳定性。

(2) 顺坝。

顺坝在平面上做纵向布置,整个坝身和水流流向近乎平行或交角很小,其作用是使水流平缓地顺着坝身而流动,逐渐转变流向,离开被防护的路基河岸区。

顺坝压缩河床水流断面较小,对水流干扰较小,不致引起过大的冲刷,但坝长约与被防护段的长度相同,总长度大于丁坝,故造价较高,改建亦较困难。

顺坝亦有坝头、坝身与坝根之分。坝头与岸坡分开,其横坡不陡于1∶2,但可以不扩大,呈圆弧形。坝根受力较大,要求牢固嵌入河岸内,嵌入长度一般不小于3～5 m,如岸边为不易冲刷的坚实地层,嵌入2 m即可。坝根应有较好防护,要求沿上游河岸接至不受水流斜冲处。顺坝受力较丁坝小,一般不必验算其稳定性。

4. 冲刷防护工程施工要求

冲刷防护采用干砌、浆砌片石或混凝土护坡施工时应符合以下规定。

(1) 基坑开挖时应核对地质情况,落实基础高程和嵌入基岩深度。明挖基坑应按照《铁路路基工程施工质量验收标准》规定施工;采用沉井或桩基的水下和深基础施工,应符合《铁路桥涵工程施工质量验收标准》的有关规定。护坡基础及护基设施宜在枯水期完成,并应在洪水来临前做好坡面铺砌。

(2) 铺砌护坡应在坡体沉降已趋稳定后进行;铺砌前应整平、夯实坡面。

(3) 护坡两端及顶部应与边坡和岸坡平顺、密贴、牢固地衔接。

(4) 干砌、浆砌片石护坡应采用坚硬、耐冻、未风化的片石砌筑,片石强度不应低于MU30。

(5) 必须按设计尺寸和材料设置反滤层。

5. 土工合成材料在路基防护工程中的应用

1) 坡面防护

路基坡面防护可以采用土工网垫或土工网种草,边坡坡度不宜陡于1∶1。陡于1∶1时宜设草籽垫,并选用根系发达、茎矮叶茂的多年生植物。土工网垫和土工网的作用是先期保土和固定草种。草籽垫是包有草籽的带有草籽发芽和生长所需营养成分的垫层。植物应选用土生土长的或适宜当地土壤、气候条件的多年生草种、树种。

对于不适合植物生长的稳定破碎岩层、易风化岩层及土质边坡,可设置土工格栅挂网喷浆或喷射混凝土防护。

为了保证施工和正常使用,用作坡面防护的土工合成材料应具有以下性能:

(1) 暴露于阳光下,进行植物防护所使用的土工网、土工网垫,在植物长成之前,会受到阳光的照射,为保证在植物防护完全发挥作用之前,土工合成材料不至于失效,要求其暴露状态下的使用寿命不少于5年。

(2) 土工网垫在植物成活之前,能保护坡面免遭风雨的侵蚀,要求其水土保持能力系数(在相同降水量条件下设防护与不设防护水土保持时间之比)不小于5。

(3) 由于在运输和施工中不可避免地会将土工网垫压扁,为了保证其三维结构,要求其30 min时的三维网回弹恢复率不低于80%。

(4) 作为挂网材料的土工格栅为了不引起太大的喷射物回弹量,双向拉伸材料的孔径不小于40 mm。

(5) 在喷射的砂浆或混凝土强度形成之前,应能防止其下坠或滑动,土工网、土工格栅延伸率为5%时,抗拉强度不低于10 kN/m。

2) 冲刷防护

土工合成材料在冲刷防护工程中的适用条件如表5.12所示,可根据情况选择采用。

表 5.12 冲刷防护工程类型及适用条件

防护类型	结构形式	适用条件
土工格栅或土工网石笼	用土工格栅或土工网等制成箱形或圆柱形,笼内装块石、卵石形成条体或块体	适用于临时工程,流速 4~5 m/s,无滚石河段
土工织物沉枕	土工织物缝成管袋,内填砂石料等制成的枕状物	流速 4~5 m/s,冲刷较严重的护坡、护底,如丁坝、顺坝等
土工模袋	土工模袋内充填流动性水泥砂浆或混凝土,厚度视工程需要确定,分有滤排水点和无滤排水点	护坡坡度不陡于 1:1.5,充填水泥砂浆时,容许流速为 2~3 m/s;充填混凝土时,适用于容许流速大于 3 m/s 的水上、水下工程

(1) 土工合成材料石笼和沉枕。

石笼与沉枕应具有足够大的体积和质量,确保其稳定性。石笼一般长 2~3 m,宽 1~3 m,高 1 m,当石笼为圆柱体时直径 1 m。土工织物沉枕直径一般为 0.6~1.0 m,长 5 m 或 10 m,沿其长轴每隔 30~50 cm 用 $\phi 4$~5 mm 的合成材料筋绳捆扎一圈作为加固腰箍;土工格栅或土工网石笼内应选用卵石、块石充填,块径应大于网孔尺寸,一般为 8 cm×10 cm 或 10 cm×12 cm;为保证其稳定性,宜在其防护范围内的上、下端设锚固措施,上端设桩悬挂,或以锚钉固定,下端则嵌入坡脚中;制作沉枕的管袋材料宜为机织型土工织物,其经纬向抗拉强度不应小于 12 kN/m。

(2) 土工模袋。

土工模袋必须铺放在坡度不陡于 1:1.5 的稳定边坡上。模袋护坡平均厚度不应小于 15 cm,必须能承受 0.2 MPa 以上的压力,具有合适的孔隙率,能满足反滤要求。

3) 风沙防护

粉砂、细砂填筑的路堤边坡及粉细砂地层路堑边坡,可选用土工网、土工网垫等作为风蚀防护层。将土工网、土工网垫用于风沙路基防护,不仅能起到阻止流沙移动的作用,有利于对沙受到扰动后所引起的风沙活动进行快速防护,而且具有材料运输方便、施工速度快等优点。覆以土工网的路基边坡坡面,坡面性状发生明显改变。由于坡面粗糙度的增加,其蚀积环境发生了改变,在风力降低、风蚀减弱的同时,风沙流中的部分沙粒及呈悬移状态的细颗粒被阻滞沉积下来,使土工网下覆沙表面细颗粒物质增加,并出现薄层结皮。随着细颗粒物质积累过程的不断进行,有机质及微生物会随之出现,地表沉积物及理化性质也相应改变,这为局部环境的改善、后期植物的生长创造了良好的条件。

在沙层含水率大于 2% 的风沙区,可采用土工网与植物相结合的措施。

4) 土工合成材料路基防护施工要点

(1) 坡面防护。

① 土工网垫、土工网植物护坡。

土工网垫、土工网宜在适宜植物生长的季节铺设,铺设前应整平坡面并适量洒水湿润边坡,铺设时应与坡面密贴,上下边可按 L 形埋入土中,埋深不宜小于 0.4 m,回转长度不宜小于 0.2 m;搭接宽度土工网垫不应小于 2 cm,土工网不应小于 10 cm,采用不短于 15 cm 的固定钉垂直固定,其间距宜为 0.5~1.5 m;铺设范围应包括路肩、平台及堑顶以外 1 m;撒播草籽后,应及时覆盖表土并适当拍压,并做好洒水养护工作,养护期不少于30 d。土工网及土工网垫的铺设和种草如图5.23、图5.24所示。

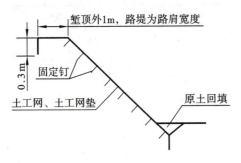

图5.23 土工网、土工网垫铺设示意图

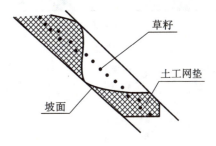

图5.24 土工网垫种草示意图

②土工格栅挂网喷浆或喷射混凝土防护。

预先整平坡面,设置好护坡伸缩缝;按设计要求施打锚杆后铺设土工格栅,并使其与锚杆连接紧密;喷射施工时喷射物应全面覆盖土工格栅,喷护总厚度不应小于8 cm。

(2)冲刷防护。

①石笼及沉枕施工。

石笼、沉枕填料的填充率不宜小于80%,施工作业不应使石笼、沉枕破损。

②土工模袋施工。

施工前预先划定作业空间,设立水准点、水位及流速观测设施,清理施工场地;模袋铺设应在其上、下缘插入挂袋钢管,上缘挂在固定桩和松紧器上,将模袋从坡上往坡下铺设;灌料口应扎紧,充填模袋宜采用特制的灌料泵进行。

(3)风沙防护。

在边坡坡顶和坡脚分别开挖深度不小于0.5 m的三角沟槽,并以固定钉分别固定土工网垫、土工网的首端及末端后回填夯实;土工网垫、土工网应铺设平顺,土工网垫搭接宽度不应小于2 cm,土工网搭接宽度不应小于10 cm,并可采用固定钉固定,钉间距宜为1~1.5 m,并按梅花形布置。固沙植物宜在铺网后栽植。

任务工单

1. 任务描述

学生以3~5人为一组,选出组长并进行任务分工。各小组根据实际情况,查阅相关技术规范资料,收集、整理路基冲刷防护知识,并分析影响工程质量的因素。

路基冲刷是道路工程中常见的问题之一,特别是在河流、湖泊等水域附近的道路,水流冲刷可能导致路基损坏,影响道路的安全性和稳定性。因此,设计合理的路基冲刷防护措施至关重要。本任务旨在通过实践,掌握路基冲刷防护设计的基本原理、方法和新技术应用。

2. 数据资料准备

各小组查阅相关资料,收集相关文献资料,根据工程条件,选择合适的冲刷防护类型(如抛石防护、砌石防护、植被防护、混凝土防护等)。设计具体的防护方案,包括材料选择、结构设计、施工方法等,填入表5.13。

表5.13 数据资料清单

材 料 选 择	结 构 设 计	施 工 方 法	备　　注

3．制订方案

（1）各小组针对工作规划展开讨论,制订实施方案。

（2）指导教师对各小组的实施方案给出评价。

（3）各小组根据指导教师的评价对实施方案进行调整。

（4）调整合格后的实施方案即最终实施方案。

4．工作实施

各小组按照最终实施方案,系统地对路基冲刷防护施工内容进行整理,并将实施内容及完成情况填入表5.14中。

表5.14 实施内容及完成情况

班级		组号		日期	
姓名		学号		指导教师	
实施内容					完成情况
任务总结					

课程思政

闻"汛"而动,中铁五局积极参与京九铁路抢险

2023 年 8 月 5 日上午 9 点 10 分,中铁五局石衡沧港城际铁路站前一标项目部接到北京铁路局集团公司衡水工务段的通知,京九铁路上行 K267+000~200 位置路基边坡垮塌,导致火车运行中断,险情十分严重,请求支援。

险情就是命令,抢险就是责任!中铁五局项目部接到通知后,迅速组建 520 人的抢险救援队伍,并分现场方案对接、物资供应、机械设备调配、劳务人员协调、后勤保障等小组,明确各小组责任,组织装载机 4 台、挖机 5 台、自卸汽车 4 台、随车吊 3 台、水泥 400 吨、方木 1200 根、钢管 1000 根参与抢险。

闻"汛"而动,项目部 30 名共产党员带头第一时间赶赴现场,路段管控、现场施工、后勤补给,在抢险的每个环节都能看到党员同志冲锋在前的身影。他们用实际行动践行了"关键时刻,党员豁出来、冲上去"的初心使命,也体现了央企的社会担当和责任。

项目部抢险救援领导小组迅速制订抢险方案,协调调配救险物资及时抵达现场。在项目部统筹安排下,救援队员们有的用白灰装好的防汛袋堆码防护,有的搬运方木,有的开装载机、挖掘机清理、清运路肩的大量淤泥及侵线的障碍物、杂物,分工协作,各项抢险救援工作有序展开。

现场道路狭窄泥泞,很不好走。后勤保障小组克服困难,用人力把一箱箱矿泉水、面包、火腿肠扛到救援一线。其间还向救援队员讲解安全注意事项,并把所有垃圾全部带走。为工作人员做好后勤保障,助力抢险救援工作。

经过十个小时抢修,下午七点京九铁路恢复通行。

在同学们的职业生涯中,要培养严谨的工作作风和敬业精神,要刻苦务实,在艰难奋斗中锤炼意志品质。

课后练习题

一、单项选择题

1. 铁路路基的冲刷防护不包括(   )。

    A. 植物防护　　　B. 石笼防护　　　C. 抛石防护　　　D. 孔窗式护墙

2. 属于路基间接防护的是(   )。

    A. 抛石防护　　　B. 石笼防护　　　C. 丁坝　　　　　D. 植物防护

3. 浆砌片石护坡适用于最大流速不超过(   )的山区或山前区。

A. 4~8 m/s　　　B. 3~4 m/s　　　C. 2~3 m/s　　　D. 1~4 m/s

4. 坝根与河岸相连接,坝头伸向河槽,与水流成一角度,将水流挑离河岸或路基,改善流态,该坝为(　　)。

A. 丁坝　　　　B. 顺坝　　　　C. 导流坝　　　　D. 格坝

二、多项选择题

1. 坡面直接防护适用于(　　)。

A. 水流速度较缓地段　　　　　　B. 水流流向与堤岸接近平行地段

C. 宽阔的河滩地段　　　　　　　D. 河流凹岸地段

E. 水流破坏作用较强地段

2. 下列关于浆砌片石护坡适用条件说法正确的是(　　)。

A. 容许流速 1.2~1.8 m/s　　　　B. 容许流速 4~8 m/s

C. 不受主流冲刷的路堤边坡　　　D. 主流冲刷的路堤边坡

E. 波浪作用强烈处的路堤边坡

3. 下列关于植物防护适用条件说法正确的是(　　)。

A. 容许流速 1.2~1.8 m/s

B. 容许流速 2~3 m/s

C. 水流方向与线路近乎平行

D. 不受各种洪水主流冲刷的浅滩地段路堤边坡

E. 已浸水的路堤边坡与河岸

4. 下列关于间接防护导流结构物说法正确的是(　　)。

A. 挑水坝将水流挑离河岸或路基,改善流态

B. 丁坝的坝根与河岸相连接,坝身与导流线基本重合

C. 导流坝主要起导流、束水,调整流水曲线,改善流态的作用

D. 格坝在平面上呈网格状,设于顺坝与堤岸之间

E. 顺坝通过防止高水位时水流溢入冲刷坝内岸坡或坡脚,促进格间的淤积

项目六 高速铁路路基施工

学习目标

知识目标:

1. 能说出高速铁路路基及路基施工的特点;
2. 能说出高速铁路路基的基床结构及技术标准;
3. 能说出高速铁路路基施工与普通路基施工的异同点;
4. 能说出高速铁路路基沉降监测方法。

能力目标:

1. 能够识读高速铁路路基横断面施工图,正确运用相关规范与技术标准;
2. 能够正确选择高速铁路路基各部位填料;
3. 能够在熟悉高速铁路路基各部位施工工艺的基础上,参与进行路基各部位填筑施工管理和施工质量控制;
4. 能够胜任高速铁路路基沉降监测工作。

素质目标:

1. 培养组织、协调能力;

2. 培养严谨求实的工作作风和吃苦耐劳的意志品质；
3. 培养学习能力、创新能力和安全、质量意识。

思维导图

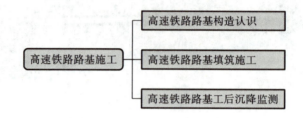

任务一　高速铁路路基构造认识

一、工作任务

（1）正确识读高速铁路路基施工图。
（2）能完成一个标段的技术交底工作。

**高速铁路
路基构造认知**

二、相关知识

高速铁路在激烈的客运市场竞争中以其突出的优势，不但在其发祥地日、法、德等国家占据了城际干线地面交通的主导地位，还在世界诸多经济发达的国家和地区迅速扩展。高速铁路在不长的时期内之所以能取得如此强劲的发展势头，根本原因是基于轮轨系的高速技术充分发挥了既先进又实用的特点，特别是在中长距离的交通中的独特优势。实践表明，高速铁路是当代科学技术进步与经济发展的象征。高速铁路虽然源于传统铁路，但借助于多项高新技术已全面突破了普速铁路的概念，形成了一种能与既有路网兼容的新型交通系统。高速铁路在运营过程中更新换代，其技术还在不断发展与完善。

（一）高速铁路是当代高新技术的集成

在世界上，高速铁路是继航天行业之后，最庞大复杂的现代化系统工程。它所涉及的学科之多、专业之广已充分反映了系统的综合性。20 世纪后期科学技术蓬勃发展，迅速转化为生产力的三大技术有：计算机及其应用，微电子技术、电力电子器件的实用化与遥控自控技术的成熟，新材料、复合材料的推广。高速铁路绝非依靠单一先进技术就能成功，它是建立在这些相关领域高新技术基础之上，综合协调、集成创新的成果。因此，高速铁路实现了高质量及高稳定的铁路基础设施、性能优越的高速列车、先进可靠的列车运行控制系统、高效的运输组织运营管理体系等的综合集成。系统协调的科学性，则是根据铁路行业总的要求，各子系统均围绕整体统一的经营管理目标，彼此相容、完整结合，达到整个系统的合理与优化。

(二)高速度是高速铁路高新技术的核心

高速铁路的速度目标值作为高速行车技术的核心指标,是高速铁路总体设计的决定性参数。列车运行速度属于第一层次的系统目标,只有将速度目标值确定之后才能选定线路的设计参数、列车总体技术条件、列车运行控制及通信信号系统。当然,运量规模、行车密度、运输组织、成本效益等也均属第一层次系统目标,但是在各种交通运输方式中,速度始终是技术发展的核心,它是技术进步的具体体现,所以速度目标应是第一位的。20 世纪后半叶以来,铁路旅客列车速度连续跃上三大台阶:20 世纪 60 年代第一代高速列车速度为 230 km/h,20 世纪 80 年代初第二代高速列车速度达到 270 km/h,20 世纪 90 年代第三代高速列车速度已达到并超过了 300 km/h。21 世纪初,350 km/h 的高速列车问世。2012 年 12 月 3 日,中国自主研发的"和谐号"CRH380A 高速动车组列车在京沪高铁枣庄至蚌埠段试验运行最高时速达 486.1 km。这是中国铁路创造的世界纪录,更是世界铁路发展史上值得书写的重要篇章,因为,高速铁路是人类文明与智慧的宝贵结晶,是人类社会走向现代化的重要标志和有力支撑。

(三)系统间相互作用发生了质变

高速铁路由于行车速度比普速铁路至少提高 1 倍以上,引发了铁路行业各系统及其相互关系的质变,过去用于普速铁路行之有效的规范标准不能照搬于高速铁路。高速铁路从可行性研究、规划、设计、施工、制造到运营管理,都需要系统地进行研究才能付诸实施。随着速度的提高,各子系统原有的规律和相互关系将转化为强作用而需重新认定。系统中某项参数或标准选择不当都将引发连锁反应。例如,线路参数、路基密实度或桥梁刚度选择不合理,不仅是线路质量问题,还将影响列车运行的平稳性及可靠性,也增加维修工作量,干扰运输组织、行车指挥。而确定列车主要参数及性能时也必须考虑线路参数与控制系统方案,否则最终将制约整个系统效能的发挥。高速铁路系统之间的关系远比普速铁路复杂。

(四)对高速铁路主要子系统的基本要求

1. 高速铁路的基础设施

高速铁路的基础设施是确保高速行车的基础。高速铁路与普速铁路最大的区别在于线路高平顺度特性方面。高平顺性最终体现在轨道上,无论轨道是在路基上或在桥梁上,也无论何种类型的轨道,都要求它不仅在空间上具有平缓的线形,而且在时间上必须具有稳固的高保持性。由此决定了高速铁路基础设施各主要组成部分——路基、桥梁、隧道等的主要技术参数与技术规定,必须互相协调,使之整体上满足高速行车在运动学、动力学、空气动力学及运输质量方面的各项技术指标。所有基础设施在运营管理方面还必须具备高可靠度与可维修、少维修的条件,以利于降低成本及提高效能。

2. 高速列车

高速列车是高速铁路的运输载体,是实现高速铁路功能的关键。为确保高速行车主要功能指标的落实,高速列车在车型、牵引、制动、减振、列控、检测、供电等一系列专业技术上都要取得重大突破。建立在轮轨系基础上的各型高速列车吸取了当代相关高新技术,已取得为世人瞩目的成就,但为满足更高的目标需求,仍在不断更新换代,其技术发展永无止境。

3. 高速铁路的运行控制、行车指挥及运营管理

高速铁路的运行控制、行车指挥及运营管理各系统是确保高速铁路列车运行安全有序、发挥效率与效益的核心体系。虽然高速铁路与普速铁路相似,其主要软硬技术都由区间轨

道电路、自动闭塞、车站计算机联锁等所构成的调度系统支持,但由于运行速度大幅度提高,列车密度增加,行车组织节奏明显增快,高速铁路的运行控制及调度系统应更加完备,运输组织与经营管理体系应更加严密。高速铁路调度指挥系统是以行车调度为核心,集动车组调度、电力调度、综合维修调度、客运服务调度、防灾安全监控为一体的综合自动化系统,该系统应能确保高速高密行车的安全与效能。高速铁路的经营管理从模式、体制到运作方法都必须结合国情与路情做出切合实际的选择,以促进高速铁路效能发挥。

(五)高速铁路路基作用和地位

1. 高速铁路路基的多层结构系统

高速铁路线路结构已经突破了传统的轨道、道床、土路基这种结构形式,既有有砟轨道也有无砟轨道。对于有砟轨道,已抛弃了将道砟层直接放在土路基上的结构形式,做成了多层结构系统。

2. 控制变形是路基设计的关键

控制变形是路基设计的关键,采用各种不同路基结构形式的首要目的是为高速线路提供一个高平顺、均匀和稳定的轨下基础。由散体材料组成的路基是整个线路结构中最薄弱、最不稳定的环节,是产生轨道变形的主要因素。它在多次重复荷载作用下所产生的累积永久下沉(残余变形)将造成轨道的不平顺,同时其刚度对轨道面的弹性变形也起关键性的作用,因而对列车的高速走行有重要影响。高速行车对轨道变形有严格的要求,因此,变形问题便成为高速铁路设计所考虑的主要控制因素。就路基而言,过去多注重于强度设计,并以强度作为轨下系统设计的主要控制条件。而现在强度已不成问题,一般在达到强度破坏前,可能已经出现了过大的有害变形。日本东海道新干线的设计时速为 220 km,由于其在设计中仅仅采取了轨道的加强措施,而忽略了路基的强化,以致从 1965 年开始,因为路基的严重下沉,路基病害不断,线路变形严重超限,不得不对线路以年均 30 km 以上的速度大举整修,10 年内中断行车 200 多次,列车运行平均速度也降到 100~110 km/h。

3. 路基是线路的重要的组成部分

变形问题相当复杂,是一个世界性的难题。日本及欧洲各国虽然实现了高速,但它们都是通过采用高标准的昂贵的强化线路结构和高质量的养护维修技术来弥补这方面的不足。日本对此不惜代价,在上越和东北新干线上,高架桥延长米数所占比例分别为 49% 和 57%,路基仅占 1% 和 6%。所以,变形问题是轨下系统设计的关键。

4. 在轨下基础刚度变化处设置过渡段

铁路线路由不同特点的结构物(桥、隧、路基等)和轨道结构构成,这些结构在强度、刚度、变形等方面都有很大的差异,因此在路桥、路涵、路堤与路堑、路基与隧道等相连地段,纵向轨下基础刚度的变化必然影响路基、轨道、车辆系统刚度的均匀性,导致高速铁路系统振动的加剧,也加大了对轨下基础的动力作用,影响高速行车的平稳和安全。路基与桥(涵)连接处一直是铁路路基的一个薄弱环节。一方面路基与桥梁(涵洞)刚度差别较大而引起轨道刚度的突变,另一方面路基与桥台(涵洞)的沉降差导致轨面不平顺。在路堤与桥(涵)间设置一定长度的过渡段,可使轨道刚度逐渐变化,并最大限度地减少路基与桥涵的沉降不均匀引起的轨道不平顺,保证列车高速、安全、舒适运行。

(六)高速铁路路基工程技术特点

高速铁路由于设计标准及工程的内在质量要求都较高,高速铁路工程的施工也不同于普通铁路。与普通铁路路基工程的施工相比,高速铁路路基施工具有如下特点。

(1) 填土高度增加。为了减少横向交通干扰,必须在高速铁路下设置供行人和车辆行走的设施。对于山岭重丘区,可利用地形布置天桥式横穿道;对于平原区,则只能以提高路基填土高度来满足设置下穿式通道的要求,其填土高度一般都在 4 m 以上。

由于填土高度的增加,路基本体发生过大和不均匀沉降变形的可能性增大,而高速铁路对路基的变形控制非常严格,因此必须相应提高对填料的性质、含水率、压实标准等指标的要求。

(2) 取土、弃土的矛盾较突出。当线路通过山区和丘陵区时,由于线形标准的提高,设计时很难实现土方的填挖平衡,有可能增大借土或弃土的数量,以及由此带来的铁路用地范围的扩大,给工程施工造成困难。

(3) 工程地质条件复杂,特殊土和特殊地区的路基较多。由于高速铁路线形的重要性,线路通过不良地质地段的情况较多。在丘陵区,通常进行深挖和高填;在山区,通常会遇到大的滑坡体、泥石流及稻田、水库等情况;在冲积平原和三角洲地区,还会遇到大面积深层的软土地基。由于以上情况,在工程施工中要求采取特殊的施工工艺。

(4) 线路中的桥涵和通道等特殊工程多。高速铁路必须采取全封闭的方式,以保证列车的快速通行和安全行驶。为解决高速铁路与地方交通的关系,以及广大农村生活、耕作、灌溉等问题,就需要增设较多的桥涵及通道等特殊构造物,这就给施工增加了困难,如施工对过渡段填土的压实标准要求很高等。

(5) 路基边坡的技术要求高。在高速铁路上,为了行车的舒适和安全,对路基边坡的稳定性和线路的绿化、美化均有较高的要求。路基边坡的防护和加固工程较多,其施工的技术要求和美学要求也较高。

(6) 高速铁路建设项目繁多,工程投资巨大,工程任务艰巨,工期要求紧,质量要求高,这就使路基施工的组织与管理更加精细和严格。

(7) 路基施工机械化程度高。

高速铁路路基的施工特点决定了它的施工规律。只有研究并遵循这些规律,科学地组织高速铁路路基施工,才能圆满地完成施工任务。

(七) 高速铁路路基横断面

1. 高速铁路路基面形状和宽度

无砟轨道支承层(或底座)底部范围内路基面可水平设置,支承层(或底座)外侧路基面两侧设置不小于 4% 的横向排水坡。有砟轨道路基面形状应为三角形,由路基面中心向两侧设置不小于 4% 的横向排水坡。曲线加宽时,路基面仍应保持三角形。

1) 路肩宽度

路肩虽不直接承受列车荷载作用,但它对保证路基受力部分的稳固十分重要。路肩宽度应同时满足敷设接触网支柱、安放通信信号设备、埋设必要的线路标志、通行养路机具等要求。

路肩宽度取决于以下几个因素:

(1) 路基稳定的需要,特别是浸水以后路堤边坡的稳定性。

一般路堤浸水后,边坡部分土质会软化,在自重与列车荷载产生的振动加速度的共同作用下容易产生边坡的浅层滑坡。路肩较宽时,即使发生浅层坍滑,也不会影响路堤受力部分,从而不影响列车的正常通行。此外,路肩部分需考虑设置电杆、电缆槽位置,路堑地段则需考虑为边坡剥落物留有空地及开挖排水沟时不影响边坡稳定。

(2) 满足养护维修的需要。

高速铁路虽说是高标准、高质量的线路,但小型、紧急补修还是不可避免的,因此仍需考虑线路维修时搁置或推行小型养路机械所必需的路肩宽度。

(3) 保证行人的安全,符合安全退避距离的要求。

(4) 为路堤压密与道床边坡坍落留有余地。

我国高速铁路有砟轨道路肩宽度根据所采用的机车外形、车辆幅宽、列车长度、行车速度等提出:有砟轨道路基两侧的路肩宽度,双线不应小于 1.4 m,单线不应小于 1.5 m。

2) 高速铁路路基面宽度

路基横断面宽度和布置形式要考虑路基稳定的需要、线间距、轨道结构形式、曲线超高设置、路肩宽度、通信信号和电力电缆布置、接触网立柱基础位置设置、声屏障基础等因素,并应综合考虑路基防排水问题。

路基面在无砟轨道正线曲线地段一般不加宽,当轨道结构和接触网支柱等设施的设置有特殊要求时,根据具体情况分析确定;有砟轨道正线曲线地段应在曲线外侧按规定加宽值加宽。曲线加宽值应在缓和曲线内渐变。

2. 高速铁路路基标准横断面

(1) 无砟轨道双线路堤标准横断面如图 6.1 所示。

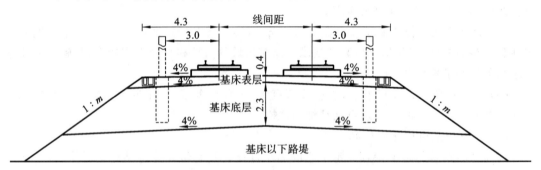

图 6.1 无砟轨道双线路堤标准横断面示意图(单位:m)

(2) 无砟轨道双线硬质岩石路堑标准横断面如图 6.2 所示。

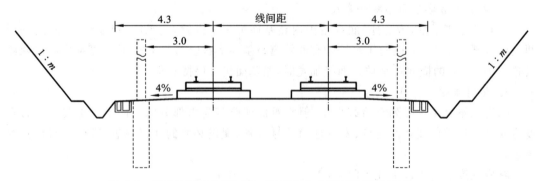

图 6.2 无砟轨道双线硬质岩石路堑标准横断面示意图(单位:m)

(3) 无砟轨道双线非硬质岩石路堑标准横断面如图 6.3 所示。

(4) 无砟轨道单线路堤标准横断面如图 6.4 所示。

(5) 有砟轨道双线路堤标准横断面如图 6.5 所示。

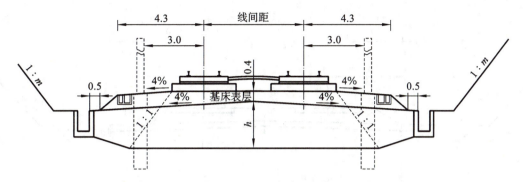

图 6.3 无砟轨道双线非硬质岩石路堑标准横断面示意图(单位:m)

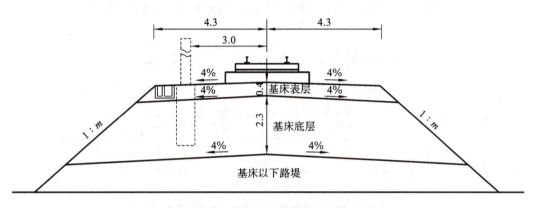

图 6.4 无砟轨道单线路堤标准横断面示意图(单位:m)

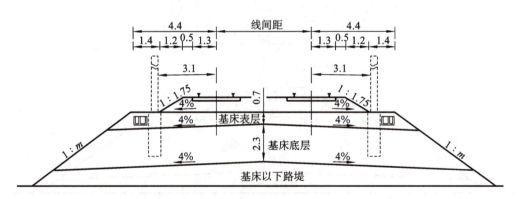

图 6.5 有砟轨道双线路堤标准横断面示意图(单位:m)

(6) 有砟轨道双线硬质岩石路堑标准横断面如图 6.6 所示。
(7) 有砟轨道双线非硬质岩石路堑标准横断面如图 6.7 所示。
(8) 有砟轨道单线路堤标准横断面如图 6.8 所示。

(八) 高速铁路路基基床结构

1. 基床的作用

基床是铁路路基最重要的部位,其主要作用有以下几个方面。

(1) 基床有足够的强度,它能抵抗列车荷载产生的动应力而不使基床破坏;能抵抗道砟压入基床土中,防止道砟陷槽等病害的形成;在路基填筑阶段能承受重型施工车辆走行而不形成印坑,以免留下隐患。

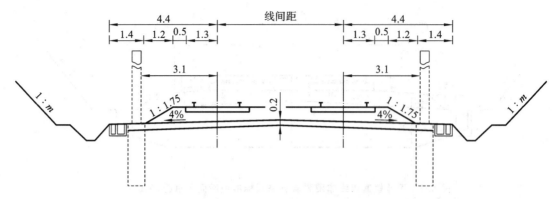

图 6.6　有砟轨道双线硬质岩石路堑标准横断面示意图(单位:m)

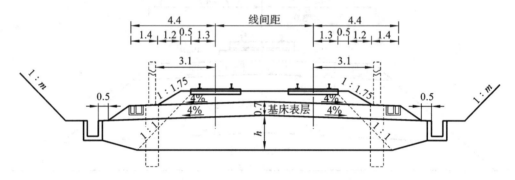

图 6.7　有砟轨道双线非硬质岩石路堑标准横断面示意图(单位:m)

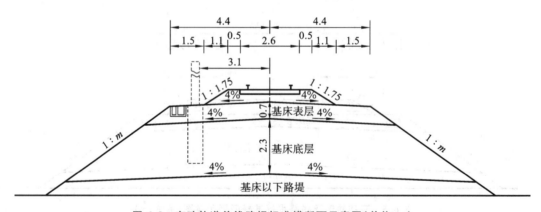

图 6.8　有砟轨道单线路堤标准横断面示意图(单位:m)

(2) 基床具有足够的刚度,在列车荷载的重复作用下,塑性积累变形很小,能避免形成过大的不均匀下沉而造成轨道的不平顺,增加养护维修的困难。在列车高速行驶时,基床的弹性变形应满足高速走行的安全性和舒适性的要求,同时还能保障道床的稳固。

(3) 基床具有良好的排水性,能防止雨水浸入造成路基土软化,防止发生翻浆冒泥等病害。

(4) 在可能发生冻害的地区,基床还有防冻等特殊作用。

2. 基床的结构

高速铁路路基基床是由基床表层和底层组成的两层结构。我国高速铁路路基基床表层厚度无砟轨道为 0.4 m,有砟轨道为 0.7 m,基床底层厚度为 2.3 m。

1) 基床表层

基床表层是路基直接承受列车荷载的部分,又常被称为路基的承载层或持力层。

(1) 基床表层的作用。

①增加线路强度,使路基更加坚固、稳定,并具有一定的刚度,使列车通过时的弹性变形控制在一定范围之内;

②扩散作用在基床底层顶面上的动应力,使其不超出基床底层填料的临界动应力;

③防止道砟压入基床及基床土进入道砟层;

④防止雨水浸入基床使基床土软化,发生翻浆冒泥等基床病害,并保证基床肩部表面不被雨水冲刷;

⑤防冻等。

实践表明,基床表层的优劣对轨道变形影响很大。国外铁路工程实践表明,不良基床表层引起的轨道变形是良好基床表层的几倍,而且其差距随行车速度的提高而增大。这说明高速铁路设置一个良好基床表层是必不可少的。因此,需要对基床表层厚度、填料、结构及压实标准等多方面进行精心设计。

(2) 基床表层厚度。

基床表层厚度是由变形控制因素决定的,计算方法有动强度控制法和弹性变形控制法两种。

综合强度控制与变形控制两方面的计算结果,京沪高速铁路有砟轨道路基基床表层的厚度取 0.7 m,无砟轨道 0.4 m。为利于自然降水的排出,基床表层和基床底层顶面都应设置 4% 的横坡。基床表层的防排水问题应在设计中引起重视,应在路基基床表层增设 5～10 cm 沥青混凝土防排水层,表层总厚度不变。

(3) 基床表层填料。

基床表层的填料应具有较高的强度和弹性模量以及耐磨、水稳性等特性。级配碎石是中国、德国、法国、西班牙、日本高速铁路基床表层普遍使用的填料。该材料是粒径大小不同的粗细碎石集料和砂各占一定比例的混合料,其颗粒组成符合密实级配要求,经压实形成密实结构。只要保证组成材料质量,使混合料具有良好的级配,在施工过程中,将混合料掺拌均匀,在最佳含水量下压实,达到要求的密实度,就能形成较高的力学强度和水稳性。

高速铁路基床表层级配碎石的主要功能有:

①传递、扩散轨道荷载,减振、隔振和降低噪声;

②隔温和防止基床及路基冻害;

③防止碎石道床面砟颗粒和路基土的相互渗混;

④防止暴雨时地表水对路基面的冲刷和地下水的上渗。

因此,级配碎石材料必须有严格的材质性能要求和适当的粒径级配。

2) 基床底层

高速铁路路基基床底层填料只能用 A、B 组填料或改良土。

(九) 路堤

基床以下路堤宜选用 A、B 组填料和 C 组的碎石、砾石类填料,其粒径级配应符合压实性能要求;当选用 C 组中的细粒土填料时,应根据填料性质进行改良。

路基工后沉降应符合下列规定:

(1) 无砟轨道路基工后沉降应符合扣件调整能力和线路竖曲线圆顺的要求。工后沉降不宜超过 15 mm；沉降比较均匀并且调整轨面高程后的竖曲线半径符合要求时，允许的工后沉降为 30 mm。

路基与桥梁、隧道或横向结构物交界处的工后沉降差不应大于 5 mm，不均匀沉降造成的折角不应大于 1/1000。

（2）有砟轨道路基工后沉降应符合表 6.1 的要求。

表 6.1　路基工后沉降控制标准

设计行车速度 /(km/h)	一般地段工后沉降 /cm	桥台台尾过渡段工后沉降 /cm	沉降速率 /(cm/年)
250	≤10	≤5	≤3
300、350	≤5	≤3	≤2

课程思政

按图施工，构筑精准与安全的基石

在纷繁复杂的建筑行业中，每一块砖石、每一根钢筋、每一滴混凝土都承载着对未来的期许与责任。而在这浩大的工程背后，一个至关重要的原则贯穿始终——按图施工。按图施工不仅是工程质量的保证，更是安全、效率与合规的基石。

1. 确保工程质量，实现设计愿景

设计图纸是工程师智慧与创意的结晶，它承载着项目的核心设计理念与功能要求。按图施工，意味着严格遵循设计图纸中的每一个细节，从尺寸、比例到材料选择、施工工艺，无不一一对应。这样的施工方式，能够最大限度地还原设计初衷，确保工程质量达到预期标准，让建筑产品坚固耐用，更能完美展现艺术美感与实用价值。

2. 保障施工安全，减少事故风险

安全是建筑施工的首要前提。按图施工，能够确保施工过程中的各项操作符合安全规范，避免因随意更改设计或施工方法而引发的安全隐患。例如，设计图纸中明确标注的承重结构位置、安全通道布局等，都是保障施工人员安全的重要元素。一旦偏离这些设计，不仅可能危及施工人员的生命安全，还可能对后续使用造成不可逆的损害。

3. 提升施工效率，降低成本支出

在快节奏的社会背景下，施工效率是衡量项目成功与否的关键因素之一。按图施工，有助于实现施工过程的标准化、流程化，减少因现场决策失误或反复修改设计而造成的工期延误。遵循设计图纸进行施工，还能有效控制材料用量，避免不必要的浪费，从而降低成本支出，提高项目的经济效益。

4. 维护法律尊严，促进市场健康发展

按图施工是技术层面的要求，更是法律法规的强制规定。在我国，《中华人民共和国建筑法》《建设工程质量管理条例》等法律法规均明确规定，施工单位必须按照工程设计图纸和施工技术标准施工，不得擅自修改工程设计。规定是在维护建筑市场的公平竞争秩序，保障消费者的合法权益。若施工单位随意更改设计,将损害企业信誉,还可能面临法律的制裁,影响其在市场中的长远发展。

5. 推动技术创新,提升行业水平

按图施工并不意味着墨守成规、缺乏创新,相反,它要求施工单位在遵循设计原则的基础上,积极探索新技术、新工艺的应用,以提升施工质量和效率。以设计为导向的技术创新,不仅能够解决施工过程中的技术难题,还能推动整个建筑行业的技术进步和产业升级。

任务工单

路基标准横断面图识读

1. 任务描述

学生以3~5人为一组,选出组长并进行任务分工。各小组根据实际情况,查阅相关技术规范资料,收集、整理,进行铁路路基部位识读。

2. 图片资料

图片资料1如图6.9所示。

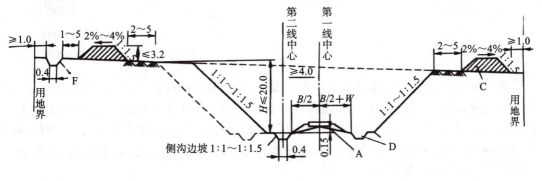

图6.9 图片资料1

问题:

(1) 图6.9是路堤还是路堑的横断面图?

(2) 分别写出图6.9中A、D、C、F的名称,并说明这四个构造物的作用及材料组成。

(3) 在图6.9中标出路肩的位置。

图片资料2如图6.10所示。

问题:

(1) 图6.10是路堑还是路堤的横断面图?

(2) 图6.10中天然护道的作用是什么?

(3) 图6.10中宽度B包括路肩的宽度吗?

(4) 图6.10中"2‰~4‰"的名称是什么?作用是什么?

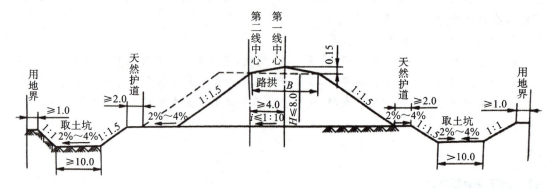

图 6.10 图片资料 2

任务二　高速铁路路基填筑施工

一、工作任务

（1）能参与高速铁路路基基床以下部分路堤施工。
（2）能参与高速铁路路基基床底层和表层施工。
（3）能参与高速铁路路基过渡段施工。

二、相关知识

（一）路基填筑施工准备

1. 土工试验

路堤填筑前,应对取土场路基填料进行取样试验,确定填料名称、分类、工程性质等,与设计规定值、规范容许值比较,选定填料最大干密度、最佳含水率等指标。按《铁路工程土工试验规程》(TB 10102—2023)规定的方法进行颗粒分析试验、含水率与密度试验、液限和塑限试验、有机质含量试验、承载比试验、击实试验等。对改良土进行适配试验以确定配合比和改良拌合的各种工艺参数。

填料符合规范要求后,可用于路基填筑。对不符合规范要求的填料,要修改取土场位置,或采取改良土质等措施,必须经过监理工程师的认可。在施工中定期对利用的填料进行抽检;更换取土场或土质变化时应重新取样进行试验。

2. 现场填筑工艺性试验

填筑工艺性试验是将设计标准和室内试验数据转化为施工控制参数的必要环节,在大规模施工前,或材料来源发生变化后,均应按规定进行现场填筑工艺性试验,确保填筑工艺,保证填筑质量。

选择的代表性试验段长度一般不小于 100 m。编制详细的试验方案,进行现场压实对比试验。在合理的取值范围内,改变各试验参数,根据试验曲线,确定参数最佳值。需要确定的工艺参数有:合理的虚铺厚度和压实厚度;经济的压实遍数;最佳含水率;最优的机械选择与组合;合理的走行路线;合理的施工控制方法。

路堤填筑工艺性试验有:①基床以下填料填筑压实工艺试验;②基床底层填筑压实工艺

高速铁路
路基填筑施工

试验;③基床表层级配碎石填筑压实工艺试验;④基床表层沥青混凝土填筑压实工艺试验;⑤过渡段填筑压实工艺试验;⑥改良土填筑压实工艺试验。

(二) 基床以下路堤填筑施工

1. 路堤填料生产

基床以下路堤优先采用 A、B 组填料,C 组中的块石、碎石、砾石直接填筑,不满足要求的填料在经过改良后填筑。为保证路基填筑压实质量,粗细集料采用场拌混合,随拌随用。路堤基床以下部位填料的最大粒径应符合下列要求:

(1) 重载铁路、设计速度 200 km/h 以下的有砟轨道铁路填料最大粒径不应大于摊铺厚度的 2/3,且不应大于 300 mm。

(2) 设计速度 200 km/h 的有砟轨道铁路填料的最大粒径不应大于 150 mm。

(3) 无砟轨道铁路、设计速度 200 km/h 以上的有砟轨道铁路填料的最大粒径不应大于 75 cm,基床以下换填改良土采用场拌法施工,沿线设置改良土拌合场进行集中供应。改良土采用稳定土拌合机拌合,自卸汽车运输。

2. 基床以下路堤填筑施工

填筑施工前技术员应向碾压机司机进行技术交底。技术交底的主要内容有碾压里程范围、压实遍数、机械走行速度、压实顺序、纵横向重叠长度、安全注意事项等。

地面自然横坡或纵坡为 1:2.5～1:5 时,应将原地面挖成台阶,台阶宽度应大于 1 m。各区段纵向交接处,纵向搭接长度不小于 2 m,当路堤各段不能同步填筑时,纵向接头处应在已填筑路堤端挖出硬质台阶,台阶宽度不宜小于 2 m,高度同填筑层高度。

路堤填筑按"三阶段、四区段、八流程"法施工。填筑施工工艺流程如图 6.11 所示。

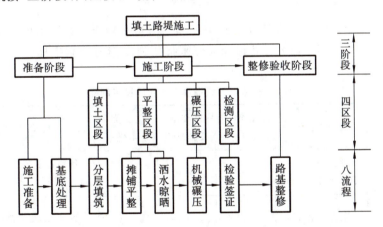

图 6.11 填筑施工工艺流程图

1) 卸料及摊铺

根据工艺试验确定的虚铺厚度确定分层填筑厚度。细粒土虚铺厚度一般为 35～40 cm,砂类土一般为 40 cm。碎石类土分层最大压实厚度不大于 40 cm,砂类土分层最大压实厚度不大于 30 cm。分层填筑的最小厚度不小于 10 cm。根据虚铺厚度计算卸土间距,在路基上用干石灰粉画好卸土位置。在交叉点插好标杆,拉上施工绳,施工绳高度等于虚铺厚度,以控制摊铺厚度。

施工顺序为:布料—摊铺—静压—振压—终压—精平。

摊铺要求为:当上下填层采用不同种类或颗粒条件的填料时,对于渗水土,其粒径应符

合 $D_{15}/d_{85} \leqslant 4$ 的要求,对于非渗水土,其粒径应符合 $D_{15} \leqslant 0.5$ mm 的要求,否则应铺设具有隔离作用的土工合成材料。

不同土层的填料应分层填筑,不得混填,每一水平层的全宽应用同一种填料填筑,每种填料层累计总厚度不宜小于 50 cm。

在推土机平整的同时,应对路肩进行初步压实。要保证压路机械进行压实时,压到路肩而不致滑坡。

推土机或平地机摊铺整平,使填层在纵向和横向平顺均匀。

2) 碾压

碾压要求:直线地段,先压两侧,后向中间推进,先慢后快,先静压后振动;曲线地段由内侧向外侧推进,先慢后快,先静压后振动。

不同填料的搭接长度不小于 2 m,上下层错开长度不小于 3 m。碾压重叠宽度不小于 40 cm。

每层填筑时,应向路基两侧做 4% 的人字横向排水坡。

平地机平整时易将粗集料刮到表面,造成离析和粗细集料成"窝"或"带",平地机来回刮的次数越多,离析现象越严重,平整时应设 2~3 人小组负责消除平地机整形后的"窝"或"带"。

当路堤高度小于基床厚度(3.0 m)时,应按设计要求对地基进行平整碾压、夯实、翻挖回填、换填或采取其他加固措施。

在软土地基施工时,需控制填土速率。路堤中心地面沉降速率不应大于 10 mm/d,坡脚水平位移不应大于 5 mm/d。

3) 检测

细粒土、砂类土、砾石类土、碎石类土、块石类土等应采用压实系数和地基系数作为控制指标;改良土应采用压实系数和 7 d 饱和无侧限抗压强度作为控制指标。基床以下路堤压实度标准见表 6.2。

表 6.2 基床以下路堤填筑压实质量控制标准

填 料	压 实 标 准	化学改良土	砂类土及细砾土	碎石类土及粗砾土	检 验 数 量
A、B 组及 C 组碎石、砾石类填料和改良土	地基系数 K_{30}/(MPa/m)	—	≥110	≥130	每填高约 0.9 m,均匀分布检测 4 点
	压实系数 K	≥0.92	≥0.92	≥0.92	区间正线路基沿纵向每 200 m、站场路基正线区域每 8000 m²、站线区域每 1.5×10^4 m²,每压实层均匀分布检验压实系数 6 点,化学改良土检验无侧限抗压强度 3 处
	7 d 饱和无侧限抗压强度 q_u/kPa	≥250	—	—	

(三) 基床施工

1. 基床底层填筑

基床底层普通填料、物理改良土压实标准应根据填料类别按表 6.3 采用地基系数 K_{30}、

动态变形模量 E_{vd} 和压实系数 K 三项指标控制。化学改良土压实标准按表 6.3 采用压实系数 K 和 7 d 饱和无侧限抗压强度指标控制。

表 6.3 基床底层填筑压实质量控制标准

填料	压实标准	化学改良土	砂类土及细砾土	碎石类及粗砾土	检验数量
A、B 组填料及改良土	地基系数 K_{30}/(MPa/m)	—	≥130	≥150	每填高约 0.9 m,均匀分布检测 4 点
	压实系数 K	≥0.95	≥0.95	≥0.95	区间正线路基沿纵向每 200 m、站场路基正线区域每 5000 m^2、站线区域每 $1.0×10^4$ m^2,每压实层均匀分布检验压实系数 K 6 点,E_{vd} 4 点(采用化学改良土时,检验无侧限抗压强度 q_u 3 处)
	动态变形模量 E_{vd}/MPa	—	≥40	≥40	
	7 d 饱和无侧限抗压强度 q_u/kPa	≥350 (550)	—	—	

注:括号内数字为寒冷地区化学改良土考虑冻融循环作用所需强度值。

填筑压实工艺流程按基床以下部分路堤压实要求组织进行。

当采用碎石类和砾石类填料填筑时,分层的最大压实层厚度不应大于 35 cm;当采用砂类土和改良细粒土填筑时,分层的最大压实层厚度不应大于 30 cm。分层填筑的最小厚度不小于 10 cm。基床底层压实度标准见表 6.3。

2. 基床表层路堤填筑

在时速 300～350 km 高速铁路有砟轨道中,路基面上应设置沥青混凝土防渗层,一般情况下基床表层由 5～10 cm 厚的沥青混凝土和 65～60 cm 厚的级配碎石(级配砾石)组成,有砟轨道路基面全宽设置沥青混凝土。无砟轨道基床表层厚度与混凝土支撑层的总厚度不小于 0.7 m,在混凝土支撑层至路肩和两线间路基面设置沥青混凝土或混凝土封闭层。京沈高速铁路基床两侧防水则采用了在三七灰土垫层上铺设一层两布一膜不透水土工布的办法。

1)基床表层级配碎石填筑

基床表层填筑前应对基床底层进行验收,其质量应达到设计要求。基床表层施工按"三阶段、四区段、六流程"组织作业,各区段内严禁几种作业交叉进行,并设置明显标识。基床表层施工工艺流程如图 6.12 所示。

2)工艺要点

基床表层级配碎石或级配砂砾石应分层填筑,每层的最大填筑压实厚度不得大于 30 cm,最小填筑压实厚度不得小于 15 cm。

级配碎石或级配砂砾石的摊铺可采用摊铺机或平地机进行,顶层应用摊铺机摊铺。每层的摊铺厚度应按工艺试验确定的参数严格控制。用平地机摊铺时,必须在路基上采用方格网控制填料量,方格网纵向桩距不宜大于 10 m,横向应分别在路基两侧及路基中心设方格网桩。用摊铺机摊铺时,应根据摊铺机的摊铺能力配置运输车,减少停机待料时间。

在摊铺机或平地机摊铺后应由人工及时消除粗细集料离析现象。

整形后,当表面尚处于湿润状态时应立即进行碾压。如表面水分蒸发较多,明显干燥失

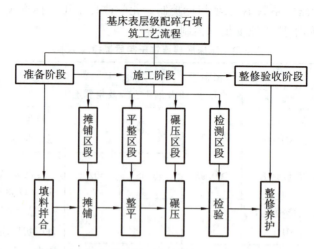

图 6.12 基床表层级配碎石填筑施工工艺流程图

水,应在其表面喷洒适量水分,再进行碾压。用平地机摊铺的地段,应用轮胎压路机快速碾压一遍,暴露的潜在不平整再用平地机整平和整形。

碾压时,应采用先静压、后弱振、再强振的方式,最后静压收光。直线地段,应由两侧路肩开始向路中心碾压;曲线地段,应由内侧路肩向外侧路肩进行碾压。沿线路纵向行与行之间重叠压实不应小于 40 cm,各区段交接处,纵向搭接压实长度不应小于 2 m,上下两层填筑接头应错开不小于 3.0 m。

横向接缝处填料应翻挖并与新铺的填料混合均匀后再进行碾压,并注意调整其含水率,纵向应避免工作缝。

碾压后的基床表层质量应符合设计要求,局部表面不平整应补平并补压。

已完成的基床表层应采取措施控制车辆通行,并做好基床表面的保护工作,防止表层扰动破坏。严禁在已完成的或正在碾压的路段上掉头或急刹车。

3) 基床表层级配碎石填筑施工控制

基床表层填筑应采用地基系数 K_{30}、压实系数 K、动态变形模量 E_{vd} 三项指标控制,压实质量应符合表 6.4 的规定。

表 6.4 基床表层填筑压实质量控制标准

压 实 标 准	级 配 碎 石	检 验 数 量
地基系数 K_{30}/(MPa/m)	≥190	每填高两层于顶层填层,均匀分布检验 4 点
压实系数 K	≥0.97	区间正线路基沿纵向每 200 m、站场路基正线区域每 3000 m²、站线区域每 6000 m²,每压实层均匀分布检验压实系数 K 和 E_{vd} 各 6 点
动态变形模量 E_{vd}/MPa	≥55	

(四) 路基与其他构筑物过渡段施工

过渡段与相邻路堤应作为相同施工区段同步填筑,横向结构物两侧过渡段应对称均匀分层同步填筑施工。桥台和横向结构物后 2 m 范围内不能用大型压路机施工的部位及横向结构物的顶部填土厚度小于 1 m 时,应采用小型压路机配合冲击夯进行压实。

1. 工艺流程

过渡段填筑施工工艺流程如图 6.13 所示。

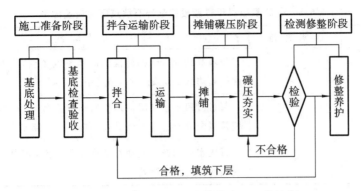

图 6.13 过渡段级配碎石填筑施工工艺流程

2. 工艺要点

(1) 过渡段地基处理应与桥台、横向结构物及相邻路基的地基处理同时进行,过渡段填筑应与相邻路堤按相同施工区段同步施工。

(2) 按设计要求对各种形式过渡段的基底进行处理,经检查验收合格后再进行上层级配碎石填筑。

(3) 将级配碎石生产厂拌合好的过渡段级配碎石混合料用自卸汽车尽快运输到现场,防止水分蒸发损失过多。

(4) 台后 2 m 范围内,每层摊铺厚度为相邻路堤分层摊铺厚度的 1/2,采用小型手扶式振动压路机和冲击夯按工艺试验确定的参数进行碾压夯实。

(5) 台后 2 m 范围外,每层摊铺厚度与相邻路堤分层摊铺厚度相匹配,采用压路机按工艺试验确定的碾压遍数、行驶速度及碾压程序进行碾压。

(6) 路堤与路堑过渡段的基床表层采用不掺水泥的基床表层级配碎石填筑,表层以下采用不掺水泥的过渡段级配碎石分层填筑。

3. 质量控制

(1) 过渡段路堤高度小于 3.0 m 时,原地面处理后的质量应符合表 6.3 关于基床底层填筑压实质量的要求;过渡段基底原地面平整后,用振动碾压机碾压密实,地基系数 $K_{30} \geqslant 60$ MPa/m。

过渡段路堤高度 $\geqslant 3.0$ m 时,过渡段基底原地面平整后,用振动压实设备碾压密实,并满足 $E_{vd} \geqslant 30$ MPa。

(2) 符合路基填料质量检验的规定。

(3) 过渡段路堤的填筑工艺应通过现场碾压试验确定。

(4) 过渡段的桥台、涵洞等建筑物的基坑应以混凝土回填或以碎石分层填筑,并用小型振动设备碾压,压实质量应满足动态变形模量 $E_{vd} \geqslant 30$ MPa。路堤基底处理应符合规范的规定。

(5) 过渡段路基的基床表层压实质量应符合表 6.4 的要求,基床表层以下路堤压实质量采用地基系数 K_{30}、动态变形模量 E_{vd} 和压实系数 K 三项指标控制,应符合表 6.5 的要求。

(6) 加入水泥的级配碎石混合料宜在 4 h 内使用完毕。

表 6.5　基床表层以下过渡段级配碎石填筑压实质量控制

项　目	压实标准	检　测　频　次
地基系数 $K_{30}/(MPa/m)$	≥150	每填高约 60 cm 抽样检验地基系数 2 点,其中距路基填筑级配碎石边线 2 m 处 1 点,路基中部 1 点
压实系数 K	≥0.95	每过渡段每压实层抽样检验压实系数 3 点,其中路基两侧填筑级配碎石边线 1 m 处左、右各 1 点,路基中部 1 点
动态变形模量 E_{vd}/MPa	≥50	每压实层抽样检验动态变形模量 3 点,其中 1 点应靠近桥台或横向结构物边缘处

任务工单

K_{30} 平板荷载试验

1. 任务描述

学生以 3~5 人为一组,选出组长并进行任务分工。各小组根据实际情况,查阅相关技术规范资料,收集、整理 K_{30} 平板荷载试验目的、要求和使用条件,并分析影响试验的因素。

2. 数据资料准备

各小组查阅相关资料,熟悉 K_{30} 平板荷载试验使用的主要试验仪器名称,将所需仪器名称填入表 6.6。

表 6.6　试验仪器清单

序　号	仪器名称	单　位	数　量	备　注

3. 制订方案

(1) 各小组针对试验准备仪器、备料。
(2) 指导教师对各小组的准备工作给出评价。
(3) 各小组根据指导教师的评价对试验材料、仪器进行调整。
(4) 调整合格后进行试验操作。

4. 工作实施

各小组按照试验步骤进行试验,将数据填入表6.7,进行数据整理,确定试验结构。

表6.7 K_{30}平板荷载试验记录

施工里程_____　　　　记录编号_____
压实方式_____　　　　委托编号_____
设计地基系数_____　　　　委托日期_____
填料名称_____　　　　试验日期_____

仪器设备及环境条件	仪器设备名称	型号	管理编号	示值范围	分辨力	温度/℃	相对湿度/(%)
	K_{30}承载仪						

填料压实状态描述	平整		采用标准	

填层厚度 h _____ cm　检测高程 H _____ m　荷载板直径 ϕ _____ cm

加载顺序	荷载强度 σ/MPa	油压表读数 P/MPa	下沉量(百分表读数)S(0.01 mm)			荷载板中心下沉量 (0.01 mm)
			表1	表2	平均值	
预压	0.01					
复位	0.00					
1	0.04					
2	0.08					
3	0.12					
4	0.16					
5	0.20					
6	0.24					
7	0.28					
8	0.32					

课程思政

在当今这个竞争激烈的时代,无论是工业生产、科技创新还是服务领域,质量都是决定企业生死存亡的关键因素。而一丝不苟、认真完成每一道工序,则是确保质量、提升竞争力的基石。

工匠们从细处着眼,于小处见大,每一个细节都关乎产品的最终品质。这种对工作的敬畏之心,使工匠们不断追求卓越,力求在每一个环节上都做到尽善尽美,铸就了无数精品,推动了行业的进步与发展。

在工业生产中,细节和精度决定了产品的成败。1%的疏忽大意就可能导致100%的失败。只有将每一道工序、每一个步骤、每一个环节都认认真真、扎扎实实做好、做实、做到位,才能让产品和项目趋于完美。对质量的极致追求,不仅是对消费者负责的表现,更是企业生存和发展的基石。

在市场竞争日益激烈的今天,产品质量是企业立足之本。只有那些能够持续提供高质量产品的企业,才能在市场中站稳脚跟,赢得消费者的信赖和好评。而一丝不苟的工作态度,正是确保产品质量稳定、提升产品竞争力的关键。通过不断优化生产流程、提高生产效率、降低生产成本,企业可以在激烈的市场竞争中脱颖而出,实现可持续发展。

在工作中,我们不仅要对自己负责,更要对同事、对企业、对消费者负责。只有时刻保持警惕,认真对待每一个细节,才能避免因疏忽大意而带来的损失和后果。高度负责的态度,不仅是对工作的尊重,更是对职业道德的坚守。

然而,要实现一丝不苟、认真完成工序的目标,并非易事,需要具备扎实的专业技能、严谨的工作作风、强烈的责任心和使命感。同时,还需要建立健全的质量管理体系和激励机制,提供必要的培训和支持,确保能够在工作中始终保持一丝不苟的状态。

任务三 高速铁路路基工后沉降监测

一、工作任务

(1) 选择路基工后沉降观测方法,并制订具体观测方案。
(2) 能参与高速铁路路基工后沉降的观测工作。

二、相关知识

高速铁路路基工后沉降监测

(一) 概述

为确保列车高速、安全、舒适运行,要求高速铁路轨道结构具有高精度、高平顺和高可靠性,并尽可能减少维修次数。而严格控制路基的变形、沉降是很重要的措施。

路基沉降变形主要包括以下几个方面:列车行驶中路基面产生的弹性变形;长期行车引起的基床累积下沉;路基本体填土压缩变形及地基的压缩下沉。

高速铁路基床表层采用级配碎石,压实标准较高,表层弹性模量可达 200 MPa 以上,路基面弹性变形在 1.0 mm 之内,适量的弹性变形是良性的,对路基没有危害;基床的累积变形对路基状态十分有害,主要通过强化基床表层的措施来消除;路堤填土的压缩沉降主要通过压实密度来控制。当路堤以粗粒土、碎石类土填筑时,路堤填土压实沉降量为路堤高度的 0.1%~0.3%;当以细粒土填筑时,为路堤高度的 0.3%~0.5%。因此,控制路堤沉降主要是控制地基的工后沉降。对软土地基来说,由于软土具有高压缩、低渗透等特性,路堤建成后,不仅沉降量大,而且需延续较长时间才能完成。

工后沉降的控制是路基上铺设无砟轨道的关键,在铺设无砟轨道之前,为保证路基的工后沉降和变形符合设计要求,需对路基变形做系统的评估。路基工后沉降的理论计算仅供参考,施工中要通过观测来预测今后的沉降情况,但建立预测模型需要一定的观测时间,根据经验,一般不少于 6 个月。观测数据不足以评估或工后沉降评估不能满足设计要求时,需继续观测或者采取必要的加速或控制沉降的措施,如超载预压等。

(二) 路基工后沉降要求

路基变形控制是客运专线路基设计施工的关键,路基变形包括三个部分:列车动荷载作用下路基面弹性变形、列车动荷载作用下路基基床产生的累积变形、地基及路堤工后沉降。地基及路堤工后沉降,受地基岩土性质及相应地基处理措施、填料性质及压实标准影响较大,不确定因素较多,是工程建设管理控制的重点。

根据《高速铁路轨道工程施工质量验收标准》(TB 10754—2018),工后沉降指铺轨工程完成以后,基础设施产生的沉降量。沉降评估预测的沉降量 15 mm 的要求也是指铺轨完成后发生的累计沉降量。如铺轨后线下构筑物发生不均匀沉降,将导致线路维修成本的增加:线下构筑物发生不均匀沉降超出无砟轨道扣件可调范围而无法通过扣件进行调整,将导致不得不对线下构筑物进行维修。线下构筑物不均匀沉降还会导致轨道板开裂,将引起轨道构件的更换或维修。因此,客运专线无砟轨道必须严格控制线下构筑物的沉降,特别是不均匀沉降。客运专线对路基工后沉降的控制制定了极其严格的标准(表6.8)。

表 6.8 我国客运专线工后沉降控制标准

序号	项 目	线 路 类 型		
		300 km/h(有砟)	300 km/h(无砟)	250 km/h
1	路基	≤5 cm	≤3 cm	≤10 cm
2	过渡段	≤3 cm	路基与桥台、隧道基础沉降差≤0.5 cm	≤8 cm
3	年平均沉降速率	≤2 cm/年	不均匀沉降≤2 cm/20 m,折角<1/1000	≤3 cm/年

根据以上要求,在客运专线路基施工中,必须对施工过程和铺轨前的路基沉降进行连续不间断的观测,据此评估路基工后沉降是否满足铺轨的条件。

(三) 路基沉降观测

根据采用的监测手段不同,路基沉降观测可分为两种。第一种是通过埋设观测桩,利用高精度的水准测量设备、位移测量设备来监测路基的沉降和位移,属于常规方法。第二种是利用现代高科技电子设备,通过沉降检测仪表准确地测量路基的沉降和位移。二者各有优缺点:第一种检测方法费用相对低廉,但测量人员工作量大,容易受环境因素影响,且沉降设备的埋设对路基施工影响较大;第二种检测方法设备费用相对较高,但是由于自动化程度高,具有检测人员工作量小、检测精度高,且对路基施工影响较小的优点。

1. 资源配置

(1) 项目部设专门测量机构,配备专职且经过专门培训的测量人员从事观测工作。

(2) 仪器设备。

①竖向沉降测量采用自动安平电子水准仪(如瑞士产 NA3003)配 3 m 铟钢尺进行,位移桩、边桩的水平位移测量可使用 $2 \text{ mm}+2\times10^{-6}D$ 精度的全站仪。三、四等水准测量采用 DS3 水准仪,配用 3 m 长的红、黑面木质水准尺。水准尺各部分转动应灵活,望远镜制动、微动螺旋作用应可靠,调焦镜及目镜调节不能有明显的晃动现象。每次观测前除检验圆水准器、十字丝位置正确性,自动安平水准仪补偿器灵敏度等项目外,必须正确进行 i 角的检验。精密水准仪按国家一、二等水准测量规范进行检验;普通水准仪按国家三、四等水准规范进行检验。DS1 型水准仪 i 角不应超过 15″;DS3 型水准仪不应超过 20″。水准尺必须牢固无损。尺底板不应有松动,尺的中线与尺底垂直,尺面不能弯曲。水准尺应进行标

尺零点不等差、1 m长度和分米长度等项目的检验,水准尺必须装有圆水准器,不符合要求不能使用。

②沉降监测主要采用沉降板和位移桩、边桩、固定桩。

a. 沉降板由钢板或钢筋混凝土底板、测杆、保护管组成。其中底板是 50 cm×50 cm× 1 cm的钢板,测杆采用 $\phi 40$ mm钢管,与底板焊接固定在垂直位置上,保护管采用 $\phi 48$ mm铸铁套管,套管尺寸以能套住测杆并能使标尺进入为宜。随填土的加高,测杆的套管相应加高,每节长不超过 50 cm,接高采用丝扣连接。接高后测杆顶面应略高于套管上口,测杆顶用顶帽封住管口,避免填料落入管内影响测杆自由下沉,顶帽高出碾压面高度不大于 50 mm。使用沉降板的缺点是对路基施工有影响,容易被破坏,且测量的工作量大。

b. 位移桩、边桩、固定桩:采用C15混凝土预制,断面采用 15 cm×15 cm正方形,长度不小于 1.5 m,并在桩顶预埋半圆形耐磨测头,桩埋置深度在地表以下不小于 1.4 m,桩顶露出地面不大于 10 cm。埋置方法为采用洛阳铲打至设计深度,将预制桩放入孔内,桩周以C15混凝土浇筑固定,确保桩埋置稳定。

2. 沉降观测断面设置原则

(1) 路基沉降观测应以路基面沉降和地基沉降观测为主。沉降观测断面应根据不同的地基条件、不同的结构部位等具体情况设置;测点的设置位置应满足设计要求,同时还应针对施工掌握的地质、地形等情况调整或增设。

(2) 路基面和地基沉降观测点应设在同一横断面上。

(3) 路基面观测断面沿线路方向的间距一般不大于 50 m,对于地势平坦、地基条件均匀良好的路堑、高度小于 5 m 的路堤可放宽到 100 m;地形、地质条件变化较大地段应适当加密观测断面。软土及松软地段,一般每隔 20~50 m 设一观测断面或按照设计要求加密;可分别在过渡段范围内设置 3~5 个观测断面或按照设计要求布置。每一观测断面观测基桩设置如图 6.14 所示。地基设沉降板,左侧或右侧路肩处设沉降板 1 个,左线或右线中心和路基中心设置沉降板各 1 个;路基成型后在左侧、右侧路肩设置沉降观测桩各 1 个,左线或右线中心设置沉降观测桩 1 个,各观测桩及沉降板在同一断面上。有设计要求的按照设计布置。

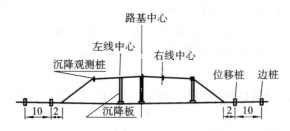

图 6.14 路基沉降观测点设置横断面图(尺寸单位:m)

测点及元器件的埋设位置应符合设计要求,且标设准确、埋设稳定,观测断面及每一观测断面上观测点埋设位置与设计要求的允许偏差应不大于 20 cm。

3. 沉降板的埋设

地基处理完毕,路基本体施工前,按沉降板设计位置放线,将沉降板埋置在已加固处理完毕的路基地基顶面,然后回填土夯实。沉降板埋好后,设置醒目标志,以防施工时损坏。所有观测点设置完后应立即与设计的导线基点和水准点联网测量,取得初步数据。

4. 观测技术要求

（1）沉降观测应采用二等几何水准测量，观测精度不低于 1 mm，观测中误差为 1 mm/km，读数取位至 0.1 mm。在实际测量中，采用闭合水准路线或沿路基外侧设置加密水准基点。

（2）水准测量作业结束后，每条水准线路应以测段往返测高差不符值计算每千米水准测量的偶然中误差。

（3）外业工作：在实际测量中，采用固定的水准仪及水准尺，并保证前后视距尽量相等，使测量误差降低到最低限度。

（4）完成外业工作后，应及时整理平差，计算出各测点高程，算出水准路线长及闭合差，如不满足要求，应对有问题的段落进行复测，找出原因。

（5）对于准确的测量结果，按要求及时整理，并绘制"填土高-时间-沉降量"关系曲线，如图 6.15 所示。同时详细记录填土厚度及接管情况等，从而直观地反映出随填土荷载变化的沉降变化规律。

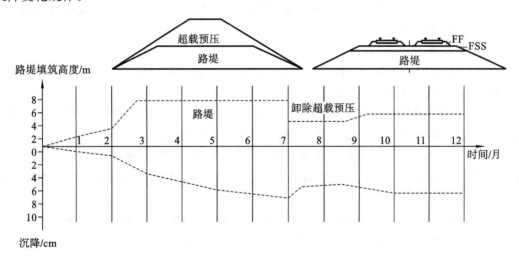

图 6.15　"填土高-时间-沉降量"关系曲线图

5. 沉降观测频次控制要求

1）路基填筑过程中沉降观测要求

在填筑过程中，应做好现场边桩及沉降观测，在施工期间一般每一填筑层应进行一次观测，在沉降量急剧加大的情况下，每天观测次数不应少于 3 次。当两次填筑时间间隔较长时每 3 d 至少观测一次，观测精度应准确到 ±1 mm。特别是路基填筑达临界高度时应加强观测，密切注意路基的沉降量。当路堤中心线地面沉降速率每昼夜大于 10 mm，或坡脚水平位移速率每昼夜大于 5 mm 时，应立即停止填筑，待观测值恢复到限值以内再进行填筑。

2）预压期的沉降观测控制

路堤应经过分层填筑达到预压高程。在预压期的前 3 个月内，每 7 d 观测一次，3 个月后 7~15 d 观测一次，半年后一个月观测一次，一直观测到设计要求的时间。

沉降观测频次控制要求如表 6.9 所示。

表 6.9　沉降观测频次控制要求

观测阶段	观测频次	
填筑或堆载	一般	1 次/d
	沉降量突变	3 次/d
	两次填筑间隔时间较长	1 次/3 d
堆载预压或路基填筑完成	第 1~3 个月	1 次/周
	第 4~6 个月	1 次/2 周
	6 个月以后	1 次/月
轨道铺设后	第 1 个月	1 次/2 周
	第 2~3 个月	1 次/月
	6 个月以后	1 次/3 月

6. 路基面观测桩的观测

路基面观测桩埋设后应与边桩和沉降板同步进行观测,通过观测路基面观测桩与沉降板的高程相对变化,确定路基本体的沉降量。

7. 沉降观测质量控制措施

(1) 沉降观测应采用符合精度要求的测量仪器进行,测量仪器应注意按照规定进行检定,合格后方可正式使用。

(2) 成立由专职技术人员组成的沉降测量小组,专门负责沉降观测。沉降测量小组成员必须经过培训,富有责任心,并及时、客观、准确地记录和整理测量资料。

(3) 施工过程中保证沉降杆不被破坏;对施工负责人、工程机械司机、运输车司机进行沉降观测重要性的专项教育;设专人指挥倒车;运输车在沉降观测桩周围卸土时,确保沉降观测杆不被破坏。

(4) 观测桩位置应插上标志旗,提醒操作人员注意。基床表层施工完后应砌成砖垛观测桩围护。观测桩周围用打夯机夯实,并重点抽查该处压实质量。

(5) 观测桩被碰撞或丢失,要立即补好。

(6) 在卸载前和卸载后各进行一次沉降观测,找好两者关系并做好记录。

(7) 在卸载和级配碎石施工期间,认真做好沉降观测工作。

(8) 观测资料应齐全、翔实、规范,符合设计要求,并及时整理分析,提供给设计单位修正完善设计。

(四) 网络自动化监测系统

1. 网络自动化监测系统的设计原则

铁路客运专线无砟轨道施工,要求路基的工后沉降实现"零沉降",同时客运专线线路长,存在不同的地基不良条件,需布设大量的监测点来采集数据并进行整理、分析,任务量大。因此,有必要建立路基沉降的网络自动化监测系统,以实现对路基的沉降控制。

1) 监测设备布置

客运专线网络自动化监测系统采用多点手机无线自动化远程测量系统,主要由上位机、采集模块(MCU)、电源控制模块、手机无线收发模块、系统软件及相关配件组成,可配接各种钢弦传感器(含国外传感器)、电感调频类传感器、温度传感器、标准电压信号等。

客运专线网络自动化监测系统可在待建工程段某地设立总监测中心,沿线根据具体情况设立多个工作站,负责标段内各工作段的沉降监测,其所配备的电脑均连接互联网,便于有关人员查阅、处理测试资料。

总监测中心是整个标段沉降监测系统的指挥中心,负责全标段监测工作的总体组织安排、元件设备的统一采购、人员设备的组织调配、监测实施细则的制定、各方面的协调、测试资料分析处理等工作。总监测中心配备数据服务器和多台电脑,负责全线原始监测资料、各工作站资料的整理、汇总、存储,以及监测资料的分析处理,同时总监测中心的电脑也可作为无线自动化远程测量系统的上位机使用。

各工作站负责本工作段监测元件的埋设,监测设备的安装与维护,测试资料的采集与初步分析、处理、存储等工作。工作站配备电脑作为网络无线自动化远程测量系统的上位机,与系统软件组成该工作段的监测指挥系统,通过相连的手机无线收发模块与各采集模块联系,完成系统管理、系统参数设定、指定系统的指令下达与数据实时采集、定时测量数据的上载传输、数据分析与处理、数据库管理、显示或打印数据报表、绘制各参数变量随时间的走势图等,并将本工作站的测试资料和分析结果上传到总监测中心的数据服务器存储。

采集模块是系统的二次仪表,与电源控制模块、手机无线收发模块等安装在一个密封箱内,布置在测试现场。采集模块根据各监测断面布置的监测元件数量和相邻监测断面之间的距离,每1～3个相邻断面布置一个,根据相邻采集模块之间的距离,每2～3个采集模块用485总线相连,共用一个手机无线收发模块。采集模块通过相连的手机无线收发模块接收上位机下达的命令,完成各类传感器的信号采集,实现与上位机之间的数据传送。采集模块的任意通道均可配接各种传感器。

密封箱通常嵌入路基边坡坡脚内,也可布置在路基边坡坡脚外。一般先筑一个内部尺寸为1.5 m×1.2 m×1.1 m(长×宽×高)带上锁铁门的水泥箱,并做防积水处理,再将密封箱安装在水泥箱内。采集模块可交、直电两用,在没有交流电的场所,可在水泥箱中放置一个汽车电瓶(充电后可使用6～12个月)供电。监测元件导线集中在水泥箱后接入采集模块。采集模块布置在路基边坡坡脚外时,应在水泥箱上标识"高压危险"字样,以防人为破坏。

2) 监测系统软件方案

网络自动化监测系统的结构组成如图6.16所示。

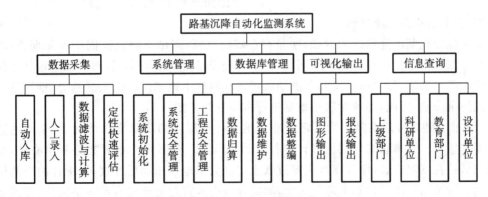

图6.16 自动化监测系统的结构组成

3）监测元件布置

路基沉降监测分为地基沉降监测和路基本体沉降监测两部分，各测试断面的监测元件具体布置，可根据该监测断面的实际地基条件和路基形式，通过组合地基沉降监测的元件布置模式和路基本体沉降监测元件布置模式进行设计。

2. 地基的沉降监测

1）一般地基的沉降监测

一般地基条件下的沉降监测相对比较简单，通常只需对地基压缩层内的沉降进行监测，即按设计监测断面间距监测地基最大沉降，并对相同地质条件选择3～5个断面在监测地基最大沉降的同时监测地基剖面沉降。监测元件采用电感类智能型传感器——单点沉降计。

（1）地基最大沉降监测。单点沉降计布置在路基中心处，在平整地基后钻孔预埋安装，其埋设深度应大于地基压缩层厚度，测试导线引入密封箱连接自动采集模块，监测元件布置示意图如图6.17所示。

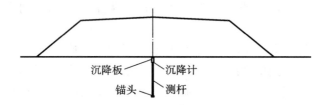

图6.17 一般地基沉降监测元件布置示意图

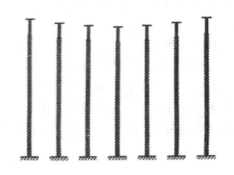

图6.18 地基剖面沉降监测元件布置示意图

（2）地基剖面沉降监测。为了掌握地基剖面沉降分布情况，可采用与地基最大沉降监测同样的方式，在监测地基最大沉降的同时沿路基横断面方向钻孔预埋安装多个单点沉降计，组成剖面沉降系统进行监测。单点沉降计个数可根据地基土质条件选择3～7个，测点可利用路基对称性进行布置，其埋设深度应大于地基压缩层厚度，测试导线引入密封箱连接自动采集模块，监测元件布置示意图如图6.18所示。

2）软土地基的沉降监测

由于软土地基沉降的性质复杂，明显存在瞬时沉降、固结沉降及次固结沉降现象，加之软土地基在施工过程中存在稳定性问题，为了合理安排路基填筑施工，确保软土地基在施工过程中不产生破坏，需要通过实际监测结果随时预测软土地基沉降的发展趋势、推算软土地基的最终沉降量，因此，必须对软土地基进行多项目的监测。

（1）软土地基分层沉降。为了掌握软土地基各土层内的沉降变形情况，可采用电感类智能型传感器——串联式分层沉降计进行自动化监测。监测元件布置在路基中心处，在平整地基后钻孔预埋安装，埋设深度应穿过软土层并大于地基压缩层厚度，沉降计的串联层数根据地层情况和预计的地基沉降量决定，测试导线引入密封箱连接自动采集模块，监测元件布置示意图如图6.19所示。

(2) 软土地基剖面沉降。为了掌握地基剖面沉降分布情况,可采用与地基分层沉降测量同样的方式,在监测地基分层沉降的同时沿路基横断面方向钻孔预埋安装多个电感类智能型传感器——串联式分层沉降计,组成剖面沉降系统进行自动化监测,测点个数可根据需要选择3~7个,并利用路基对称性进行布置,测试导线引入密封箱连接自动采集模块,其布置示意图如图6.20所示。

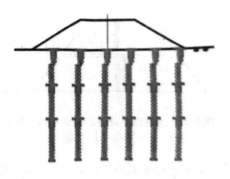

图6.19 软土地基分层沉降监测元件布置示意图

图6.20 分层沉降计组成的剖面沉降系统布置示意图

地基剖面沉降还可以在路基填筑以前埋设静力水准仪组成剖面沉降系统进行自动化监测,测点个数可根据需要选择3~7个,并利用路基对称性进行布置。一个静力水准仪测点由两个精密液位计和液位连通管组成,其中一个精密液位计布置在测点处,另一个布置在路基坡脚以外,两个精密液位计之间用液位连通管连接,测试导线引入密封箱连接自动采集模块。另外,也可以采用传统剖面沉降仪对软土地基的剖面沉降进行人工测量,剖面沉降仪由测头、专用电缆、充液导管、液体箱及读数仪等组成。使用前,在监测部位预埋专用充液导管,导管两端安装液体箱,测量时先在液体箱内注入水,再将测头放入充液导管内测量地基剖面沉降。

(3) 基础受力变形监测。当软土地基采用混喷桩加固形成复合地基时,可于路基填筑施工前,在路基横断面方向不同区域的桩顶和桩间分别埋设钢弦类智能型传感器——压力盒、电感类智能型传感器——静力水准仪,分别对桩土应力比和桩土沉降差进行监测。布置在同一区域桩头和地面的两个同类传感器为一组,两种传感器在同一区域的埋设数量通常分别不少于三组。压力盒埋设在垫层底部的拟测位置(桩头或地面),而静力水准仪测点由两个精密液位计和液位连通管组成,其中一个精密液位计布置在测点处(桩头或地面),另一个布置在路基坡脚以外,两个精密液位计之间用液位连通管连接。

3. 路基本体的沉降监测

路基可分为一般路基、高路基、桥路过渡段、堤堑过渡段、路隧过渡段等多种不同形式,不同形式对路基沉降的要求不同。根据其沉降特点,分一般路基、高路基和过渡段三种模式进行沉降监测设计。

1) 一般路基的沉降监测

一般路基的沉降监测相对比较简单,只需按设计监测断面间距对路基本体的压缩沉降进行监测即可。监测元件采用单点沉降计,单点沉降计布置在路基中心处,在完成路基填筑施工后钻孔埋设安装,其埋设深度应为路基填筑高度,测试导线引入密封箱连接自动采集模块,监测元件布置示意图如图6.21所示。

2) 高路基的沉降监测

高路基通常需使用 2~3 个监测元件分层监测其沉降量。监测元件采用单点沉降计,单点沉降计布置在路基中心处,分多次钻孔埋设安装,即依次在路基填筑至分层高度后钻孔埋设安装相应测杆长度的单点沉降计,并将测试导线引入密封箱连接自动采集模块,监测元件布置示意图如图 6.22 所示。

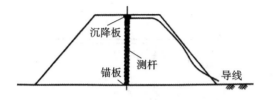

图 6.21　一般路基沉降监测元件布置示意图　　图 6.22　高路基沉降监测元件布置示意图

3) 过渡段路基的沉降监测

过渡段路基的沉降,根据过渡段路基的长度及与相邻监测断面的距离,可选择两种监测方式。①采用前述路基沉降监测方式,即在路基中心埋设单点沉降计,直接测量路基本体的压缩沉降。②采用静力水准仪测量与相邻监测断面的沉降差,即在完成路基填筑施工后将静力水准仪的一个精密液位计布置在过渡段路基的拟监测点,另一个精密液位计布置在相邻监测断面的沉降监测处,两个精密液位计之间用连通管连接,测试导线引入密封箱连接自动采集模块,监测元件布置示意图如图 6.23 所示。

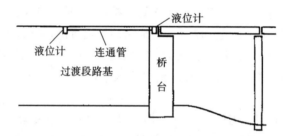

(a) 过渡段与相邻监测断面沉降差监测元件剖面布置示意图

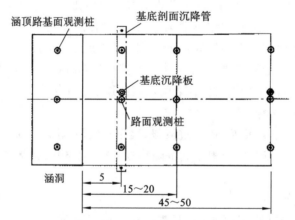

(b) 路涵过渡段与相邻监测断面沉降差监测元件平面布置示意图(单位:m)

图 6.23　过渡段路基沉降监测元件布置示意图

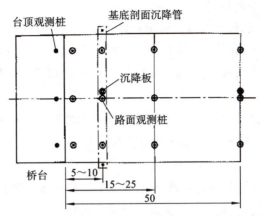

(c)路桥过渡段与相邻监测断面沉降差监测元件平面布置示意图(单位:m)

续图 6.23

任务工单

胶济铁路路基不稳引发重大事故案例分析

1. 任务描述

学生以 3~5 人为一组,选出组长并进行任务分工。各小组根据实际情况,查阅相关技术规范资料,分析针对案例需要采取的措施。

2. 背景资料

(1)事故概况。

2008 年 4 月 28 日,百年胶济铁路发生一场悲剧:凌晨 4 时 41 分,由北京开往青岛的 T195 次客车通过胶济铁路王村站后,在 K289+610 处客车第 9~17 节车厢突然发生脱线、颠覆,而此时一列由烟台开往徐州的 5034 次客车,在会车时与 T195 次列车相撞,致使机车和五节车厢脱轨,造成重大事故。本次事故列车是电力机车,事发后并未发生火灾或爆炸等。事故现场 648 m 铁路轨道损毁,大部分牵引供电设备破坏,部分车厢严重变形。发生火车相撞的胶济铁路,全长 384 km,是连接济南、青岛两大城市的横贯山东的运输大动脉,也是青岛、烟台等港口的重要通道,长期以来客货混跑,非常繁忙。

(2)事故原因。

①路基情况:胶济铁路存在路基不稳定的情况。

②线路运行状况:在运行过程中存在不符合标准的情况,超速行为很明显;北京至青岛的 T195 次列车严重超速,在本应限速 80 km/h 的路段,实际时速居然达到了 131 km。通过调阅 T195 次列车运行记录监控装置数据,该列车实际运行速度每小时超速 51 km。这是导致"4·28"胶济铁路特别重大交通事故发生的直接原因。

③机车技术状况:列车在发车前状况良好,并无非正常状态下运行情况。

④铁路运输调度指令下达情况:通过现场询问及调查,事故发生过程中存在违章指挥、

下达错误指令或漏下指令的情况。

⑤铁路信号显示情况:限速牌显示状况良好,并不存在错误显示、信号失效的情况。

⑥机车司机驾驶工作情况:T195 次列车司机在驾驶过程中,由于没有认真瞭望,没能发现限速牌,导致了事故的发生;5034 次列车司机在发现 T195 次列车脱轨后曾经紧急刹车。

⑦铁路安全规章制度建设情况:济南铁路局在 5 天的时间里连发三道命令,从限制速度到解除限速,随后又再次限速,规章制度建设存在问题。

3. 工作实施

(1) 各小组针对背景资料进行分析,事故主要责任应由谁承担?

(2) 各小组进行分析,针对事故应采取的措施有哪些?

(3) 事故案例对你有什么警示?

课程思政

铁路路基,作为铁路工程体系中的基石与灵魂,其重要性远远超出了简单的结构支撑范畴,它是连接大地与钢铁巨龙——铁路的纽带,关系着国家经济命脉的稳健运行与人民出行的安全便捷。在浩瀚的铁路网络中,每一条铁轨下都隐藏着一条坚实而复杂的路基,它们默默无闻,却以无比的坚韧与智慧,确保了列车在广袤大地上飞驰的平稳与安全。

路基,顾名思义,是铁路线路的基础部分,直接铺设于地面之上,承受来自轨道、机车车辆及其所载货物的巨大重量。这种承重能力,是路基设计与施工的首要考量。通过精心选择的路基填料、合理的压实工艺以及必要的排水设施,路基能够确保在各种气候条件和地质环境下,依然保持足够的坚实性和稳定性,为铁路线路提供可靠的支撑。

安全,是铁路运输永恒的主题。路基作为保障列车安全运行的第一道防线,其稳固性至关重要。无论是面对自然灾害如洪水、地震的侵袭,还是长期运营过程中的疲劳累积,路基都必须展现出强大的抵抗力和恢复能力。通过采用先进的监测技术和维护手段,及时发现并处理路基的潜在问题,如沉降、变形等,可以有效预防安全事故的发生,确保列车运行万无一失。

耐久性,是路基工程质量的另一重要指标。在铁路设计寿命长达数十年甚至上百年的背景下,路基必须具备良好的耐久性,以抵御时间的侵蚀和环境的挑战。这要求路基材料的选择、施工工艺的优化以及后期维护管理等方面都要达到极高的标准。同时,随着人们环保意识的提升和可持续发展理念的深入人心,路基工程还需注重生态环保,减少对自然环境的破坏,实现与周围环境的和谐共生。

随着科技的进步和铁路事业的不断发展,路基工程也在不断迎来新的变革。新材料、新技术、新工艺的不断涌现,为路基工程的设计、施工和维护提供了更加广阔的空间。例如,高性能土工合成材料的应用,显著提高了路基的承载能力和稳定性;智能监测系统的引入,实现了对路基状态的实时监测和预警;绿色生态路基的设计理念,更是将环境保护与工程建设紧密结合在一起。

课后练习题

一、单项选择题

1.《高速铁路路基工程施工质量验收标准》(TB 10751—2018)规定,当采用机械挖除换填土时,应预留(　　)的保护层由人工清理。
A. 30～50 cm　　　　B. 25～40 cm　　　　C. 30～55 cm

2.《高速铁路路基工程施工质量验收标准》(TB 10751—2018)规定,换填基坑坡脚线位置的允许偏差为(　　)。
A. −45 mm　　　　B. −30 mm　　　　C. −50 mm

3.《高速铁路路基工程施工质量验收标准》(TB 10751—2018)规定,换填顶面高程允许偏差为(　　),沿线路纵向每 100 m 检查 5 处。
A. +50 mm　　　　B. ±30 mm　　　　C. −50 mm

4.《高速铁路路基工程施工质量验收标准》(TB 10751—2018)规定,砂、碎石垫层填筑完成后必须及时完成两侧干砌片石护坡,并同时做好(　　)。
A. 保护层　　　　B. 隔层　　　　C. 反滤层

5.《高速铁路路基工程施工质量验收标准》(TB 10751—2018)规定,挖孔灌注桩施工中护壁混凝土强度等级不应低于(　　),当作为桩身混凝土一部分时,不应低于桩身混凝土强度等级。
A. C30　　　　B. C20　　　　C. C15

6.《高速铁路路基工程施工质量验收标准》(TB 10751—2018)规定,钻、挖孔桩工艺和防护措施必须符合设计和(　　)的要求。
A. 施工技术方案　　　　B. 图纸　　　　C. 验标

7.《高速铁路路基工程施工质量验收标准》(TB 10751—2018)规定,低能量满夯的搭接不得小于(　　)夯锤直径。
A. 1/4　　　　B. 1/2　　　　C. 2/3

8. 客运专线桥台与路堤过渡段表层以下采用(　　)分层填筑。
A. 级配碎石掺入适量水泥　　　　B. 级配碎石　　　　C. 渗水料

9. 客运专线路基填料应按(　　)来控制,有条件时宜集中供应,确保填料质量。
A. A、B 组填料　　　　B. 土石方　　　　C. 建筑材料

10. 客运专线路基填筑过程中应及时进行沉降观测,一般情况下每天观察(　　)次。
A. 1　　　　B. 2　　　　C. 3

11. 路基沉降观测的目的:一是用来指导现场路基施工的填筑速率,二是用来推算路基的(　　)。
A. 工后沉降　　　　B. 施工周期　　　　C. 差异沉降

12. 客运专线一般地段基床表层应采用（　　）分层填筑。
   A. A、B 组填料　　　B. 级配碎石掺入适量水泥　　　C. 级配碎石

13. 路基总沉降由不同阶段的沉降组成，与铁路运营直接相关的是路基工后沉降，工后沉降主要是由（　　）引起的。
   A. 地基产生沉降　　　　　　　　　B. 行车引起的基床累积变形
   C. 路基填土的压缩下沉

14. 路基填筑前须进行试验段填筑，以确定施工（　　）及工艺参数。
   A. 地质核查　　　B. 室内试验　　　C. 填料的各项指标

15. 过渡段级配碎石施工应分层填筑压实，每层的压实厚度不应大于（　　），最小压实厚度不宜小于（　　）。
   A. 30 cm；15 cm　　　B. 20 cm；15 cm　　　C. 15 cm；10 cm

16. 客运专线路堤与横向结构物连接处，应设置过渡段。横向建筑物顶至轨底高度小于 1.5 m 时，横向建筑物顶面以上路堤以及两侧（　　）范围内基床表层填筑级配碎石并掺入适量水泥。
   A. 10 m　　　B. 15 m　　　C. 20 m

17. 客运专线路基原地面坡度陡于（　　）时，应自上而下挖台阶，台阶宽度、高度应符合设计要求。
   A. 1∶3　　　B. 1∶5　　　C. 1∶7

18. 客运专线碎石垫层应采用未风化的干净砾石，其最大粒径不得大于（　　）。含泥量不得超过 5%，且不含草根、垃圾等杂物。
   A. 35 mm　　　B. 40 mm　　　C. 50 mm

19. 客运专线砂垫层应采用中、粗砾砂，不含草根、垃圾等杂质，其含泥量不得大于（　　）；当用作排水固结时，其含泥量不得大于（　　）。
   A. 3%；5%　　　B. 5%；6%　　　C. 5%；3%

20. 客运专线袋装砂井施工前应有防止砂袋扭结、缩颈、断裂和带起的措施。拔管时应防止带起砂袋，当带出砂袋长度大于（　　）时，必须在旁边重新补打。
   A. 0.3 m　　　B. 0.5 m　　　C. 0.35 m

二、填空题

1. _____ 作为工程施工质量控制的主体，应建立健全质量保证体系，对工程施工质量进行全过程控制。

2. 高速铁路路基的 _____ 达不到设计要求时，严禁进入轨道工程施工工序。

3. 路基工程施工质量控制要求工序之间应进行 _____，上道工序应满足下道工序的施工条件和技术要求。相关专业工序之间的 _____ 应经监理工程师检查认可，未经检查或经检查不合格的不得进行下道工序施工。

4. 路基原地面处理施工前应清除路基范围原地面表层植被，挖除树根，做好 _____。

5. 路基原地面采用换填方式处理时，当采用机械挖除换填土时，应预留 _____ 的保护层由人工处理。

6. 水泥粉煤灰碎石桩（CFG 桩）施工前应进行 _____（不少于 3 根），以复核地质资料以及设备、工艺、施打顺序是否适宜，确定混合料配合比、坍落度、搅拌时间、拔管速度等各

项工艺参数,报监理单位确认后,方可进行施工。

7. CFG 桩施工开始后应及时进行_____或_____试验,以确认设计参数。

8. CFG 桩顶端浮浆应清除干净,直至露出新鲜混凝土面。清除浮浆后桩的_____应满足设计要求。施工单位应对每根桩进行检验。

9. CFG 桩的桩身质量、完整性应满足设计要求,按规定要求采用低应变检测总桩数的_____。

10. CFG 桩按复合地基设计时,处理后的复合地基承载力、变形模量应满足设计要求;按柱桩设计时,处理后的单桩承载力应满足设计要求。检验数量:总桩数的_____,且每检验批不少于_____根。

项目七　路基养护与维修

学习目标

知识目标:

1. 掌握路基病害的分类和不同病害的防治方法;
2. 了解大维修的工作内容和组织机构;
3. 了解路基维修的检查、验收和保养标准;
4. 了解大修设计、施工和验收的相关知识;
5. 掌握路基防洪与抢险的相关知识。

能力目标:

1. 初步具备一般病害的分析与整治、综合维修作业、保养作业的技术能力;
2. 具备正确阅读大修设计文件、理解和执行施工方案的能力;
3. 能正确进行路基状态评定和病害分级。

素质目标:

1. 塑造吃苦耐劳的意志品质;
2. 树立警钟长鸣,按章作业的安全意识;

3. 培养"一点也不差,差一点也不行"的严谨作风,训练作业中突发事件的应急处理能力。

思维导图

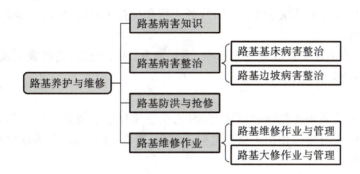

路基维修工作应贯彻"预防为主,检修并重,综合整治,排水第一"的原则,做到综合维修、小型病害整治与经常保养相结合,应重视检查和巡守工作,对路基病害应治早、治小,防患于未然。路基养护维修工作的主要任务是维修保养线路上既有的路基设备,使其经常处于良好状态,整治路基病害,预防病害的发生与发展,提高路基的承载能力和抗洪能力,巩固和改善线路质量,保证列车按规定的速度安全、平稳地运行。

引入案例

2005年5月9日上午,浙江萧甬铁路路基发生整体下沉事故,发生塌陷的铁路位于浙江省余姚市牟山镇境内,塌陷路段全长100多米,两条铁道全部悬空,塌陷处的铁轨严重变形,路基旁的树木、电线杆纷纷倾倒,旁边的一条机耕路也被横向折断,向南侧平移了五六米,导致行车中断。萧甬铁路是中国浙江一条连接杭州和宁波的铁路,起点是杭州钱塘江南岸的萧山站,终点在宁波南站,全长147.32 km。此次塌方软土地基长度超过150 m,深度达到5~10 m。铁道部专家组确定抢修方案,并且挑灯夜战地进行抢修工作,不过由于仍有数万方的土石需要回填,而且遭遇世界性"软土地基"难题及作业空间狭小问题的夹击,给抢修工作造成不小的困难。

任务一 路基病害知识

路基病害的
相关知识

一、工作任务

(1)分析、归纳病害的特征,建立病害的概念。
(2)能根据病害现象对病害进行分类,为病害防治做好准备。

二、相关知识

1. 极端天气

极端天气包括暴雨、暴雪、大风等,这些天气现象对铁路路基的影响主要表现在以下几个方面。

(1) 冲刷路基:暴雨可能导致洪水冲刷路基,造成路基基础松动、边坡坍塌。
(2) 积雪覆盖:暴雪可能导致铁路轨道被积雪覆盖,影响列车的正常运行。
(3) 大风侵蚀:大风可能导致铁路沿线的土壤和植被被侵蚀,影响路基的稳定性。

2. 边坡溜坍

土质边坡受地表水下渗或地下水影响,表层饱和,失去稳定,造成表土或覆盖层下滑或错落的现象称为边坡溜坍。

3. 崩塌落石

在地势陡峻、地质条件复杂的山坡上,因长期受风化侵蚀或其他外力的影响,岩体或土体突然脱离母体,在自重的作用下急剧地向下倾倒、崩落、翻滚和跳跃等现象称为崩塌。

4. 风化剥落

整个边坡基本稳定,坡面受风化作用影响,坡面上的碎屑向下滚落的现象称为风化剥落。土质边坡由于地表径流冲蚀作用,形成鸡爪沟的现象也属此类病害。

5. 陷穴

陷穴是指路基或附近地面突然塌陷成洞穴或凹陷的现象,如岩溶塌陷、黄土塌陷、矿区采空、古墓、古窑、窑洞、蚁穴以及由大气降水、过量抽取地下水诱发的路基突然塌陷、沉落。

6. 基床下沉外挤

基床下沉外挤指基床土被水浸湿软化,基床面下沉形成道砟囊、道砟袋,并越来越深,或软弱层发生剪切滑动,致使道床下沉、路肩隆起、边坡或侧沟外挤等现象。

7. 基床翻浆冒泥

基床土体或风化岩被水浸蚀软化,在列车动力作用下液化成泥浆挤压冒出。

8. 河岸冲刷

由于河流流向的演变,河岸和河床经常性地或周期性地受到水流的冲刷作用。在河滩或岸边的铁路路基,由于水流的冲刷作用,影响路基稳定。

9. 水浸路基

滨河、河滩、海滩和水库(塘)等地区的路基,一侧或两侧边坡常年或季节性浸水,当路堤缺乏足够的防护和加固设备时,由于受水的浸润、水位变化(浮力、渗透动水压力)或水流及波浪的冲击作用,影响路基稳定。

10. 洪水

洪水是指河流、湖泊等水体超过其容纳能力而泛滥的现象。洪水对铁路路基的影响主要表现在以下几个方面。

(1) 冲刷路基:洪水带来的大量水流可能冲刷铁路路基,导致路基基础松动、边坡坍塌。
(2) 淹没轨道:洪水泛滥时,可能淹没铁路轨道,使列车无法正常通行。
(3) 破坏桥梁和隧道:洪水还可能对铁路桥梁和隧道造成破坏,影响铁路的通行能力。

11. 滑坡

滑坡是指斜坡上的岩土体在重力作用下,沿着一定的软弱面或软弱带,整体或分散地顺坡向下滑动的自然现象。滑坡对铁路路基的影响主要表现在以下几个方面。

(1) 掩埋路基：滑坡可能携带大量岩土体掩埋铁路路基，导致列车无法通行。

(2) 破坏桥梁和隧道：滑坡还可能对铁路桥梁和隧道造成破坏，影响铁路的通行能力。

12. 沙害

沙害指风沙流的堆积、吹蚀（淘蚀）作用对铁路线路设备的破坏或流沙上道影响行车的现象。

13. 冻害

冻害指路基内的水在冻结或融化时造成路基不均衡的冻胀或承载力不足的现象。

14. 雪害

雪害指降雪或积雪被风吹移至路基上堆积、埋没线路的现象。

15. 泥石流

泥石流是指在山区或其他沟谷深壑、地形险峻的地区，因为暴雨、暴雪或其他自然灾害引发的山体滑坡并携带有大量泥沙以及石块的特殊洪流。泥石流对铁路路基的影响主要表现在以下几个方面。

(1) 掩埋路基：泥石流可能携带大量泥沙和石块，掩埋铁路路基，导致列车无法通行。

(2) 破坏桥梁和隧道：泥石流还可能对铁路桥梁和隧道造成破坏，严重影响铁路的通行能力。

16. 地震

地震是地壳内部因各种原因发生震动而形成的自然灾害。地震对铁路路基的影响主要表现在以下几个方面。

(1) 破坏路基结构：地震产生的强烈震动可能使路基结构产生裂缝、塌陷等破坏。

(2) 损坏桥梁和隧道：地震还可能导致铁路桥梁和隧道坍塌或变形，严重影响铁路的通行能力。

铁路路基面临的自然灾害种类繁多，且每种灾害都可能对铁路运营造成严重影响。为了保障铁路运输安全，应采取以下措施：

(1) 加强自然灾害预警和监测，及时发现并应对各类灾害。

(2) 加强铁路设施的设计和建造质量管理，提高设施的抗灾能力。

(3) 定期开展铁路设施的巡查和维护工作，及时发现并处理设施存在的问题。

(4) 加强对铁路员工的安全培训和教育，提高员工应对自然灾害的能力。

通过以上措施的实施，可以有效提高铁路的防灾减灾能力，保障铁路运输的安全和稳定。

课程思政

铁路货运重载化已成为铁路货物运输现代化的一个重要标志。我国现有的重载铁路在运行中路基病害频繁，一直未发现有效的控制措施，每年额外增加的路基维护直接费用达数亿元，间接损失更难以计算。由神华包神铁路集团有限责任公司牵头，联合哈尔滨工业大学、内蒙古科技大学共同实施的项目"重载铁路路基稳定性评价与病害控制技术研究与推广",研究出一套行之有效的重载铁路路基稳定性评价方法与病害控制技术,为实现重载铁路路基建设质量提升、进度加快及造价降低提供了技术保障,提高了我国重载铁路建设水平。该项目获得2019年度内蒙古自治区科学技术进步一等奖。

该项目研究成果,完善了我国现行铁路设计规范在重载铁路路基设计方面的一系列关键的技术,为我国实现铁路货运的重载化提供了理论依据与技术支持,为路基工程、建筑工程、防灾减灾工程同类问题提供了有益的解决方案,可推广应用于道路与铁道工程领域,具有良好的经济效益、环境效益和社会效益。

任务二 路基基床病害整治

一、工作任务

(1) 对基床病害进行分析、归纳,判断其危害程度,能提出可行的整治方案。

(2) 参与方案实施工作。

路基病害类型及整治方案

二、相关知识

1. 铁路路基病害类型

铁路路基主要病害有滑坡、基床翻浆冒泥、边坡溜塌、基床下沉外挤、陷穴、排水不良、崩塌落石、风化剥落、河岸冲刷、冻害、雪害、泥石流、沙害、水浸路基。

下面针对常见的路基病害进行原因分析。

1) 基床翻浆冒泥

路基强度因含水过多而急剧下降,在行车作用下发生裂缝、鼓包、冒泥等现象,称为翻浆。

翻浆冒泥一般易发生于基床土质不符合要求的部位,特别是以细粒土作路基填料、风化石质作基床、降雨量大的路堤和路堑地段为病害多发地段。一定条件的含黏粒、粉粒的基床表层土在列车反复振动的作用下,发生软化或触变、液化,形成泥浆。列车通过时轨枕上下起伏使泥浆受挤压抽吸而通过道床孔隙向上翻冒,造成道砟脏污、板结,进而使道床降低或丧失弹性。轨道几何尺寸变化,危及行车安全。

2) 基床下沉外挤

基床下沉外挤主要是路基填筑密度不够和强度不足所致,表现形式有路基下沉、路肩隆起、侧沟被挤、路肩外挤和边缘外膨等。填方路基下沉导致断面尺寸改变的病害现象,为路堤沉陷,是由于路基土密实度不足或地基松软,在水、荷重、自重及振动作用下发生局部或较大面积的竖向变形。一般经过列车运行一段时间后,下沉会趋于缓解,但有时荷重增加或水的作用使沉降速率加大。局部下沉也会造成陷槽,使线路不平顺。下沉分为基床下沉、堤体下沉和基底下沉。

3) 陷穴

陷穴指路基下及其附近存在洞穴,其坍塌可引起基床和道床突然沉落,轨道悬空,中断行车,甚至造成列车颠覆。陷穴病害分为黄土陷穴、岩溶洞穴、盐蚀溶洞和墓穴、兽洞等。

造成洞穴顶部塌陷的主要因素是水的作用和列车荷载作用。洞穴在水的侵蚀、潜蚀作用下和列车动荷载的反复作用下,洞顶的岩土结构逐渐遭到破坏,承载力也逐渐丧失,最终突然塌陷。

4) 冻害

冻害发生在寒冷地区,如路基土为透水性较差的细粒土,当含水量较高或基面积水时,在冻结过程中,土中水重新分布和聚集形成冰块,引起不均匀的冻胀现象。

2. 路基病害的整治

1) 病害的整治步骤

路基病害的整治应从防止水浸入路基填料、提高路基强度和刚度入手,处理路基病害基本按以下步骤进行:①检测路基病害,判断路基病害的类型、发生的部位及规模大小、严重程度;②对产生病害的主要原因进行分析,一般为填料水分浸入、强度不足等方面的问题;③采取技术上可行、经济上合理的治理方法。

2) 边坡病害的预防和处理

(1) 路基上方的危岩、危石应及时检查清理,特别在雨季前要仔细检查。如有威胁行车安全的路段,可根据地形和岩层情况,采取嵌补、支顶的方法予以加固。

(2) 在小型崩塌或落石地段,应采取全部清除的办法;如果基岩破坏严重,崩塌、落石的物质来源丰富,则宜修建落石平台、落石槽等拦截结构物。

(3) 由于存在软弱结构面而引起崩塌的高边坡,可根据情况采取支挡墙或护墙等措施。

(4) 边坡坡脚因受水冲刷而易形成崩塌时,要对河岸做防护工程。

(5) 在可能发生崩塌的地段,必须做好地面排水设施。

3) 防治泥石流的主要措施

(1) 对流泥、流石的边坡来说,在春秋两季,应进行大量的植树造林、铺植草皮。

(2) 在泥石流形成的地区上侧应修筑截水沟、排水沟,把水引出来,以减少或消除洪水的影响。

(3) 在泥石流的形成区,采用平整的山坡,填实沟缝,修筑梯阶、土埂和支撑挡墙,加固沟头和沟底等方法,控制水土流失,防止滑坡发生。

(4) 在泥石流严重的地点,养护部门应做到加强检查和观察,尽力采用防治措施;发生泥石流后,尽快清除堆积物;根据掌握的资料,提出整治措施。

4) 路基水毁的防治措施

(1) 防止漂浮物大量急剧地下冲;

(2) 疏通各种排水系统;

(3) 修理、加固和改善各类构造物;

(4) 检修防洪设备,备足抢护的材料、工具以及救生、照明和通信等设备。

对路基水毁要做到全面预防,重点治理。为此,每年汛期前应进行必要的水文观测,掌握洪水的动态,并与当地的气象、水文部门取得密切的联系,及时收集雨水情况资料,或向沿河居民调查,预先了解洪水强度、到达时间并进行技术检查,查出的隐患应在雨季、汛期之前处理完毕。

5) 路基沙毁的防治措施

(1) 为防治沙质路基风蚀,一般采用柴草、土石或无机、有机结合料进行固沙防护,以保证路基稳定和行车安全。在砂砾石丰富的地段,可平铺砂砾石将边坡及路肩覆盖,厚度一般为 5～6 cm。当运距太远时,也可仅覆盖路肩,边坡则用"草方格"防护。实践证明,这种方法效果良好。

(2) 为防治路基沙埋,在路侧采用的措施可归纳为固沙、阻沙、输沙和导沙等四种类型。固沙措施采用草方格或黏性土埂方格沙障,或直接利用卵石、砾石、黏性土、沥青乳液覆盖沙面进行加固。阻沙措施除采用高立式防沙栅栏外,还可用挡沙沟堤等。挡沙沟堤由当地的沙土或砂砾筑成。输沙措施是通过改变下垫面和加大风速的办法,使风沙流顺利通过路基而不致产生沙埋。导沙措施是用导沙堤改变气流方向,使风沙流离开路基。有条件的地区应先采用植物固沙,并贯彻草、灌、乔相结合的原则,以达到最大的防风固沙效果。对已发生沙埋的路基,需要将积沙清除到路基下风侧 20 cm 以外的地形开阔处,并予整平,以免形成新的阻风积沙。

课后练习题

1. 基床下沉外挤包括哪些病害现象?分析其成因并简述整治方法。
2. 基床冻害分为几类?整治原则是什么?
3. 整治基床冻害有哪些措施?

引入案例

和龙线 48.600 km~49.700 km 位于吉林省龙井市境内,地处长白山脉支系,地势东北低、西南高。线路所在处为深路堑地段,路堑坡高 25~30 m,路堑边坡坡率为 1∶2。由于路堑边坡较高,为减缓路堑坡度,每隔 8 m 设置了缓冲平台,并设置了拱形骨架护坡。

该段线路于 2008 年 12 月开通运营,运营初期受降雨影响,线路左侧路堑坡面曾多次发生大面积溜坍,造成拱形骨架整体裂损下滑,堑底排水沟受挤压变形,沟内淤积严重。2009—2010 年,为确保汛期行车安全,图们工务段对路堑边坡溜坍严重的处所,在路堑坡脚夯打 3 m 钢轨桩进行加固,延缓病害发展,但并未从根本上解决病害。2012 年 7 月,图们工务段检查发现,和龙线 49.100 km~49.255 km 线路左侧路堑边坡溜坍严重,溜坍土体已阻塞挤压侧沟,路堑坡脚设置的钢轨桩,由于受溜坍土体的挤压,均向线路侧倾斜,路堑边坡拱形骨架全部破碎;48.600 km~49.700 km 左侧堑顶浆砌片石天沟,受堑坡边坡溜坍影响,堑顶土体向线路侧倾斜,造成水沟后方土体与水沟浆砌片石背离,导致浆砌片石水沟断裂;48.484 km~49.630 km 路堑浆砌片石护坡已严重破损,呈下滑趋势,位于堑坡上的上跨立交桥 3 号桥台,随着堑体溜坍、下滑,承台基础已完全露出,桥台已发生前倾位移,危及行车安全。

2012 年该段路堑边坡再次出现护砌开裂、坡脚隆起,分析发现主要是由于堑体边坡岩土为泥岩及泥质砂岩,其特点是膨胀性强、亲水性强、排水性差、黏合力差、抗剪强度较低、松散易破碎;同时随着时间推移,边坡护砌及岩土受冻胀、春融、降水的反复作用,坡面逐渐产生裂缝,地表水逐渐渗入、积累,使边坡岩土含水量增大、重力增加、抗剪强度降低,致使边坡前缘土体出现膨胀,牵引后部表层土产生蠕动变形,造成边坡护砌裂纹加重、砌体下滑、坡脚隆起,严重时导致路基边坡产生滑塌,并且随着雨季降水量增加,病害愈发严重。

任务三　路基边坡病害防治

一、工作任务

(1) 对边坡病害进行分析、归纳,判断其危害程度,能提出可行的整治方案。
(2) 参与方案实施工作。

二、相关知识

(一) 路基边坡病害类型

边坡病害类型
及整治方法

路基边坡病害分为坡面病害、坡脚病害和边坡地质病害三大类。

1. 路基边坡坡面病害

1) 边坡溜坍

边坡溜坍是一般黏性土质(如粉质黏土、黏土、粉土等)边坡的常见病害,在路堤、路堑路段均可发生。膨胀土除了具有一般黏性土的共性外,还具有湿胀干缩、多裂隙、超固结等特性,故膨胀土路基边坡更易发生溜坍(坍滑)病害。黄土作为干旱地区的一种特殊土,其工程性质受形成时代与成因类型控制,坡(冲、洪)积的新黄土路堑边坡常易发生溜坍病害。盐渍土路基中土的含盐量超过一定比例后,土体随昼夜温差与季节性温差而出现胀缩变化和强度降低,导致边坡发生溜坍病害。冻土地区路基在夏季因边坡土体的热平衡状态遭到破坏,导致边坡体在冻融界面发生滑坍变形。

2) 风化剥落

风化剥落病害常发生在易受风化的岩质边坡(如绿泥石片岩、页岩、千枚岩、云母片岩、滑石片岩等)或软硬相间的松软层。岩质边坡虽整体基本稳定,但由于岩性与结构构造的特性,其表层受长期强烈风化作用后易发生呈松散薄片状或小颗粒状顺坡面剥离滚落的现象。边坡的向阳面因昼夜温差大,往往剥落现象较严重。

在黄土地区,路堑边坡亦常发生剥落病害,病害按其形态分为片状、层状和鱼鳞状。片状剥落多发生在新黄土中,层状剥落多发生在有粉质黏土和粉土互层的冲积黄土中,鱼鳞状剥落多发生在含易溶盐较多的黄土坡面。

3) 风沙病害

风沙病害多发生在我国沙漠铁路所分布的西北风沙地区,气候条件表现为干旱少雨,蒸发量大,风力强劲、频繁;地貌形态呈现出各式各样的沙丘。

风沙流对铁路的危害不局限于边坡,修建在沙质荒漠(即干旱荒漠地带的沙丘和风蚀地)和石砾质荒漠(即戈壁)上的既有铁路路基边坡受当地自然条件影响,不可避免首当其冲地遭受到风沙流的侵害,主要表现为沙埋和风蚀。沙埋系风沙流在运行中受阻或沙丘前移所造成的,在不填不挖路基或低路堤、浅路堑段多呈现片状积沙;在半堤半堑或曲线内侧堑坡下多呈现堆状积沙;在风口处或防护设备局部损坏处呈舌状积沙。沙埋按其危害程度进行分级，严重者极易造成列车脱轨事故。风蚀分为吹蚀、磨蚀、淘蚀三种，常出现在采用粉细砂填筑又没有适当防护的路堤段。吹蚀是指风力直接吹走路堤迎风面边坡上部的土颗粒，使路肩宽度不足，影响轨道稳定；磨蚀是指风沙流中的沙颗粒冲击旋磨路堤填料，造成路基本体局部被掏空；淘蚀是指气流遇到障碍而产生的涡流卷走路堤背风面边坡的细小颗粒，造成大颗粒失稳滚落。

4）积雪病害

在我国北方地区修建的铁路容易受到积雪的侵害。这些地区属于寒温带大陆性季风气候，全年降雪日数近 200 d，积雪月份为 5~6 个月，积雪深度达 200~1000 mm，同时年平均风速 4.4 m/s，最大风速 40 m/s。每逢冬季，大量的降雪或积雪常被风吹刮到铁路线上堆积形成高大雪峰，导致埋没线路及通信设备，甚至填平路堑的现象，严重影响行车。

同样，既有铁路的路基边坡亦遭受着积雪的侵害。积雪病害类型一般分为降雪、吹雪、暴风雪。积雪病害对路基边坡的侵害表现在：一是降雪造成边坡上积雪，增加了路基坡面的含水率和积雪荷载，降低了边坡的抗剪强度，可能引发边坡病害；二是降雪后若遇刮风则形成吹雪，当吹雪与降雪同时出现时则成为暴风雪，吹雪和暴风雪不但会掩埋路基边坡，还极可能掩埋路基与轨道，当风速大于 4 m/s 时对行车有较大影响，风速大于 6 m/s 时则对行车造成极大危害。

积雪病害对铁路路基的影响程度因线路的地理位置、主风向与线路夹角等因素的差异而不一样。一般来说，车站站坪、路堤与路堑交界处（即零断面）、高度 0.4~2.0 m 的浅路堑、高度 0.6~1.2 m 的低路堤、并行不等高（高差大于 0.3 m）的山区铁路以及防雪措施设计不合理的路段均可能遭受积雪的危害。

2. 路基边坡坡脚病害

1）河岸冲刷

河岸冲刷病害一般系指修建在河滩、岸边的铁路路基干扰了原有水流性质，导致河流流向的天然演变，使其或多或少地遭受水流、波浪以及严寒（寒冷）地区冰的影响和破坏的现象；同时也应包括邻近铁路的河、海、湖、库、塘等自然岸坡所受到的来自流水或波浪的侵害，因为自然岸坡受冲刷程度连续发展时会危及岸边或台地的铁路路基。上述河岸冲刷病害严重时可能造成既有路基丧失稳定。

2）水浸路基

水浸路基病害一般系指在滨河、河滩、海滩和水库、湖泊、水塘或洼地路段修建的铁路路堤一侧或两侧浸水后（称浸水路堤），遭受到水位（包括浮力、渗透动水压力）变化和水流、波浪的冲击以及管涌、软弱基底的破坏，威胁到路堤稳定性的现象。个别情况下路堑段遇山洪暴发、侧沟排水不畅时亦会发生水淹线路及路堑坡脚的情况。水浸路基病害在我国既有铁路中占有较大的比重，极易发生严重的冲毁断道事故。

浸水路堤按浸水时间分为长年浸水路堤与季节性浸水或短期浸水（最短的浸水时间可为几小时）路堤，浸水时间不同表现出不同的浸水特点及破坏程度。长年浸水路堤经受长期的静水压力和水位升降所引起的动水压力的作用；当水流流速大于路堤填料的无冲刷流速时，随流速的大小不同还产生不同程度的冲刷病害；当填料为黏性土时路堤强度会发生缓慢衰减或突然变形，基床部位由于毛细水作用亦会出现软化。季节性浸水或短期浸水路堤经受短期的静水压力和动水压力（或无动水压力）的作用，受冲刷的影响与长年浸水路堤相同，一般在填料不良时路堤强度会出现衰减。遭受水浸的路堑一般属于短期浸水。

3) 人工侵挖

将人工侵挖单列为一种病害,旨在区分自然营力与人为破坏两种不同性质的病因。由于铁路的修建带动了社会的经济发展,在邻近既有铁路沿线许多路段的周边相继出现了新建的工厂企业、城镇乡村,因而也带来了更多生产与生活方面的人为活动。其中不当的人为活动,如侵入铁路用地限界,在铁路路基边坡坡脚开辟道路、埋设管道、修建水渠、挖地种植、搭建房屋等,均在路基边坡下部形成一定高度的陡坎,使边坡坡脚出现临空面而失去前部的支撑,若此时边坡坡脚遇浸水软化,则会加快边坡的失稳坍滑。人工侵挖造成的破坏作用往往会诱发和加速路基边坡、自然山坡病害的发生,如边坡溜坍、山体滑坡等。

3. 路基边坡地质病害

1) 山体滑坡

山体滑坡是指在一定的地形地质条件下,山坡上的不稳定岩(土)体因各种外界因素破坏其力学平衡后,在重力作用下沿着山坡内部某一软弱面或软弱带发生整体的、缓慢的、间歇性滑动的变形现象。滑坡的特点是水平移动分量一般大于垂直移动分量。

根据山体滑坡的不同物质组成、地质构造和力学性质,我国铁路部门对山体滑坡有不同的分类,如按形成原因可分为工程滑坡和自然滑坡;按引起滑坡的力学性质可分为推移式和牵引式滑坡;按滑面通过的岩层情况可分为同类土、顺层、切层滑坡;按滑体的物质组成可分为黏性土、膨胀土、黄土、堆积土、堆填土、破碎岩、岩石滑坡等;按滑体厚度可分为浅层、中层、厚层、巨厚层滑坡;按滑体体积可分为小型(<4万立方米)、中型(4万~30万立方米)、大型(30万~100万立方米)、巨型(大于100万立方米)滑坡。

2) 崩塌落石

崩塌系指陡峻斜坡上的岩土体在重力和其他外力作用下脱离母体,突然急剧地向下倾倒、崩落、翻滚、跳跃以及因此而引起脆性破坏的斜坡变形现象。崩塌的特点是垂直位移明显大于水平位移且运动速度较快。处于崩落临界状态的岩土体称为危岩,处于极限平衡状态的岩块称为危石,突然坠落者称为落石。

崩塌落石是既有山区铁路常见的路基病害。崩塌规模小的为坍塌,规模极大的为山崩。大型的崩塌是灾害性的,能摧毁铁路、桥梁、房屋甚至堵塞河流,毁坏农田和村庄;零星落石发生时虽然山体本身基本上是稳定的,但也常造成砸伤运营线的设备、列车脱线或颠覆的严重后果。

3) 泥石流

泥石流是由于降水(融雪等)而发生在山区的一种挟带大量泥沙、石块等松散固体物质的特殊洪流。泥石流主要活跃于山区与山前地区,暴发突然、历时短暂、来势凶猛,固体物质粒度与流体密度变化范围大,惯性力(具有直进性和爬高能力)和冲淤能力大,具有巨大的破坏能力。

泥石流的形成与地形、地质、水文、气象、植被、地震、人类活动等因素有关,可概括为三个基本条件:两个内因条件为流域内有丰富的松散固体物质补给,有陡峻的地形或较大的河床纵坡;一个外因条件为流域中上游在短时间内能形成强大径流动力(如强大暴雨、急剧融雪、水库决堤)。泥石流的发生与发展是内、外因综合作用的结果。

在铁路工程中,根据科学性、实用性原则将泥石流按流域形态特征、固体物质成分、流体性质、规模大小、发育阶段进行分类。其中按流域形态特征分有沟谷型和山坡型;按固体物质成分分有泥流、泥石流和水石流;按流体性质分有黏性(含泥流、泥石流)和稀性(含泥流、泥石流、水石流）；按规模大小分有特大型、大型、中型、小型；按发育阶段分有发育初期、旺盛期和间歇期。一般来说，处于旺盛期的特大、沟谷型的黏性泥石流破坏范围最大，危害程度最严重。

泥石流是一个快速"剥蚀—堆积"的运动过程。根据既有铁路发生泥石流危害的实例，可将泥石流对铁路建筑物的危害方式分为侵蚀作用和堆积作用两种。若铁路位于泥石流的流通区，泥石流通常以侵蚀方式对铁路造成危害：一是泥石流体直接冲击并损坏、推覆或剪断铁路建筑物；二是冲刷并底蚀沟床，掏空桥梁墩台与护坡基础，或是侧蚀河岸并形成分流冲刷路基、淤埋铁路，或是先堵塞主河道然后溃决并强烈冲刷主河道两岸。若铁路位于泥石流的堆积区，因泥石流已形成散流且流速不断降低直至停止，桥涵设备在洪（冲）积扇中上部时常被堵塞，在洪（冲）积扇前缘时则被淤积；车站设备若防治措施不当，亦极易遭受被泥石流淤埋的灾害。

（二）边坡病害的整治措施

1. 边坡病害的整治工程

既有铁路路基边坡病害的整治工程通常分为坡面防护、冲刷防护以及支挡加固等工程措施，其共同的原则与目的均为保护与提高路基边坡的安全性。

1）坡面防护

坡面防护主要是解决裸露的路基边坡和影响路基安全的山体边坡的稳定问题。凡容易风化的或易受雨水冲刷的松软黏性土、膨胀土、松散碎石类土、砂类土、黄土、盐渍土、软质黏土岩或泥岩、严重破碎的岩石边坡，均应及时加以防护；软硬岩相间的路堑边坡应根据岩层情况采取全部或局部防护。进行防护的边坡应有足够的自身稳定性，坡面防护结构一般不考虑边坡地层或人工填土的侧压力。

既有路基的坡面防护类型大致可分为植物防护、喷射防护和圬工防护三大类型，其中植物防护有种草或喷播植草、铺草皮、种灌木、喷混植生带等形式；喷射防护有素喷和挂网喷等形式；圬工防护有砌石护坡、骨架护坡、护墙等形式。坡面防护设备要求基础牢固、护面紧贴、防水有效。既有铁路路基通常根据坡面病害的类型、病因和受损程度，结合现场可行的施工条件，选用一种或几种坡面防护形式甚至结合冲刷防护与支挡结构等方法综合施行。

一般情况下，坡面防护设备的设置应满足以下基本技术要求：①护面紧贴边坡；②顶面及两侧边缘适当嵌入边坡内并整修齐平；③下部基础牢固并与护面本体衔接良好；④除植物防护外的护面必须设置伸缩缝（沉降缝）；⑤封闭式护面须设反滤层与泄水孔；⑥对防护范围内活动的地下水须进行引排；⑦高陡边坡的坡面防护结构须设便于检查与维修的安全设备。

2）冲刷防护

既有铁路的冲刷防护工程主要用于河岸冲刷病害的治理，是为了保证河、海、湖、库、塘等自然岸坡以及修建在滨河、河滩、海滩和水库、湖泊、水塘岸边的既有路基边坡的坡脚部位（即应力和应变集中部位）和坡体的稳定性，防止其遭受冲刷与水浸的破坏。因此，应根据水流特性、河道地形、地质条件等因素，结合线路位置合理选用路基冲刷防护的有效措施。根据既有河岸路基的养护经验，对凹岸、软岸等处应重点防护。冲刷防护设备的顶面高程应为设计水位加波浪侵袭高和壅水高再加 0.5 m 的安全值，必要时尚应考虑附加高度。冲刷防护设备的基底埋深应在计算冲刷深度以下不小于 1 m 或嵌入基岩内。

3）支挡加固

在既有铁路，对于前述的由地质病害造成路基边坡失稳的处所，均需采用支挡加固工程加固既有路基边坡体或自然山坡体,防止其变形对铁路运输安全造成更大的危害;对于其他一般的病害处所,亦可采取坡面防护、冲刷防护设备与支挡加固设备配合使用的措施。支挡加固设备是承受侧向土压力和各种外加荷载的建筑结构物,按照规范要求,在为减少路堑边坡薄层开挖、路堤边坡薄层填方的地段,在为避免大量挖方、降低边坡高度的路堑地段,在为加强本体稳定的陡坡路基地段,在不良地质条件下需加固地基、边坡、山体、危岩或拦挡落石的路段,在受水流冲刷影响边坡稳定的沿河、滨海路堤地段,在为节约用地、少占农田或为保护重要的既有建筑物地段,在为保护生态环境和其他特殊条件需要的地段,均应修筑支挡结构。

2. 边坡病害的常见整治方法

坡面防护、冲刷防护、支挡加固工程的施工方法见项目五的相关内容。

课程思政

中国铁路始建于1876年,铁路运输线是我国国民经济的大动脉,在我国交通运输体系中居于主导地位,它在国家的建设中占有重要地位。随着我国改革开放的深入,我国在修新线铁路时采用了国内外先进科技成果,与此同时,对既有铁路进行补强和改造,并加强了对线路的养护和维修,较大地改善了铁路的运营状况,提高了铁路抵抗自然灾害的能力,丰富了预防和整治铁路线路病害的理论与实践,对发展国民经济,促进工农业生产,改善人民生活,改变边远地区交通闭塞和文化技术落后面貌,巩固国防,沟通国际交往,起到了国民经济大动脉的重要作用。在当今社会经济高速发展的情形下,对铁路运输的需求量在逐渐增大,铁路运输的发展将偏向高速和重载运输。这样就会加重铁路线路的承载负荷,造成铁路线路损害,严重影响铁路运输。为了保证铁路能够很好地完成运输任务,全面了解和掌握铁路线路常见病害分析方法及预防整治技术非常重要。

课后练习题

1. 路基边坡坡脚病害有哪些表现?
2. 路基边坡地质病害有哪些类型?

引入案例

目前我国东北地区既有铁路冻害比较普遍、严重,路基冻胀和融沉使路基产生不均匀变形,破坏轨道的平顺性,成为影响铁路运行速度和安全的重大隐患之一,也给铁路养护维修造成很大的困难。但鉴于普通铁路运行速度和技术标准较低,过去对路基工程防冻胀措施往往重视不够,在高速铁路路基工程防冻胀措施方面目前也没有成熟的经验。哈

> 大铁路客运专线是我国在严寒地区建设的第一条高速铁路客运专线,设计起自既有大连站,止于既有哈尔滨站,线路全长 903.939 km,其中路基长 231.246 km,线路开通速度 200 km/h,主要基础设施按速度 350 km/h 标准建设,采用Ⅰ型板式无砟轨道结构,沿线土壤最大冻结深度:沈大段为 0.93~1.48 m,沈哈段为 1.48~2.05 m。

任务四　路基冻害防治

一、工作任务

(1) 分析路基冻害的成因,并能提出整治措施。
(2) 对整治方案进行施工指导。

路基冻害的类型
及整治措施

二、相关知识

(一) 路基冻害的分类

土壤在冻结过程中由于水分转移而体积增大的现象叫作冻胀。对于铁路线路来说,有意义的通常不是冻胀的绝对数值,而是在纵横方向上冻胀的不均匀程度。均匀冻胀在一般情况下并不构成冻害,而冻胀的不均匀性却常使线路的水平、高低发生不允许的变化,这种现象统称"冻害"。冻害是严寒地区的主要路基病害。

1. 按纵向外部形态分类

(1) 冻峰。路基面在短距离内的冻胀高度大于相邻两地段的冻胀高度所形成的凸起部分,称为冻峰,如图 7.1(a)所示。

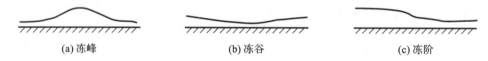

(a) 冻峰　　　　　　　　(b) 冻谷　　　　　　　　(c) 冻阶

图 7.1　路基冻害在线路纵断面上的形式

(2) 冻谷。路基面在短距离内的冻胀高度小于相邻两地段的冻胀高度所形成的凹槽部分,称为冻谷,如图 7.1(b)所示。

(3) 冻阶。路基面两相邻地段的冻胀高度不同而在连接处所形成的错台部分,称为冻阶,如图 7.1(c)所示。

我国东北地区及西北高山、高原地区,大部分为季节性冻土地区。通过上述地区的铁路路基,在土、水、温度的共同影响下,路基面均有不同程度的冻胀。冻害严重影响线路质量,危及行车安全。

2. 按横向外部形态分类

(1) 单侧冻害:沿路基横断面两侧冻胀高度不等。
(2) 双侧冻害:沿路基横断面整个冻胀高度大体一致。
(3) 交错冻害:在相邻地段的冻胀高度均不相同,形成高低交错的现象。

3. 按冻害产生部位分类

(1) 道床冻害:因道床不洁,部分道砟孔隙被充填,冻结时,道床由侧沟或陷槽中吸取水分,使道床不均匀冻起。道床冻害虽不属于路基冻害的范围,但其性质对线路的影响与路基冻害相同。

（2）表层冻害:受地表水影响产生的冻胀,多发生在路基土体临界冻结深度内的上半部分。一般冻胀高度较小,表现为"早起早落"型。

（3）深层冻害:受地下水影响产生的冻胀,多发生在路基土体临界冻结深度内的下半部分。一般冻胀高度较大,表现为"晚起晚落"型。

4．按冻害的类型分类

（1）冻胀:土体中的水结冰引起土体的体积膨胀,从而对土体上的建筑物及排水设施造成的变形破坏。

（2）冻拔:埋入土体中的建筑物在土体的反复冻融过程中不断被拔起或倾倒。

（3）冻裂:在道床或路肩上形成的纵向开放性裂缝。

（4）基底融沉:路基基底发生缓慢、持续、大幅度的下沉,基底内部形成纵向融化槽形态。

（5）路堑边坡滑塌:富冰的边坡土体,在冻融界面上发生缓慢蠕动或快速滑动变形。

（6）路堤边坡滑塌:在路堤边坡和坡脚处发生的滑坍变形。

（7）冰锥、冰丘:在土体的冻结过程中,地下水受到挤压作用,于薄弱处突破地表,发生漫流并冻结而形成的丘状隆起的冰体。

(二) 路基冻害的整治

1．路基冻害的整治原则

在路基冻害的整治中,应遵循的基本原则有:

（1）深入调查,认真分析冻害形成的原因和规律,这是正确采取整治措施的基础。在整治冻害时,缺乏调查研究或调查不充分、不确切,有时不仅不能根治冻害,甚至采取的不当措施还会引起新的或更严重的病害。只有在充分调查的基础上,针对其成因,措施得当,整治冻害才可能收到预期的效果。

（2）整治冻害必须以消除局部病害地段的冻害高度为目的。所谓的整治冻害,实质上是消除路基上冻害地段两相邻区段冻胀值的差值(即冻峰、冻谷、冻阶)或使差值在一定范围内缓慢变化,使线路具有合乎要求的纵坡。采取的措施不能只是为了消除冻害处的所有冻胀值(冻害高度与均匀冻胀高度)而不考虑该值与相邻区段冻胀值的差别。

（3）在采取整治冻害措施时,必须首先考虑排水,而后再考虑其他措施与之配合。因为水不仅是产生冻害的原因,还能降低路基强度而引起其他路基病害。所以,在采取整治病害措施前必须首先考虑如何疏干路基。

（4）在采取整治冻害措施时,要因材、因地制宜,尽量做到就地取材。在整治冻害工程设计中,要"对症下药",做到持久有效,经济合理。

2．路基冻害的整治措施

总结多年来对路基冻害采取的整治措施,大体上可分为以下几大类。①排水及隔水。其目的在于排除地表水或降低地下水及隔断下层水以消除或减少路基土体的冻胀。②换土和改土。其目的是挖除、换填路基土体中的不均匀土质,或改良土的性质,以消除和减少路基土体的冻胀。③保温隔热。其目的是使冻胀性土脱离冻结层或部分脱离冻结层,从而减少和消除路基土体的冻胀。

1) 更换土质

更换土质(换土)是最普遍、采用最多的一种整治冻害的措施。

通过换土主要达到三个目的:一是将冻胀性土换以部分不冻胀土,以便减小冻胀值;二是将冻胀性较弱的土(或不冻胀土)换以冻胀性较强的土,以便消灭冻谷或单侧冻起等;三是改换土中的冻胀土层,改善冻胀土质的不均匀条件,消除冻害条件。换土在基床冻害的整治中是有条件的,经调查分析认定基床冻害产生的原因是基床土体中土质条件时(是土质不均匀或是土层厚薄层次不等)才可采取更换土质的措施。如果基床冻害是水的原因(即地表水或地下水的不均匀渗入或浸湿)而不是土的原因,则应采用排水措施,而不应当采用换土措施。所以,在整治冻害的过程中,首先要"对症下药",必要时应将换土措施与排水措施相结合,不然这项措施是不能收到预期效果的。因而采取措施之前的调查分析及细致的设计是非常重要的。

垫层填料的规格是决定垫层效果的根本因素之一。填料选择得当,不仅可以消除冻害,使垫层的使用年限长久,而且可以消除翻浆冒泥现象。否则,就很可能达不到换土的预期效果。选择填料的标准自然是冻胀性的强弱,但同时还必须考虑填料的强度及其反滤性能。

2) 铺设炉渣保温层

炉渣的导热系数很小,有良好的保温性能。铺设炉渣保温层可以防止路基冻胀或减小冻起高度。用作保温层的炉渣,应做过筛处理,粒径为 3~40 mm。铺设炉渣保温层的方法有两种,一种是铺设炉渣垫层,另一种是炉渣抬道。

(1) 铺设炉渣垫层。

将基床上部的土挖去,换以炉渣,分层夯实,每层厚 200~300 mm。炉渣垫层在基床冻害整治的过程中有三个作用:一是保温作用,能减小一定的冻结深度;二是可做不冻胀土,但当含水率为 50% 以上或炉渣较破碎时,也有微量的冻胀;三是降低临界冻结温度,减小了冻胀量。

铺设炉渣垫层适用于表层及深层冻害,对翻浆冒泥也同样适用。炉渣垫层的厚度按土的冻结深度确定,可参照表 7.1 选用。炉渣垫层的长度等于冻害地段的长度,其两端应设置顺坡,顺坡长度按表 7.1 选用。炉渣垫层的宽度一般为 5 m。

表 7.1 炉渣垫层厚度及顺坡长度

土的冻结深度 /m	炉渣垫层厚度 /mm	顺坡长度 /m	土的冻结深度 /m	炉渣垫层厚度 /mm	顺坡长度 /m
1.00~1.15	400~500	13.5	1.76~2.00	600~700	20
1.16~1.50	500~600	16.5	2.00 以上	800	20
1.51~1.75	550~650	18.5			

因炉渣浸水后的保温作用显著降低,所以要保证炉渣垫层的底面高于地下水位。如地下水位较高,应设置单侧或双侧地下排水设备,使地下水位降低后再设置保温层。也可在保温层内每隔 5~10 m 设一横向渗水盲沟,流水坡度采用 5‰~10‰。

(2) 炉渣抬道。

炉渣抬道是指采用炉渣通过多次抬道分层垫入枕底,将路基面抬高至需要的高度,使抬道范围内的冻害地段有一层保温层。

炉渣抬道适用于沼泽地区路基和常年积水的低路堤地段,以及地表水较丰富、地下水位较高的浅路堑地段(结合必要的排水设备)。

3) 采用 EPS 材料整治基床冻害

以双股铺设为例,EPS 板的规格为 1500 mm×1000 mm×50 mm。线路横向铺设 2 块,宽度为 3.0 m。路基顶面形状不变,向外侧设 2% 排水坡,多余路肩土应撤除。设计及施工时线路原轨顶高程不变。

课程思政

青藏铁路,作为闻名遐迩的世界级工程奇迹,自通车以来,为西藏人民带去了祖国的温暖和问候,为西藏的经济发展做出了巨大贡献,为西藏与内地人员和物资的交流起到了关键性作用。

虽然在多年冻土区修筑铁路和公路已有百年以上的历史,但回顾这些道路的运营情况,却并不令人乐观:

据 1994 年俄罗斯对贝阿铁路(第二条西伯利亚大铁路,全长 3500 km,通过多年冻土区 2500 km)的统计,该段铁路病害率为 27.7%;

俄罗斯在 1996 年对后贝加尔铁路(第一条西伯利亚大铁路,全长 9446 km,穿越多年冻土区 2200 km)的调查表明,在运营了一百多年后,线路的病害率高达 40.5%;

中国在青藏公路改建工程完成后,在 1999 年进行了一次调查,线路病害率达 31.7%;

中国东北冻土区铁路线路病害率也比较高,运营早期还发生过路基突然下沉的事故——1962 年,牙林线朝乌段 8 km 处曾发生 4 小时内路基下沉 1.4 m,造成机车掉道的事故。

正因为冻土工程问题是一项世界性难题,为解决青藏铁路建设的冻土工程问题,自 1960 年开始,中铁第一勘察设计院、中铁西北科学研究院、中国科学院寒区旱区环境与工程研究所等单位就着手在以风火山地区为中心的高原多年冻土区,开展长期、不间断的对冻土区气象、地温、太阳辐射等项目的观测研究,并进行了冻土热学、力学性质试验,积累了长达 40 余年的不可替代的基础数据资料,为青藏铁路建设实践提供经验。

1960 年,科研人员开始对冻土水热变化规律和年变化层温度、热流以及冻土力学性质进行研究,为工程实践提出了冻土工程分类及设计参数。至 20 世纪 70 年代,成功编撰《青藏高原多年冻土地区铁路勘测设计细则》及 7 个技术附件,对将来青藏铁路设计工作起到指导作用。

1974 年,开始对青藏高原冻土基本特征、分布特点,青藏铁路沿线多年冻土融区类型,冷生现象分布规律与形成条件,各种冻土构造与含水量关系及其与冻土工程分类的联系进行研究,完成了青藏公路沿线 1:600000 的多年冻土分布图。这些研究成果为青藏铁路建设的勘察工作提供了可靠的技术资料。

1976 年,设计并施工了长约 483 米的风火山厚层地下冰地段试验路基,该试验路基包括路堑、半路堑、零断面、低路堤、高路堤、涵洞等设施,共划分为 23 个试验段。1997 年,在原有试验路基基础上,结合气候变化特点和气温发展趋势,进行了遮挡式结构、片石通风结构的试验,这些试验为今后青藏铁路的设计提供了宝贵的参考资料。

2001 年,中铁第一勘察设计院、中国科学院寒区旱区环境与工程研究所和中铁西北科学研究院配合施工单位,开展了试验工程科学研究工作。试验工程分为清水河高温冻土路基试验段、北麓河路基工程试验段、沱沱河路基工程试验段、安多路基试验段以及昆仑山隧道、风火山隧道试验段,其中共包含3大项、9大类、39个科研课题的试验研究。这些课题的研究成果,为青藏铁路的建设和运营提供了可靠的技术保证。

课后练习题

1. 基床冻害分为几类?整治原则是什么?
2. 整治基床冻害有哪些措施?

引入案例

本工点位于京广高速下行岳阳东—汨罗东区间K1497+530~560左侧路堑边坡,路堑深度10 m左右,路堑边坡土质为砂黏土,线路平面为直线,线路纵断面为18.6‰下坡。丘陵地貌,表层重砂黏土。

2010年6月19日武广高铁K1512+947雨观测点连续降雨量212.2 mm,1小时雨强53.4 mm,达到限速警戒值,18:23限速160 km/h,后限速80 km/h。2010年6月22日8:38长沙南路桥车间长沙南路桥工区雨后防洪巡查发现武广高铁下行K1497+530~560堑坡溜坍。主裂缝在栅栏内距堑顶2.0 m处(距侧沟平台高差6.0 m左右),裂缝宽度0.2 m,深度0.8 m,长度25 m,侧沟平台宽度2.0 m,坍体坡脚向侧沟方向有小量位移。原设计为路堑地段,高度10 m,两级边坡,一级边坡设计为浆砌片石加植草窗植草防护,施工过程中无异常。

病害原因分析:

①降雨量大。6月19日K1512+947雨监测点连续降雨量212.2 mm,1小时雨强53.4 mm。防灾系统工务终端显示动车组限速80 km/h。

②路基支挡工程欠缺。10.0 m高路堑坡脚未设支挡工程进行防护,只设有边坡防护。

③排水系统不完善。二级平台截水沟未接通吊沟或引出路基外,水直接冲刷路堑边坡。

水害复旧方案:

①利用天窗时间在侧沟平台处设临时栅栏200 m,完成临时栅栏施工后,水害复旧施工在白天进行。

②在路堑坡脚设锚固桩6根,间距6.0 m,断面尺寸1.5 m×2.0 m,桩长6.0 m。

③锚固桩间设片石混凝土挡墙。

④恢复浆砌片石护坡。

任务五　路基防洪与抢修

一、工作任务

（1）能进行防洪检查，包括汛前检查和暴雨时的冒雨检查，并胜任防洪值班工作。

（2）能进行紧急抢修，包括遇到水害危及行车安全需立即采取措施拦停列车、临险抢护和水害抢修。

二、相关知识

（一）防洪准备工作

铁路防汛抗洪工作是保证铁路运输安全必不可少的工作。防洪工作以"全员防洪"为指导思想，实行"预防为主、安全第一、全力抢修、当年复旧"的方针。

在防洪准备工作中，除了做好思想上和组织上的准备，储备必要的材料、机具、车辆外，在技术上应做好如下几项工作。

1. 防洪检查

防洪检查包括汛前防洪大检查和降暴雨时的冒雨检查两项内容。

1）汛前防洪大检查

汛前防洪大检查的目的是及时发现路基设备的病害和不良状态，以便采取加固或防护措施，确保汛期行车安全。

2）冒雨检查

由于路基水害一般发生在连续降雨或降暴雨时，所以当降雨强度（10 min 或 10 h 降雨量）或长时间连续降雨的降雨量较大时应冒雨出巡，及时发现水害并采取有效防护措施，保证列车安全。

检查方式一般为在线路上来回巡查，以便及时发现影响行车的水害。一旦水害发生，应立即进行防护、限速行车或封锁线路，并向上级报告。

2. 提高设备的抗洪能力

在养护维修、大修、复旧、改建等各项工作中，均应有计划地提高设备的抗洪能力。

（二）临险抢护

1. 防止风浪侵袭

雨季时由于内涝、滞洪等各种原因，路基被水浸泡，表土松软，如再受到风浪的冲击淘刷，就有坍塌的危险。这种现象在无防护或防护不良的坡面上极易发生。因此，必须采取一些防止风浪侵袭的措施。防止风浪侵袭的措施有永久性的和临时性的两种，永久性的有加固坡面、营造防浪林等。

2. 路堤渗漏的抢护

路堤一侧浸水、堤身土质不良、在水压力作用下背水坡下部发生渗漏，会产生脱坡、堤身沉陷甚至溃决，应进行抢护。抢护的原则是"临河隔水、背河导渗"，即临河一侧用不透水或透水性差的材料封堵，背河一侧用透水性好的材料作反滤层，稳定堤身。

3. 水漫路基的抢护

水漫路基有两种类型：一是洪水来势汹涌，水位上涨迅猛，破坏性强，持续时间短，受害范围较小,如山洪暴发或附近水库溃决时的情形;二是水位上涨缓慢,但持续时间长,受害范围较大,路基由于长期浸水容易松软坍陷,如江湖漫溢,江河或水库堤坝溃决,滞洪范围较大时的情形。

(三) 水害抢修

在水害抢修中,要根据灾情的具体情况以及施工条件、材料供应等,本着"先通后固"的原则确定抢修方案。在确定方案时还应考虑开通后整治工作的方便,尽量做到与正式修复相结合。

1. 路堑坍方的抢修

路堑发生坍方断道时,要上山检查山体的状态和排水情况,估算坍体数量和覆盖轨道的土体数量,并根据地形条件、工作量大小、人力、机具的情况确定抢修方案。一般抢修方法如下:

(1) 做好排水和尚存裂缝的夯填工作,防止坍方继续发展。

(2) 坍方数量较大、短期内难以开通线路时,如地形许可,可采用拨道或铺便线先维持通车,然后再清理坍方,恢复正线。

(3) 为了提前开通,可先按机车车辆限界清理,开通后再行扩大。

(4) 长大路堑应尽量设法增加工作面和出土口,缩短运距,减少抢修时间。

(5) 有条件时宜采用机械化施工,以加快清方速度。

(6) 对坍体中的大石块,可放明炮破碎,也可用吊机吊出线路限界,通车后再清理。

(7) 已坍塌滑动但尚未坍落到轨道的部分,可清刷或用木桩、钢轨桩等进行临时加固。

2. 路堤边坡坍方的抢修

路堤边坡发生溜坍或滑坡时,要调查坍体上下缘及坍方长度,估算坍体厚度和体积并结合实际情况决定抢修方案。

1) 路堤水害的抢修

先用片石反压滑体下部,再在上部卸炉渣帮坡。片石反压平台的宽度和高度应经计算确定。来不及计算时,可简单定为平台宽度约等于路堤高度,平台高度为路堤高度的1/3~1/2。若路堤下部浸水,反压平台应适当加大。片石来源困难时,可填土作反压平台。炉渣来源困难时,可用装土草袋帮坡,如图7.2所示。

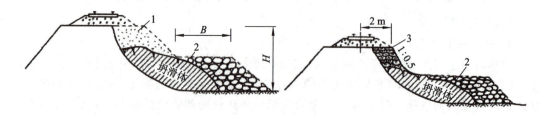

图 7.2 路堤半边滑坡抢修示意图

1—上部填炉渣帮坡;2—片石反压平台;3—上部叠砌草袋帮坡;
B—平台宽度;H—路堤高度

运来的片石不能在坍塌范围内卸车,以防片石压在坍体上部而加速下滑。片石宜卸在坍口两端,用单轨车或台车运送,用钢轨或木材搭溜槽,将片石沿溜槽滑到反压平台上。若上述抢修工作量较大,需较长时间,而滑坍后的路堤宽度尚够用时,为缩短断道时间,可临时拨道限速通车。

2）路堤边坡表层溜坍的抢修

坍体厚度为 0.8～1.5 m，坍口在路基面处距线路中心大于 2 m 时，可抛码片石覆压边坡，片石厚度不小于 1 m，下厚上薄；顶部用装土（或碎石）的草袋保护道床，如图 7.3 所示。当路堤较高，采用上述方法需要的片石数量较多时，可在路肩上打木桩，用内码装土的草袋保护道床，以加速抢修，确保通车，如图 7.4 所示。

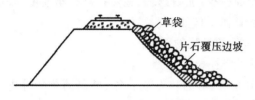 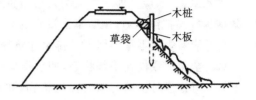

图 7.3　路堤边坡表层溜坍抢修示意图 1　　　图 7.4　路堤边坡表层溜坍抢修示意图 2

表层溜坍只发生在边坡上部时，覆压片石要从坡脚往上抛码。若路堤较高，也可打木桩稳住坍体。

3）路堤渗漏脱坡的抢修

路堤一侧受水，背水侧边坡因渗漏造成脱坡时，应先挖除已滑动的松湿泥土并填反滤层，再抛码片石覆压并恢复边坡，如图 7.5 所示。

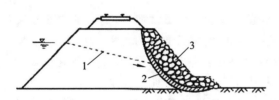

图 7.5　路堤渗漏脱坡抢修示意图

1—浸润线；2—炉渣草袋垫层；3—抛码片石

3．轨道冲翻的抢修

当洪水暴涨，从道床和轨面漫溢时，往往先将道床冲空，继而把下游路基冲塌，以至冲决。轨道受水流浮托，逐渐被推下路基甚至冲翻。轨道冲翻时的抢修方法如下：

（1）轨道被冲翻的范围不大，距路基不远时，可用撬棍等工具将轨道拨回原位。

（2）轨道被冲翻的范围较大，距路基很远时，可将钢轨接头卸开，将钢轨、轨枕抬回重新铺设。

（3）轨道拉回、拆后抬回均较困难时，应另行筹备钢轨料。必要时可暂时拆除站线轨料使用。

4．路基冲决的抢修

当路基被洪水冲决时，可根据情况采用下列方法修复。

1）就地取土，填土修复

路基冲决较浅，水已退干后，可就地取土或用炉渣填补缺口。若缺口很小，还可利用附近道砟填充。

2）片石修复

修复数量不大，有积水，又有石料供应时，宜从缺口两端开始抛填片石，逐渐缩小缺口断面,最后集中力量用大片石或石笼堵住决口。片石抛出水面后,应在上层填土夯实。

3)顺坡临时修复

长距离的河滩路堤冲决时,如工程量大,其他方法不能迅速抢通,可采用顺坡的方法,就地填平坑穴,铺道先行通车,以后再用道砟抬道恢复高程。此法对高 1～2 m 的低路堤最为适用。

5. 洪水后的善后工作

洪水减退后,应立即组织人力对设备进行全面检查,加固修理,逐步提高行车速度,采取有效措施提高抗洪能力,预防下次洪水的袭击。具体工作如下:

(1) 清除边坡零星小坍方及排水建筑物和桥涵的淤积物。

(2) 全面细致检查路基状态,如有损坏要及时修补。

(3) 对抢修时使用的临时性建筑物,如枕木垛、抛填的片石或石笼、堆码的草袋等进行加固,并经常养护,建立必要的观测制度。永久修复时,要把埋在路堤内的枕木垛、木排架等易腐蚀材料清除,不留隐患。

课程思政

提高灾害预警能力,强化重点部位防洪能力,进一步完善防洪防汛应急预案,从源头上防范和化解汛期安全风险,是国铁集团党组的要求。入汛前,根据气象部门预测,郑州局集团公司及早动手,在管内防洪区段增设了 145 处、170 个监控点,并引入各单位生产指挥中心,为防范水害行车事故的发生赢得了先机。

2021 年 7 月 16 日,河南省防汛指挥部发布 1 号指挥长令。当天,郑州局集团公司各单位主要领导带班值守,各级包保干部到岗,抢险人员全部到位,抢险机具、材料处于热备状态。

7 月 21 日 5 时 25 分,豆大的雨点击打着郑州东高铁基础设施段电力车间博爱变电所。"砰!"所内突然传来一声断路器跳闸声,报警铃声随即鸣响。看着瓢泼大雨,值班员王华心头闪过不安。213、214 断路器跳闸,重合失败。她立刻抓起电话,向供电调度报告。焦作西综合维修车间的巡视队伍火速赶往现场。

8 时 50 分,他们巡视到郑太高铁 102 公里 538 米处,发现上行隧道拱顶衬砌出现了 25 平方米的空洞,流水从空洞处喷涌而出。钢轨上散落着大量混凝土块,最大的一块重达 3 吨,接触网导线被砸断。他们继续检查又发现 102 公里 135 米至 147 米处线路整体道床轨道板与混凝土间出现裂缝,最大处 70 毫米。巡视人员惊出一身冷汗:"要是列车经过,后果不堪设想!"

雨势凶猛,现场情况瞬息万变。7 月 21 日,新月线待王站铁路桥下,山门河水位暴涨,汹涌的洪水夹杂着泥石、碎木,不断冲击着桥墩。"洪水流速过大,如果淹到梁底,大桥可能被冲垮!"接到看守人员报告后,郑州局集团公司防洪指挥部门果断决定实施重车压梁,抵御洪水。

暴雨倾盆,洪水滚滚。9 时 40 分,两列重车缓缓驶向山门河铁路桥,10 时 16 分稳稳地停在了指定位置。经过 24 小时的坚守,大桥安然度过了洪峰的考验。

在此次极端恶劣天气中,所有影响行车安全的水害险情均为主动发现,且果断采取"扣、拦、停"措施,未发生一起行车事故,安全疏散转移旅客。

7月25日,郑州集装箱中心站,一列满载货物的中欧班列迎着灿烂的阳光缓缓驶出,将经二连口岸出境后前往比利时列日。

水害发生后的第5天,郑州始发终到中欧班列恢复开行。在15公里以外的郑州局集团公司调度所,调度工作人员疲倦的脸上露出笑容。

7月20日,郑州局集团公司管内众多线路接连出现水害险情,调度所的电话铃声此起彼伏,74个调度台上的100余名调度工作人员不停地发出封锁线路、限速运行、组织抢修等指令。他们全神贯注地忙碌着,浑然不知户外已成一片汪洋大海。水位急速上涨,灌入了安装供电设备的地下室。

17时45分,原本24小时灯火通明的调度楼突然陷入黑暗。人声鼎沸的调度指挥大厅霎时静了下来。"断电了!"有人喊道。

"四处都是险情,必须让各个车站能听到我们的声音,他们才不会慌乱。"值班副主任曹建军果断处置:利用UPS蓄电池应急供电的宝贵时间,做好CTC站控转换准备,启用新的站间联系方式。UPS蓄电池电量耗尽后,大家跑到楼下待班室拿回手机,借着屏幕的微光继续工作。在漆黑的大厅里,一个个手机屏幕像点点星光,为各单位的运输组织指示方向。

那一晚,东双桥站在暴雨中变成了一座信号孤岛。闭塞电话、自动电话等设备通信中断。车站值班员王建设心急如焚。他通过手机微弱的信号和无线列调与调度所取得联系,手写抄收调度命令。"听到调度的声音,我心里有了底。"王建设说。

调度所恢复供电后,调度工作人员又投入到紧张繁忙的运输指挥中。郑太高铁太行山隧道出现险情后,他们及时安排列车迂回、折返;京广高铁个别中继站被淹,他们启动非正常行车组织办法,保证京广高铁列车安全通行。除太焦铁路以外,郑州局集团公司管内线路全部恢复通车。

课后练习题

1. 汛前防洪大检查的主要内容是什么?应注意哪些问题?
2. 暴雨时为什么要实行冒雨检查?
3. 如何提高路基的抗洪能力?
4. 洪水减退和暴雨过后应做哪些善后工作?

引入案例

铁路作为国民经济大动脉、国家关键基础设施和重大民生工程,是综合交通运输体系的骨干。我国持续快速推进铁路建设,到2019底,全国铁路运营里程达到13.9万公里,其中高速铁路运营里程达到3.5万公里,居世界第一位,我国已拥有世界上最发达的高速铁路网。

为加强铁路运输安全,国铁集团进一步深化高速铁路综合维修生产一体化改革,实施基础设备维修一体化作业。高速铁路基础设施维修体制改革带来新的岗位需求,原有职业设置已经无法满足工电供复合型人才培养要求,设立铁路综合维修工职业是适应高铁发展的必然趋势。为适应高铁生产力发展要求,深化高铁综合维修生产管理,设立了铁路综合维修工职业(下设铁路网线维修工、铁路信线维修工工种),负责铁路线路、桥涵、信号、牵引供电等运输设备维修维护。

培养掌握铁路综合维修业务技能的人才,有助于提升高铁基础设施维修质量和效率,实现高铁安全稳定、设备优良、资源节约、效益提升,进一步释放高铁生产力,促进铁路高质量发展。

任务六 路基维修作业与管理

一、工作任务

(1) 掌握路基维修工作范围,熟悉路基维修计划编制的原则和内容。
(2) 熟悉路基检查、验收制度。
(3) 理解并能正确应用路基维修单项作业验收评分标准、路基保养质量评定和评分标准。
(4) 掌握路基巡守工作的内容。
(5) 熟悉路基设备状态评定扣分及病害等级标准。

二、相关知识

路基维修工作范围及内容

路基设备修理分为路基大修和路基维修,其基本任务是:
(1) 经常保持路基本体及其排水、防护、加固等设备的完好状态,延长设备使用寿命。
(2) 及时整治路基病害,预防病害的发生和发展。
(3) 有计划地改善路基设备状态,不断提高路基整体强度。

(一) 路基维修工作范围

路基维修工作包括路基设备的综合维修、小型病害整治、经常保养和巡守工作。

1. 综合维修范围
(1) 整修各种排水设备。
(2) 修补边坡植被。
(3) 整修各种防护、加固设备。
(4) 修理路基范围内的河岸防护、河流调节等建筑物。
(5) 整修路基安全设备(栏杆、检查梯、检查台阶等)。
(6) 清除或固定危石。
(7) 修补坡面岩石裂缝。
(8) 修补防护栅栏。

2. 小型病害整治范围

小型病害是指技术不太复杂、整治工程量较小(圬工 100 m³、土石方 500 m³ 以下)的路基病害,如堑坡、山坡上的危岩处理,岩(土)体裂缝处理,边坡溜坍、风化剥落病害整治,基床下沉外挤、基床翻浆冒泥病害整治,河岸冲刷病害整治,排水不良病害整治等。

3. 经常保养范围

(1) 少量修补边坡植被。

(2) 清除零星坍体及设备上的土石堆积。

(3) 清除坡面的零星活石、松动孤石,清除危树(林务管理的树及影响电力线、通信线的危树和非路产树除外),清除防护加固设备坡面的杂草,疏通各种路基建筑物的泄水孔,夯填砌体与土体间离缝,勾补脱落损坏的灰缝。

(4) 夯填(填塞)影响坡面稳定的土质坡面裂缝(岩石裂缝)。

(5) 整平土质路肩,清除路堤肩缘下的弃砟弃土,处理路肩低洼处的积水。

(6) 清除排水设备内的淤积物及杂草,勾补脱落损坏的灰缝,修补沟内及沟帮外缘的漏水部位,保持水沟出入口畅通。

(7) 经常保持路基防护栏杆、检查梯(井)等检查设备及线路防护栅栏的完整牢固,按期涂漆防锈及加固修补。

(8) 负责路基范围内的崩塌、落石、滑坡、泥石流等病害处所的报警装置中有关土建设施的检修保养。

(9) 做好路基禁耕范围内的水土保持工作,提出路基坡面、坡脚及堑顶植被防护计划,由林务部门安排绿化。

(10) 修筑、整修上山下河检查小道。

(11) 其他临时补修工作。

(二) 路基维修工作的实施

1. 路基维修工作的组织机构

工务段是铁路局下属的专门负责铁路线路及相关设备保养与维修的组织机构。

工务段根据需要一般下设路基车间、路基工区(包括危岩工区)、路基重点维修工区。平原地区工务段可不设路基车间。

路基车间负责管内路基维修及设备管理工作。其管辖范围,山区铁路正线延长一般为 80~150 km,下设路基工区 2~3 个为宜;平原地区或管辖范围内有编组站或一等及以上车站时,管辖长度可适当调整。车间(工区)应配备必要的路基维修机械设备、工具材料及防护用品。

路基工区负责路基设备检查、综合维修、经常保养及重点病害的观测和危险地段的巡守工作。

路基重点维修工区负责小型病害整治及单项重点工作。

不设路基车间的工务段,路基维修及设备管理工作由线路(桥梁)车间负责,路基综合维修和小型病害整治工作由路基工区(重点维修工区)负责;路基设备检查、经常保养和巡守工作可由线路(桥梁)工区负责,应根据路基设备的数量配给工区足够定员。

风沙地区的工务段还应设置治沙车间和治沙工区。

2. 路基维修工作计划管理

路基维修工作实行计划管理。路基维修计划分年度、季度、月度和日作业计划四种,分别由工务段、领工区、工区编制。

1) 路基维修计划的编制原则

(1) 应以秋检结果结合工作量调查为依据。

(2) 应确保排水设备按维修周期得到维修,并统筹考虑其他路基设备维修需要。

(3) 安排小型病害整治应分轻重缓急,尽量做到治早治小。

(4) 应结合路基大修计划合理安排,提高设备修理效果。

(5) 应有利于维修项目实施的科学组织,提高劳动生产率。

2) 路基维修计划的编报与审查程序

工务段根据路基设备状态和病害情况编制路基维修年度建议计划报送铁路局(详见《铁路路基大维修规则》附件1),由铁路局结合预算安排情况下达年度计划,工务段结合预算安排情况编制月度计划下达车间(详见《铁路路基大维修规则》附件2)。工区编制日班作业计划(详见《铁路路基大维修规则》附件3)和巡守人员小修补计划(详见《铁路路基大维修规则》附件4)。工务段应于每月25日(统计至20日)和每季度末前,将维修计划完成情况报铁路局(详见《铁路路基大维修规则》附件5)。

3. 路基维修工作检查制度

定期检查:每年须进行防洪(春季)检查和设备(秋季)检查。

(1) 防洪(春季)检查:工务段长应于每年春融、汛期以前组织路基设备的全面检查工作,并参加对管内重点路基设备和重点路基病害、汛期危险地点的检查。工务段根据检查结果提出当年防洪预抢(紧急处理)工程件名计划,确定汛期重点危险地段,修订防洪预案,落实度汛措施,填写路基重点病害登记簿(详见《铁路路基大维修规则》附件6)。铁路局应对重点病害地段进行复查。

(2) 设备(秋季)检查:工务段长应于每年秋季组织路基设备的全面检查工作。工务段应通过检查全面掌握管内路基病害情况,对路基设备状态进行评定,对路基病害进行分级(详见《铁路路基大维修规则》第五章"路基设备状态评定及病害分级"),分析重点路基病害产生的原因和发展的趋势,研究制订病害整治方案;根据检查结果编制年度路基大修、防洪预安排工程和路基维修的建议计划,填报路基秋检资料报表。铁路局应派员重点参加检查。

经常检查:由工务段长或主管副段长、路基主管技术人员、车间主任、工长和巡守工负责执行。

工务段长或主管副段长、路基主管技术人员应对重点路基病害地段进行检查,每季度不得少于一次;车间主任每季度对管内路基设备应全面检查一次,重点地段不得少于两次,雨季应酌情增加检查次数;工长每月应全面检查一次,重点地段不得少于两次,雨季应增加检查次数,严密监视病害的发展;巡守人员应按照工务段规定的检查区段按巡回图进行检查。

经常检查后应做好有关检查资料登记、路基病害数据库修订等工作,研究提出病害整治方案或方案优化意见。

汛期检查:应建立汛期检查制度,明确划分责任区段,组成检查小组,全面检查所有路基设备及各种病害。

汛期检查可分为雨中、雨后及月度检查,遇大雨、暴雨和连续降雨时,应加强检查,并及时上报检查中发现的问题,情况紧急时应果断采取安全措施。

特殊检查:对高堤深堑路基防护加固设备质量欠佳、水文地质条件复杂存在地质灾害隐患、病害程度严重且技术复杂规模较大等地段的路基,铁路局可采用路基检定、邀请有资质的第三方进行检测或邀请有关专家召开咨询会等形式进行特殊检查。

对规模较大的路基病害,工务段应建立观测制度,设置观测网进行观测,做好观测记录。根据观测结果,分析病害发展趋势,制定安全措施,为研究制订整治方案提供技术资料。

4. 巡守制度

为保证铁路运输行车安全,对路基的重要地段和特殊地段应建立看(巡)守工作制度,包括常年巡守、临时巡守和巡山巡河。

常年巡守:在严重危及行车安全的崩塌落石、滑坡、路基下沉、陷穴等病害地段,工务段应设常年巡守组,负责监视病害动态,及时做好应急处置,确保行车安全,并做好巡守地段路基的小修补工作。为使巡守工对灾害的发生能看得见、听得到,每组巡守长度不宜超过300 m。

临时巡守:在突然发生的危及行车安全的严重路基病害及汛期可能发生严重水害的处所,工务段应设置临时巡守组,密切监视病害动态,做好应急处置。临时巡守组的配置标准与常年巡守组相同,巡守时间由各铁路局自定。

巡山巡河:山区铁路工务段应根据路基病害情况设置巡山巡河小组,对路基病害地段进行登山沿河检查,要求做到山有检查道、危石有编号、重点检查有记录、河岸设有水位标。巡山巡河小组发现影响路基设备稳固和完整的行为时,应及时进行劝阻和制止。

工务段应对巡守人员进行安全防护知识和巡守规章制度培训,经考试合格后方可同意其上岗,对巡守人员应进行责任地段病害交底。

对设有遮断信号机的巡守区段,巡守人员还应掌握沿线的开关位置并熟悉其使用方法。

巡山巡河小组应将一般检查和重点检查相结合,对管内每个山头、河岸有计划地进行全面检查。在汛期要加强对重点路基病害、危岩孤石、危树和排水系统的检查,检查记录定期交工长审查签认。

应按规定给各巡守组配齐定员,配备必要的作业工具、防护用品、通信设备及能与机车司机直接通话的对讲设备,改善其工作和生活条件。巡守人员和巡山巡河人员在发现江河水位高涨、线路路基发生异常或不明状况等可能危及行车安全时,应立即采取安全防护措施,及时通知车站,必要时拦停列车,同时迅速通知工区及工务段进行处理。

5. 路基维修工作验收制度

路基维修工作的验收制度包括计划维修工程的质量验收与保养工作的质量评定。

维修质量验收采用先按作业项目分项评分再综合评定的办法。路基维修单项作业验收评分标准见表7.2~表7.6。

表7.2 浆砌片石评分标准

序号	验收标准	标准分	不良扣分
1	砂浆材料符合要求;石料清洁,无风化、无水锈、无裂纹	10	砂浆材料不符合要求扣4分;石料不洁,有风化、水锈、裂纹者,每块扣1分
2	砌体坡度平顺,用2 m弦线量,凹凸不超过±30 mm	10	凹凸超限者每处扣1分
3	片石间砂浆饱满,无空洞	20	有空洞者每处扣2分
4	两层片石间错缝不少于8 cm;三块石料相砌,内切圆直径不大于70 mm,砌缝宽度2~4 cm;灰缝超限处所每10 m² 不超过5处	22	灰缝超限处所每10 m² 超过5处,每处扣2分;其他不良者每处扣1分

续表

序号	验收标准	标准分	不良扣分
5	泄水孔、伸缩缝设置适当	10	设置不当者每处扣1分
6	砂浆配合比正确,并有记录	10	配合比不符者每项扣5分
7	养生良好	10	养生欠佳扣5~10分
8	砌体尺寸偏差符合要求	8	不符合要求者每处扣2分

表7.3 干砌片石评分标准

序号	验收标准	标准分	不良扣分
1	石料清洁,无风化、无裂纹,片石中部厚度不小于15 cm	20	不符合者每块扣1分
2	坡面平顺,用2 m弦线量,凹凸不超过±50 mm	15	平顺超限者每处扣1分
3	片石互相咬接紧密,无松动石块,片石间隙用小块石填塞牢固	30	有松动石块者每块扣2分,其他不良者每处扣1分
4	两层片石间错缝不少于8 cm,无通缝	25	有通缝者每处扣2分,错缝不良者每处扣1分
5	砌体尺寸偏差符合要求	10	不符合要求者每处扣2分

表7.4 喷浆评分标准

序号	验收标准	标准分	不良扣分
1	喷射面清洁,无浮土、草和树根	20	不符合要求者每处扣1分
2	喷面厚度均匀并不少于10 mm	20	少于10 mm者每处扣2分
3	岩石裂缝应灌浆并勾缝填实	15	不实者每处扣2分
4	喷浆范围内无漏喷空白点	10	有空白点者每处扣2分
5	喷浆上部封顶并排水良好,坡面须留泄水孔	15	未留泄水孔者每处扣2分,封顶不良者每处扣1分,排水不良者每处扣5分
6	配合比正确,有记录	10	不正确、无记录者各扣5分
7	养生良好	10	养生欠佳扣5~10分

表7.5 抹面、捶面评分标准

序号	验收标准	标准分	不良扣分
1	洗山清洁,无浮土和草、树根	20	不符合要求者每处扣1分
2	表层提浆良好,密实、光滑、无空音、无裂缝或龟裂	20	不符合要求者每处扣1分
3	厚度均匀:水泥砂浆抹面不少于30 mm,四合土捶面不少于80 mm,新旧面胶结牢固	15	厚度不均超限者每处扣2分

续表

序号	验 收 标 准	标准分	不 良 扣 分
4	上部封顶并排水良好,坡面须留泄水孔	15	封顶不良者每处扣1分,排水不良者每处扣5分,未留泄水孔者每处扣2分
5	纵横相隔大于10 m留伸缩缝1条	10	未留伸缩缝者每处扣2分
6	配合比正确,并有记录	10	不正确、无记录者各扣5分
7	养生良好	10	养生欠佳扣5～10分

表7.6　石子护坡评分标准

序号	验 收 标 准	标准分	不 良 扣 分
1	石子(卵石)规格基本一致	15	相差较大者酌情扣分
2	石子(卵石)长轴的2/3垂直嵌入土内,牢固稳定	20	不牢固者每块扣2分
3	石子(卵石)周围用四合土压紧夯实,厚度5 cm左右	20	不符合要求者每块扣1分
4	四合土表层光滑、平整无蜂窝	20	不光滑、不平整者每处扣1分,有蜂窝者每处扣2分
5	护坡各部尺寸符合要求	15	不符合要求者每项扣2分
6	养生良好	10	养生欠佳扣5～10分

路基综合维修和小型病害整治等路基维修项目完工后必须进行验收。

(三) 路基保养质量评定

为延缓路基设备的劣化速度,延长其使用寿命,并使其经常处于良好状态,工区应做好路基设备的经常保养工作。

为全面准确掌握路基保养质量情况,工务段应定期组织对管内所有路基设备的保养质量进行评定：

(1) 路基保养质量全面评定由工区进行,对排水设备每半年、其他设备每年至少评定一次。

(2) 路基保养质量评定,按路基保养质量评定标准执行,先按路基本体、排水设备、防护加固设备和检查道等项目分别评定再进行综合评定。

(3) 评定结束,应填写路基保养质量评定记录表和汇总表一式3份,工区存1份,报车间、工务段各1份。

(4) 对评定标准中单项质量扣10分的项目,工区应立即派员进行整改以达到保养标准要求。

为提高工区路基保养工作质量,车间、工务段应加强对工区路基保养工作的检查和指导,并定期对工区路基保养质量评定的准确性进行抽查,车间、工务段对每个工区每次随机抽查的路基设备数量应分别不少于2 km和1 km。

铁路局结合路基春(秋)检和日常检查对工务段路基保养工作进行抽查。

工务段应将路基保养质量评定指标纳入对车间和工区的考核指标体系,结合抽查情况加强考核。

工区工长应结合各项路基设备检查和保养质量评定结果,全面掌握管内路基保养质量及其变化规律,对照路基保养标准,合理安排劳力,适时做好路基设备保养,使管内路基设备保养质量始终处于合格状态。

(四)路基设备状态评定和病害分级

为全面反映路基及附属设备质量,并为考核路基设备管理水平和养护质量、安排路基大修和维修计划等提供主要依据,工务段要定期对管内所有的路基设备进行状态评定和病害分级。

课程思政

2021年,随着春运结束,全国铁路自三月至四月中下旬,集中开展大规模的春季检修行动。从北国到江南,从东疆到西域,铁路人齐上阵,集中检修、改造升级,唱响了"高质量发展"的铁路强音。

道路千万条,安全第一条。在圆满完成春运任务之际集中检修,充分体现了铁路部门"安全就是生命线"的睿智决策,更道出了"安全生产永无止境"的奋进至理。表面来看,集中检修查纠的是因风沙天气造成的故障部件、因鸟巢和树障损坏的老旧设施,桩桩都是极不起眼的小事、琐碎事;但由表及里,但凡牵涉到出行的细节,桩桩都是关系国计民生的大事、要事。

追古思今,"祸患发于细节,安全始于足下"的教训历来深刻,只有真正把"安全隐患"作为警钟长鸣心头,针对不同地域的气候实际,深刻查摆影响安全出行的各类细节问题,才能为今后出行提供最坚实的安全保障。从这一点来看,铁路检修行动,既是铁路高质量发展的必然要求,更是共和国铁路人践行"绿色可持续"发展理念的生动缩影,值得各行业学习借鉴,更值得各界推广。

遍数发展史册,和祖国共奋进、同崛起的铁路系统,向来都在对标人民群众的出行需求,把精益求精奉为"成长圭臬",努力书写着"高质量发展"的华丽篇章。曾几何时,在"绿皮车"的时代大潮中,他们筚路蓝缕,把铁路修到了雪域高原、戈壁大漠及偏远山区,为新中国"站起来"提供了坚实的运力后盾;曾几何时,共和国铁路人秉承改革开放春风,或是开展"铁路大提速"行动,或是开启春运服务,或是开启"高铁时代",或是让"八横八纵"网格蓝图不断完善,为新中国"富起来"递交了优秀答卷。

课后练习题

1. 路基维修工作范围包括哪些内容?
2. 简述路基小型病害整治范围。

3. 简述路基经常保养范围。
4. 路基维修计划的编制原则是什么?
5. 路基定期检查工作包括哪几项?
6. 路基巡守工作包括哪几项?
7. 工务段对路基巡守人员有哪些要求?
8. 路基维修验收执行哪三级验收制?

引入案例

2008年10月12日下午,阿里山森林铁路一路段发生意外,近70米路基轰然一声,滑落近百米深的山谷中,仅剩铁轨如吊挂钢丝,悬挂半空中,所幸森铁早已因9月中下旬风灾受创未抢通而全线停驶,无人伤亡,铁路通车期因此延迟2个月。

1911年通车的阿里山森铁,以海拔30米的嘉义车站为起点,终点站为海拔2160余米的阿里山站,全长70余公里,沿途行经蜿蜒崎岖不平、地质不稳山区,通车以来,每逢台风或大雨,常因山区落石或路基流失等灾情而被迫停驶。

事故原因:林管处分析,山区连日午后大雨,土壤含水量逾越临界点,才发生危及森铁行驶安全的意外。

任务七　路基大修作业与管理

一、工作任务

(1) 掌握路基大修工作范围,熟悉路基大修计划编制的原则和内容。
(2) 熟悉路基大修设计要求与设计文件的组成内容。
(3) 了解路基大修施工管理内容。
(4) 理解并能正确应用路基大修验收标准。

路基大修工作范围
及施工管理内容

二、相关知识

(一) 路基大修工作范围

铁路路基大修是路基养护维修工作的重点,它与路基维修相比工作量较大、技术上较为复杂,涵盖了路基病害的预防性工程及整治工程、地质灾害的抢险工程、复旧工程以及较小规模的路基设备更新工程。

路基大修的工作范围主要分为两方面。第一方面是治理路基维修工作范围以外的各种路基病害(如滑坡、边坡溜坍、崩坍落石、风化剥落、陷穴、基床下沉外挤与翻浆冒泥、河岸冲刷、水浸路基、排水不良、沙害、冻害、雪害、泥石流等)及地基问题。当路基设备状态评定、路基病害分级时,病害等级被评为A级、B级的路基及其附属设备均应列入路基大修范围。第二方面是根据既有路基及其设备在不间断的运营条件下产生的损耗程度,根据铁路速度、密度和运量发展对路基及其设备更高的质量要求,恢复及改善路基设备的技术状态,如加宽路基,改善边坡以及增设、接长、翻修路基附属的排水、防护和加固设备等。

(二) 路基大修工作的实施

1. 路基大修工程计划管理

路基大修工程实行计划管理。铁路局负责审查确定路基大修计划,审批路基大修设计文件及施工组织设计,委托施工监理、监督检查施工管理,以及组织工程验收。工务段负责提报大修建议计划,对大修施工进行安全质量监督监管,参加工程竣工验收。施工单位应具备既有线施工的能力和业绩,严禁转包所承担的路基大修工程。

2. 路基大修工程设计管理

铁路局负责组织路基大修设计工作。大修设计文件的编制应以铁路局批准的大修工程建议书或设计任务书为依据。大修工程设计完成后,须经铁路局审查。大修设计文件是指导施工和进行经济核算的主要依据,必须深入调查、精心设计、认真编制。

对于常见的路基病害整治工程,大修设计可按一阶段设计即直接进行施工设计。对于较复杂的路基病害整治,应进行分阶段设计,具体由各铁路局自定。设计工作应符合如下要求:

(1) 应全面收集和分析设计工点的历史资料,认真听取设备管理单位关于病害情况的介绍和对整治方案的意见。对病害的成因和发展进行分析,并实地调查工程及水文地质情况,必要时进行地质勘探及土工试验。

(2) 选择方案时,应进行技术经济比较,并优先采用成熟先进的技术,做到确保安全,彻底整治。

(3) 建立设计工作负责制。设计人员必须具有相应的专业技术素质;设计单位对每个大修件名的勘测设计、预算编制、技术交底及施工期间的设计变更等全过程负责。

(4) 对于技术复杂、工程量及投资较大,对行车安全影响较大的工点,应提出指导性施工组织设计。

3. 路基大修工程施工管理

路基大修工程必须实行监理制度(执行铁路监理规范)。施工单位必须在收到铁路局批准的正式大修设计文件后方可开工。收到设计文件后,施工单位应认真做好下列工作:

(1) 熟悉设计文件内容,编制施工组织设计(含组织措施、施工工艺、施工方法和施工步骤)。

(2) 做好施工进度、劳动组织等具体安排及施工计划申请和材料机具准备等各项工作。

(3) 工程开工前,应进行技术交底。

(4) 工程开工前,施工单位应与有关设备管理单位签订施工安全协议,明确施工地段的安全管理责任。

施工单位应根据施工合同的工期要求制订施工计划,编制月度计划以及日班作业计划,并按规定的时间及时向有关部门提报路料运输和施工慢行及封锁计划。每件大修工程开工前施工单位都应向有关设备管理单位提出开工报告,经设备管理单位审查并报铁路局批准后方可开工。开工后,施工单位应定期向设备管理单位和铁路局报告施工进度(包括工程数量和投资)。施工单位应严格按照批准的设计文件和施工组织设计及有关路基施工规定施工,不得擅自变更设计内容和施工方案。需要变更设计时,应按规定办理。

路基大修工程需封锁线路施工时,施工单位应在开工前将施工组织、方案、封锁时间、质量要求及安全注意事项向施工人员交底,并做好应急预案。施工单位必须填写施工日志,做好施工项目、完成工程数量、质量、安全、用料品种规格及数量、施工中发现的问题和处理经过等施工内容记录。隐蔽工程的埋藏深度、断面尺寸、地基地质及地下水等情况均应做详细记录。

4. 路基大修工程验收及验收标准

路基大修工程竣工后,施工单位应做好以下工作:

(1) 及时清理施工现场,运走各种施工机具及施工余料余土,恢复因施工临时拆除或损坏的建筑物,彻底清筛道床污染地段。

(2) 在地下隐蔽设备起始位置设置明显的地面标志。

(3) 对技术复杂及采用新工艺、新技术的大修工程做好施工技术总结。

(4) 将施工记录、竣工图等资料按铁路局规定的格式和份数整理成册,报请交验。

验收工作由施工单位提出申请,建设单位依据设计文件组织验收。验交以处(件)为单位,当工程项目较多、工作量较大时,亦可分批分项验交,在该处(件)所有工程竣工后再进行总体质量评定和办理全部工程结算。工程交验时,施工单位应将设计文件、施工记录、竣工文件等资料移交设备管理单位。

路基大修工程质量验收,应先按单项工程项目分项进行评分再进行综合评定,综合评定结果分为优良、合格和不合格。

优良:全部单项工程项目得分均达到 85 分及以上。

合格:全部单项工程项目得分均达到 60 分及以上,其中至少有一项的得分低于 85 分。

不合格:至少有一项单项工程项目得分为 60 分以下。

验收不合格时,验收人员应指出不合格的处所和整改意见,由施工单位限期整改完成,达到标准时再行复验,但不得评为优良。对不合格又不能整改的部分,验收人员应提出意见,报铁路局处理。

建设单位接到施工单位请验报告后,当确认可以交验时,应及时组织验交。验收人员经检查认为工程内容符合设计文件,质量符合"路基大修主要单项工程项目质量检查及验收评分标准"并达到上述各项要求时,应签发竣工验收证,办理验交手续。竣工结算时施工单位应出具验收证。

课程思政

集中修的意义

集中修作业需要在一定时期内,集合铁路相关人员,利用安全的有利时机,集中优势资源和能量,在各个部门的集中协调管理下,对达到使用寿命而失效、磨损的零配件、线路进行集中修理更换,通过一系列的更新换装获得安全保障,使各项设备恢复到良好的性能状态。只有定期对铁路沿线设备进行检查、更换,才能及时排除铁路安全隐患,为旅客的安全出行提供保障。正是有了参与"集中修"的这些可爱的人,铁路运输的安全、人们出行的平安才得以保证。

2019 年 10 月 28 日,武汉桥工段、信阳工务段、信阳电务段,正式拉开了京广线、孟宝线第二阶段集中修的帷幕。从 10 月 28 日开始到 11 月 16 日结束,大力开展线路大机捣固、道岔大机捣固、线路大机打磨、道岔大机打磨、路基换填、更换道岔、线路大机清筛、线路边坡清筛等作业。正是有了这样一群铁路人耐心细致的精检细修,我们列车的安全、正点运行才得到了可靠保障。

课后练习题

1. 路基大修工作范围有哪些主要内容?
2. 路基大修件名如何提报?
3. 路基大修设计文件主要由哪三部分组成?
4. 路基大修工程开工前,应进行哪些技术交底?
5. 大修施工单位应遵守哪些制度?

参 考 文 献

[1] 解宝柱,曾润忠.铁路路基施工与维护[M].3版.北京:中国铁道出版社,2019.
[2] 刘明国.铁路路基工程施工技术[M].北京:中国铁道出版社,2014.
[3] 柏江源,陶光辉.铁路路基施工与维护习题集[M].北京:中国铁道出版社,2020.
[4] 李安洪,魏永幸,姚裕春,等.山区铁路(公路)路基工程典型案例[M].成都:西南交通大学出版社,2016.
[5] 刘志.路基施工技术[M].北京:人民交通出版社,2011.
[6] 中铁第一勘察设计院集团有限公司.铁路工程土工试验规程:TB 10102—2023[S].北京:中国铁道出版社,2023.
[7] 中铁二局集团有限公司.铁路路基工程施工质量验收标准:TB 10414—2018[S].北京:中国铁道出版社,2018.
[8] 中铁第一勘察设计院集团有限公司.铁路路基设计规范:TB 10001—2016[S].北京:中国铁道出版社,2017.
[9] 中铁十二局集团有限公司.铁路路基工程施工安全技术规程:TB 10302—2020[S].北京:中国铁道出版社,2020.
[10] 中铁十一局集团有限公司.铁路工程基本作业施工安全技术规程:TB 10301—2020[S].北京:中国铁道出版社,2020.
[11] 中铁十二局集团有限公司,中铁城建集团有限公司.高速铁路路基工程施工质量验收标准:TB 10751—2018[S].北京:中国铁道出版社,2019.
[12] 孙纲强,等.特殊路基工程[M].北京:科学出版社,2013.
[13] 杨锡武.特殊路基工程[M].北京:人民交通出版社,2021.
[14] 中铁第四勘察设计院集团有限公司.铁路特殊路基设计规范:TB 10035—2018[S].北京:中国铁道出版社,2018.
[15] 王军龙,杨琳.铁路路基施工、养护与维修[M].成都:西南交通大学出版社,2018.